U0524886

本书获国家社会科学基金项目（14BJY188）资助

商业银行流动性
与房地产价格极端关联波动

Extreme Correlated Fluctuations between
Commercial Bank Liquidity and Real Estate Prices

花拥军 ◎ 著

中国社会科学出版社

图书在版编目(CIP)数据

商业银行流动性与房地产价格极端关联波动/花拥军著. —北京：中国社会科学出版社，2024.3
ISBN 978-7-5227-3089-9

Ⅰ.①商… Ⅱ.①花… Ⅲ.①商业银行—风险管理—研究—中国 ②房地产价格—研究—中国 Ⅳ.①F832.33

中国国家版本馆CIP数据核字(2024)第040100号

出 版 人	赵剑英
责任编辑	王　曦
责任校对	杨　林
责任印制	戴　宽

出　　版	中国社会科学出版社
社　　址	北京鼓楼西大街甲158号
邮　　编	100720
网　　址	http://www.csspw.cn
发 行 部	010-84083685
门 市 部	010-84029450
经　　销	新华书店及其他书店

印刷装订	北京君升印刷有限公司
版　　次	2024年3月第1版
印　　次	2024年3月第1次印刷

开　　本	710×1000　1/16
印　　张	18.25
插　　页	2
字　　数	257千字
定　　价	99.00元

凡购买中国社会科学出版社图书，如有质量问题请与本社营销中心联系调换
电话：010-84083683
版权所有　侵权必究

前　言

商业银行体系是一个国家金融体系中的核心部门，而房地产行业又是一个资金密集型的产业，具有非常显著的财务高杠杆性，这两个部门之间天然地存在着非常密切的资金关联。商业银行体系同房地产行业之间的风险关联性一直都是学术界与实业界关注的焦点问题，尤其是2007年爆发的美国次贷危机给全球金融安全造成重大冲击后，两者间的关联波动更是引起了各国高度关注，各国金融监管部门与国际金融组织也纷纷出台各种规范性文件加强对这两个部门自身的风险以及这两个部门之间关联风险的防范。

商业银行同房地产行业的关联风险研究现已产生了丰硕的结果，但从研究方法来看，现有相关研究基本上还是将着眼点置于两者关联风险的常规状态层面。近些年，随着对金融风险本质的深刻认识，现已经清醒地认识到真正的风险在于极端风险，也即风险的非常规状态层面。常规风险发生频率大，损害总额却较低，现有风险技术已可对其进行较好的控制与防范。而极端风险属于非常规风险范畴，该类风险虽然发生的概率非常低，然而，一旦发生却将造成巨大的损害结果，有时候甚至会导致致命性后果。极端风险不但难以预期，并且很难以现有风险技术进行抵御与防范。

当前，中国已进入社会经济转型的深入期，社会经济形态及其发展演进过程都表现出了较为独特的现象，不仅商业银行体系如此，房地产行业表现得更为突出。近些年，中国金融部门改革与发展虽然取得了显著的成效，金融体系得到了进一步健全，投融资渠道也得到了极大的开拓与丰富，但现阶段商业银行仍然还是房地产行业最主要的资金来源。同时，房地产行业的贷款在商业银行全部贷款中的占比也是非常高的，仅就国有四大银行而言，这些银行的贷款收入三分之一多都在房地产行业。商业银行同房地产行业之间存在非常紧密的资金关联，这也决定了商业银行流动性同房地产价格之间存在密切的关联波动。鉴于两者之间的密切关联性，中国社会经济管理部门也一直将商业银行流动性当作调控房地产价格及其行业发展的一个重要途径。

然而，近几年我们观察发现，与之前时期相比较，商业银行流动性同房地产价格之间关联波动已发生了一些新变化，尤其明显地表现在商业银行流动性对房地产价格的影响方面。从相关数据来看，近些年来多次的商业银行流动性的收紧并没有及时并充分地反映到房地产价格上。这样的变化也给我们带来了一些新的思考：在中国当前的社会经济发展状况下，商业银行流动性同房地产价格之间的波动关联性是否较以往有所降低？还是受中国社会经济转型期特有现象，尤其是房地产行业独特的发展轨迹影响，从而暂时掩盖了两者之间本应表现出来的紧密关联波动性？思考这些问题的价值不仅仅在于可揭示这两个经济部门之间关联波动的本质属性，而且，还可为相关的金融机构与单位提供具体的金融风险管理方法与技术支持，并可为社会经济管理部门在制定相关政策时提供坚实的决策依据。

基于理论研究以及中国社会经济发展的实际需要，本书依据极端风险首要关注的原则，将考察的重心置于商业银行流动性与房地产价格关联波动的极端状态层面之上。在研究方法上，首先，将极值POT模型引入VaR技术中，建立了可测度一维极值风险的POT-VaR混合模型，并据此对中国商业银行流动性和房地产价格的极端波动分别进行了测度。其次，利用Copula连接函数将已经构建的一维极值风险模型扩展至二维极值风险混合模型Copula-POT-VaR，并以之测度了中国商业银行流动性与房地产价格两者之间的极端关联波动。同时，构建相应的混合模型测度两者之间的常规关联波动，也即两者总体层面上的关联波动性。最后，为了更准确地判断中国商业银行流动性同房地产价格两者之间的关联属性与关联波动的动态过程，不但采取了向量自回归模型（VAR）中的脉冲响应函数和方差分解考察了两者之间的相互冲击过程，还通过大量的相关数据对这两个行业之间的资金关联性进行了统计分析。同时，还针对这两个行业关联波动序列的分布结构特征，构建GPD-Copula-CoVaR混合模型，并测度了这两个行业之间的波动关联性与风险溢出效应。

本书的研究目的在于揭示现阶段中国商业银行流动性同房地产价格之间的极端关联波动属性，旨在为中国的经济管理部门制定相关政策提供决策依据，同时，也为商业银行、房地产行业及有关金融机构提供具体的风险测度技术与管理方法。

目 录

第一章 绪论 ………………………………………………… (1)
  第一节 问题提出及研究意义 ………………………………… (1)
  第二节 研究方法及内容结构 ………………………………… (7)

第二章 文献综述 ……………………………………………… (10)
  第一节 外文文献 ……………………………………………… (10)
  第二节 中文文献 ……………………………………………… (28)

第三章 一维极值理论与极值 VaR 模型构建 ……………… (43)
  第一节 极值概念、性质及类型 ……………………………… (43)
  第二节 极值模型 ……………………………………………… (51)

第四章 基于一维极值模型的中国实际测度 ………………… (84)
  第一节 指标与样本数据选取 ………………………………… (84)
  第二节 数据的统计描述及 POT 模型条件检验 …………… (98)
  第三节 阈值确定 ……………………………………………… (105)
  第四节 拟合检验与参数估计 ………………………………… (112)
  第五节 极值风险计算 ………………………………………… (117)

第六节 回测检验 …………………………………………… (123)

第五章 Copula 理论及其与极值 VaR 混合模型构建 ………… (128)
第一节 Copula 函数概念与性质 …………………………… (128)
第二节 Copula 函数类型 …………………………………… (131)
第三节 Copula 函数参数估计方法 ………………………… (141)
第四节 Copula 函数拟合检验 ……………………………… (144)
第五节 基于 Copula 函数的相依性测度 …………………… (150)

第六章 基于 Copula-POT-VaR 模型的中国实际测度 ………… (159)
第一节 指标与样本数据选取 ……………………………… (159)
第二节 两序列实际相关状态描述 ………………………… (160)
第三节 POT 模型条件检验与阈值确定 …………………… (164)
第四节 拟合检验与参数估计 ……………………………… (168)
第五节 GPD 分布刻画两序列相关性的不足 ……………… (173)
第六节 Copula 函数的判断与选择 ………………………… (174)
第七节 两序列关联波动估计 ……………………………… (185)

第七章 中国商业银行流动性与房地产价格关联分析 ………… (189)
第一节 关联分析的必要性与意义 ………………………… (189)
第二节 商业银行流动性与房地产价格相互冲击的
    计量分析 …………………………………………… (190)
第三节 商业银行贷款与房地产开发资金关联分析 ……… (207)
第四节 商业银行同房地产行业板块关联波动实证分析 …… (222)

第八章 研究结论与相关建议 …………………………………… (234)
第一节 研究结论 …………………………………………… (234)
第二节 相关建议 …………………………………………… (237)

第九章　结束语 …………………………………………（244）

参考文献 ……………………………………………………（247）

附录 …………………………………………………………（271）
　　附录1　POT 模型拟合计算所用函数命令 ……………（271）
　　附录2　Copula 模型拟合计算所用函数命令 …………（274）

第一章 绪论

第一节 问题提出及研究意义

一 问题提出

本书研究问题之所以提出，是相关理论研究导向同中国实际问题导向相结合的结果。在理论研究方面，随着对风险管理认识的逐步深入，近些年产生了较为丰富的风险测度与管理的研究成果，为风险管理实践奠定了坚实的理论基础并提供了卓有成效的技术方法。然而，从金融风险的本质核心来看，现有主流的相关研究还存在一些明显的瑕疵与不足。在实际问题方面，随着中国社会经济改革的持续深化与金融业的日渐成熟，商业银行体系同房地产部门之间的关联风险已呈现出了新的特性与新的表现形式，其中突出的变化之一就体现在商业银行流动性同房地产价格之间的关联波动方面。如何把握现阶段中国商业银行流动性同房地产价格之间关联风险的新动向，并精确地定量测度两者之间的关联波动水平，这不但是相关金融机构与单位制定风险管理策略的基础，也是社会经济管理部门制定相关政策的有力依据。

商业银行体系是一个国家金融体系中的核心部门，而房地产行业又是一个资金密集型的产业，具有非常显著的财务高杠杆性，这两个行业之间天然地存在密切的资金关联。商业银行体系同房地产行业之间的风险关联性一直是学术界与实业界关注的焦点问题，尤其是2007年爆发的美国次贷危机给全球金融安全造成重大冲击后，两者间的关联波动更是引起了各国高度关注，各国金融监管部门与国际金融组织也纷纷出台各种规范性文件加强对这两个部门自身的风险以及这两个部门之间关联风险的防范。

中国正处于经济转型的深入期，社会经济形态及其发展演进过程都表现出了较为独特的现象，尤其是房地产行业表现得更为突出。中国自20世纪80年代中末期出现商品房以来，房地产价格总体上呈现快速上扬的状况，尤其是自21世纪初始，更是表现出了令人震惊的飞涨过程。从房地产行业的资金来源来看，中国金融部门改革与发展取得了显著的成效，金融体系得到了进一步健全，投融资渠道也得到了极大的开拓与丰富，但现阶段商业银行仍然还是房地产行业最主要的资金来源部门。中国房地产行业这样的资金来源结构，决定了其资金供给必然极大地受到商业银行流动性紧缺变动的影响。从商业银行贷款使用方向来看，房地产行业还是商业银行最主要的贷款者，并且，贷款形式也多是以其开发的房地产作为抵押。房地产行业是否能够按期还款，势必对商业银行的流动性产生巨大的影响。在中国商业银行与房地产行业之间存在这样密切的资金关联状况下，房地产行业需要密切关注商业银行流动性的变化，商业银行也需要密切关注房地产价格的波动。并且，鉴于这两个行业之间密切的资金关联，中国有关的社会经济管理部门也一直将商业银行流动性当作调控房地产价格及其行业发展的一个重要途径。

然而，近几年我们观察发现，虽然商业银行同房地产行业依然保持着非常密切的资金关联，但商业银行流动性同房地产价格之间关联波动的外在表现却明显地与之前发生了变化，尤其明显地表现在商业银行流动性对房地产价格的影响方面。从相关数据来看，多次的商业银行流动性的收紧并没有及时并充分地反映到房地产价格上。

在早期，中国金融市场的发展还远远不够成熟，市场构成主体较为单一，融资渠道也非常有限，房地产行业对商业银行存在非常强的依赖性，这时商业银行流动性同房地产价格的紧密相关性是非常直观与明显的，商业银行流动性方面的波动都能迅速地反映到房地产价格上来。而近些年来中国金融市场发生了较大的变化，市场体系不断健全，市场主体日益多样化，新的融资渠道与方式不断涌现，融资产品日益丰富，尤其是互联网金融更是给传统金融市场造成了巨大的冲击与影响。在这样的社会经济发展状况下，商业银行流动性同房地产价格之间关联波动的外在弱化表现给我们带来了一些新的思考：随着中国社会经济的发展及金融体系的逐步成熟，商业银行流动性同房地产价格之间的波动关联性是否已较以往有所弱化？还是因为中国房地产行业现阶段特殊的市场表现暂时掩盖了这两者之间本应表现出来的紧密关联波动性？思考这些问题的价值不仅仅在于可揭示这两个经济部门之间关联波动的本质属性，而且，可为相关的金融机构与单位提供具体的金融风险管理方法与技术支持，并可为社会经济管理部门在制定相关政策时提供坚实的决策依据。

梳理相关文献时还可以看出，现有相关研究基本上还是将着眼点置于关联风险的常规状态层面。而近些年随着对金融风险本质的深刻认识，理论界与实业界都已经清醒地认识到真正的风险在于极端风险，也即风险的非常规状态层面。常规风险发生频率大，损害总额却较低，现有风险技术已可对其进行较好的控制与防范。而极端风险属于非常规风险范畴，该类风险虽然发生的概率非常低，然而，一旦发生却将造成巨大的损害结果，有时候甚至会导致致命性后果。极端风险不但难以预期，并且很难以现有风险技术进行抵御与防范。国内外现有相关研究基本上依然将注意力置于常规风险层面，而没有将风险的重心真正地置于极端风险层面，这点在国内相关研究中表现得更为突出。还有，现有相关研究多是从单方向进行的，或是分析商业银行流动性对房地产价格的波动影响，或是分析房地产价格对商业银行流动性的波动影响，受研究工具的制约，同时进行双向性相互影响的定量分析研究则较为匮乏。

基于以上对金融风险本质的深刻认识以及现有相关研究存在的瑕疵与不足，本书在充分考虑中国商业银行流动性同房地产价格关联波动实际状况的同时，将研究重心置于两者之间的极端关联波动层面。

二 研究意义

本书的研究意义分别体现在理论及实践两个层面上：

1. 理论层面

怎样才能有效地实现多个随机变量联合分布的构建，这一直是统计学研究面临的一个主要问题。目前通常是在随机变量服从相同的边缘分布的假设下构建随机变量联合分布函数，最常见的就是假设这个相同的边缘分布为正态分布或自由度相同的 t 分布。然而在实际中，金融风险数据大多为尖峰厚尾的非正态分布，并常常呈现上、下尾部不对称的现象。这样，基于正态分布的假设往往会造成尾部极端风险的低估。t 分布虽然具有厚尾特征，但其上、下尾部为对称的相依结构，这局限了 t 分布在金融风险测度中的应用。针对现有相关文献存在的瑕疵，本书将极值理论模型引入到 VaR 技术中，并进而与 Copula 函数有机地结合起来，构建了二维混合极端风险模型。

极值理论（Extreme Value Theory，EVT）专以随机过程的厚尾为研究对象，将其引入风险管理领域，正好可以弥补当前作为国际最主要金融测度技术 VaR（Value at Risk）及其衍生方法压力测试（Stress Testing）存在的尾部风险估计有效性不足的问题。POT（Peaks over Threshold）模型是当前最主要的极值理论模型技术，同极值理论最传统的区间极大值模型（Block Maxima Method，BMM）相比较，POT 模型可更充分地利用那些本来就非常有限的风险极端状态数据。并且，POT模型形式简单，便于计算，适用范围非常广泛，而不像BMM模型仅适用于时间阶段特征较明显的数据序列。

Copula函数本质上就是一种可描述相依性结构的连接函数，通过该函数可将联合分布与联合分布中的各自边缘分布连接在一起。应用Copula函数首先可以灵活地分开解决金融资产各自的风险分布和各风险之间相依结构的问题，并且，由于不限制边缘分布的选择，故可应用Copula函数灵活地构造多种形式的多元分布。并且，Copula函数比一般线性相关的测度方法具有更大的适用范围，可捕捉到变量之间存在的非线性、非对称的相关关系，尤其适用于测度随机变量分布尾部之间的相关性。

本书将极值POT模型与Copula函数引入VaR技术中，从而构建起二维混合极端风险模型。本书研究的检验结果也表明，该混合模型较现有常用的其他风险测度模型更能准确地度量中国商业银行流动性同房地产价格之间的极端关联波动性。在研究过程中，针对具有不同尾部分布特征的金融风险数据，本书也给出了构建混合风险测度模型的思路与处理方案，可为相关领域的研究提供具体的技术与方法借鉴。

本书还构建了GPD-Copula-CoVaR模型，并测度了中国商业银行同房地产这两个经济部门之间的动态相关性及风险溢出性。

2. 实践层面

房地产价格同商业银行流动性之间的关联波动性，一直都是中国社会经济发展中的热点问题，尤其是近些年来持续高企的房地产价格更是引发了人们对两者间关联波动的高度关注。

国内相关研究普遍认为，中国商业银行的流动性同房地产价格之间一直存在紧密的正相关关系，即商业银行流动性紧缩，房地产价格必然相应下降；反之亦然。基于这种普遍的认识，中国有关经济管理部门也往往着眼于通过控制商业银行流动性来平稳房地产价格的波动并影响整个房地产行业的发展。然而，通过近几年两者关联波动走势的观察，我们发现两者间关联波动性的外在表现有时候并不是非常显著的。之所以出现这样的结果存在多种可能性解释，例如，近些年中国商业银行经营业务日渐扩展、贷款品种日益丰富、非银机构长足发展、互联网金融迅猛崛起等，这些变革与发展都深刻地影响了房地产行业的融资渠道与融资方式以及商业银行贷款的构成状况。当然，从现阶段房地产价格状况以及人们的预期来看，也可能是由于房地产价格的持续上涨以及其所引发的人们对房地产价格继续上涨的强烈预期，对两者之间关联波动性及表现形式产生了相应的影响。

本书考察中国商业银行流动性同房地产价格之间关联波动的新特性，紧扣金融风险的本质核心，立足于极端风险层面构建混合极端风险模型，并对中国商业银行流动性同房地产价格的极端关联波动进行实际测度研究。同时，为了更全面地剖析中国商业银行流动性同房地产价格之间的关联波动性，本书也同时关注了两者间的总体关联波动性，构建了相应的混合风险模型，并进行了测度研究。这样不但可比较分析两者关联风险的常规与极端状况，也有利于实现两者关联波动的全方位监测。

基于测度结果，本书还进一步对中国商业银行体系和房地产行业之间的资金关联进行了统计分析，并采取计量模型分析了两者之间相互冲击的动态过程。本书还构建了 GPD-Copula-CoVaR 模型，测度了两个经济部门之间的动态相关性及风险溢出性。这样的研究逻辑也更利于剖析中国商业银行流动性同房地产价格之间关联波动的本质特性。

本书不仅可为商业银行、房地产行业及其他经济部门提供具体的风险管理技术与方法，还可为中国有关的经济管理部门制定相关政策提供坚实可靠的决策依据。

第二节 研究方法及内容结构

一 研究方法

1. 文献研究法

本书搜集了大量的国内外文献，通过文献的研读与梳理，明确了主要研究内容及逻辑结构，并勾勒出技术路线，为研究顺利进行奠定了良好的理论与方法基础。

2. 数理模型法

针对本书的主要内容与根本目的，考虑到研究对象的特性及这些风险数据的结构，在一维风险（波动）测度方面，主要应用了极值理论的 POT 模型。在二维风险关联波动方面，则通过现有风险技术的比较分析，将极值理论 POT 模型与 Copula 连接函数结合到 VaR 模型中构建二维混合极端风险模型 Copula-POT-VaR。另外，在测度商业银行体系同房地产行业之间的相关性与风险溢出性时，本书还构造了另一种不同形式的混合极端风险模型 GPD-Copula-CoVaR。为了保证研究中所构造的各种模型的有效性，本书还利用回测等方法对这些模型的估计效果进行了检验。

3. 计量模型法

考虑到向量自回归模型（VAR）把系统中每一个内生变量作为系统中所有内生变量的滞后值的函数来构造模型，不存在任何事先的约束条件，不要求变量间存在严谨的相关经济理论前提条件，可直接基于数据具有的统计性质来构建模型，并可有效地表现不同变量间的双向关系，本书利用该模型定量分析中国商业银行流动性同房地产价格之间的相互冲击。同时，考虑到 VAR 模型不能充分揭示两者相互冲击的动态过程，本书还进一步通过脉冲响应函数（IRF）和方差分解来考察两者之间的关联波动。

4. 统计分析法

考虑到样本期间数据具有的局限性，本书还从多个维度对研究对象进行了大量的统计分析。近些年，随着中国社会经济的发展，商业银行与房地产行业间的关联波动特性及其具体表现方式发生了一些新的变化，尤其受到了中国房地产市场行情持续上涨的影响。本书所采用的数理模型与计量模型也只是解释了在这样特定的样本期内，这些样本数据在数值层面所表现出来的关联波动性。中国商业银行流动性同房地产价格之间到底存在怎样的本质关联性，还必须同时通过大量的统计分析才能做出最终的判断。

5. 定性分析法

本书主要是应用定量风险测度技术测度中国商业银行流动性与房地产价格之间的关联波动性。应当看到，除了定量技术本身的局限性，定量分析结果也受到特定样本性质特点的直接影响，单纯地依靠定量风险模型的测度结果，很可能还得不到符合实际的真实判断。故此，必须将定量测度同定性分析结合起来，才能对研究对象做出本质性的判断。在本书的研究中，定性分析也是一种非常必要的研究方法。

二 结构安排与技术路线

本书的内容结构与技术路线详见图1.1。

本书构建了 Copula-POT-VaR 模型，以之对中国商业银行流动性与房地产价格间的极端关联波动进行实际测度。为了能够更全面地了解中国商业银行流动性与房地产价格之间关联波动的全貌，本书还利用 Copula 函数构建了相应的混合风险模型，并以之测度了两者之间在总体层面上的关联波动性。同时，本书还采取向量自回归模型（VAR）中的脉冲函数（IRF）和方差分解，对两者之间相互冲击的动态过程进行了实证分析。

为了更深入地考察中国商业银行流动性同房地产价格之间的关联

性，本书还对中国商业银行和房地产行业这两个经济部门之间的资金关联性进行了大量的统计分析，并进一步根据这两个经济部门间关联风险数据的分布结构特性，构建了 GPD-Copula-CoVaR 模型，测度了这两个经济部门之间的动态相关性及风险溢出效应。

  本书之所以存在以上这样的逻辑结构，主要是为了排除定量分析过程中因样本特殊性局限而导致的判断偏差。具体缘由，可参见本节第一部分（研究方法）的相关阐述。

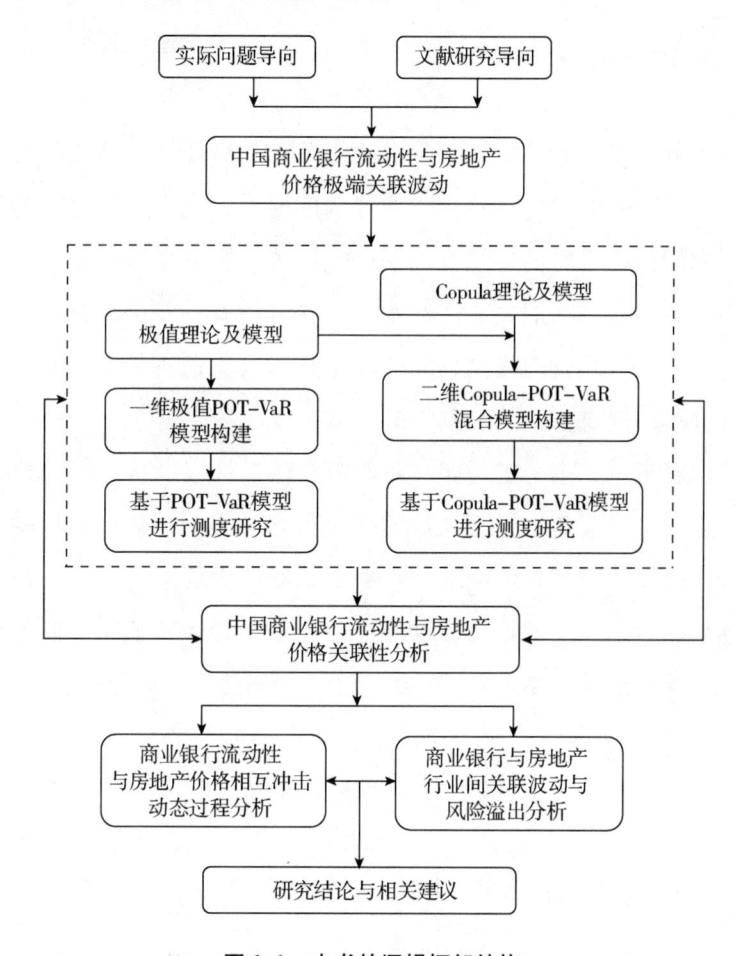

图 1.1　本书的逻辑框架结构

第二章 文献综述

本书的研究对象是中国商业银行流动性与房地产价格之间的极端关联波动。研究的直接目的在于准确测度这两者极端波动之间的关联性，研究的最终目的则是基于理论研究结果，测度中国商业银行流动性同房地产价格之间的关联波动水平，并分析其动态关联过程，为中国金融机构的风险管理提供具体的风险技术与方法支持，为有关社会经济管理部门提供坚实的决策依据。

从内容来看，本书主要涉及商业银行流动性以及房地产价格波动这两个方面，而商业银行流动性的核心内容又集中地体现在流动性风险方面。所以，为了表达清晰，也为了更好地展现本书内容的逻辑构成，本章将分别从商业银行流动性风险、房地产价格波动、商业银行流动性同房地产价格的关联波动这三个方面对相关文献进行综述。

第一节 外文文献

一 商业银行流动性风险

（一）理论发展阶段

自1929年的全球性经济危机起，商业银行流动性风险管理即得到了关注与重视，存款保险制度（Deposit Insurance System）与中央银行最后贷款人制度（Lender of Last Resort）是这一时期最主要的两项研究成果。20世纪80年代爆发的世界性债务危机再次引发了对商业银行流动性风险的重视。2007年美国次贷危机引发了国际金融危机，商业银行流动性愈发引人关注，对商业银行流动性管理的重视也提升至一个前所未有的高度。

从相关研究的发展过程来看，商业银行流动性风险管理主要经历了四个发展阶段：资产管理理论、负债管理理论、资产负债综合管理理论以及资产负债表外管理理论。

第一个阶段的资产管理理论又称为流动性管理理论，这也是最为传统的商业银行流动性管理理论。该理论的核心思想是：商业银行的负债主要来源于客户在银行的存款，虽然商业银行对客户存款没有决定权，只是处于被动接受的地位，但是，商业银行可以对通过客户存款而取得的资金进行主动的安排与运用。商业银行通过合理的资产结构指导，把筹集到的资金合理地分配到现金、贷款、固定资产、投资等不同资产上，在保障商业银行资产流动性与经营安全性的基础之上，通过资产业务获得尽可能多的利润。简而言之，商业银行的管理或其流动性管理的关键就在于其资产管理，也就是在既定负债所决定的资产规模前提下，如何通过有效途径实现最优的资产结构。

资产管理理论又可分为三类具体理论：一是商业贷款理论；二是可转换理论；三是预期收入理论。

商业贷款理论也被称为真实票据理论。该理论的主要观点是：商业银行的主要资金来源就是客户在银行的存款，这些存款由于客户各种需求经常要频繁支取，商业银行只能在短期内应用这些资金，而不能利用这些资金进行长时期资金占用，如长期贷款或投资。在这种情况下，只有具有短期性质的商业贷款才可使得商业银行既能保障安全性又能增加经营收益。

可转换理论的主要观点是：商业银行在考虑贷款时，不能仅仅局限于短期性和自偿性这两个方面。只要当存款人提现时，商业银行可以随时将有关资产变现为现金，能够维持商业银行资金正常的流动性，商业银行就是安全的。只要能满足这样的流转要求，不论资产时期的长短，也不论其自偿性如何，商业银行都可以持有该类资产。

预期收入理论的主要观点是：在发放贷款时，商业银行应当充分考虑借款人的预期收入情况，同时分析借款人的还款计划是否可行。只要借款人具有足够的预期收入，其还款计划能够得以保证，即使贷款时期较长或这些相关资产不能很快地变现，也不会造成商业银行流动性出现问题。

第二个阶段的理论即为负债管理理论。该理论产生于20世纪50年代末期，盛行于60年代。该理论将负债作为银行的经营重点，认为银行可以通过借入资金来满足流动性需求，并可以通过积极创造负债的方式来调整银行的负债结构，从而达到资产和收益增加的目的。基于这样的认识，该理论认为，通过借款不仅可解决资金流动性，而且银行还可通过贷款获利，故银行并不需要完全依赖于多层次的流动性储备资产的建立。

按时间演进，负债管理理论又分为存款理论、购买理论以及销售理论这三个发展阶段。

存款理论曾是银行负债理论中最为普遍认可的理论。该理论认为：银行最主要的资金来源就是客户在银行的存款，这也构成了银行赖以展开经营活动的资产基础。存款理论强调稳健性，强调应在存款流动性的基础上组织贷款，认为安全性原则是银行首要的经营原则。

购买理论将存款理论被动的存款观念改变为主动的借款观念，变消极的付息负债为积极的购买负债。购买理论认为商业银行并非只能消极被动地面对负债，而是完全可以主动积极地通过购买外界资金以增强银行的流动性。

销售理论认为商业银行是以提供金融产品服务为内容的企业，银行负债管理的中心任务就在于如何迎合顾客的需要进行资产类或负债类产品或服务的设计、向顾客推销银行的金融产品、扩大银行的资金来源并提高银行的经营收益水平。现代企业的市场营销观念深刻地影响了银行负债管理理念的变革,也可以说该理论是金融改革与创新发展的必然。20世纪80年代后,金融业和非金融业之间在相互竞争的同时又相互渗透,销售理论正是反映了这两者的交融状况,该理论也成为金融机构开始向多元化和综合化发展的标志。

第三个阶段的资产管理理论即为资产负债综合管理理论,该理论也被称为多元化管理理论,于20世纪70年代中后期产生。该理论的主要观点是:单纯依赖于资产管理或负债管理,商业银行难以达到流动性与营利性均衡的目标;只有根据内外部因素的变化,对商业银行的资产与负债进行统一的协调管理,才能实现经营总方针的要求,进而达到经营目标。也即,商业银行应通过资产与负债两方面业务的综合协调管理,构建具有及时性与灵活性的资产负债结构,从而达到保证流动性供给充分的目的。

资产负债管理理论吸收了资产管理理论与负债管理理论的合理内涵,并对这两种理论进行了发展和深化。该理论将资产与负债这两方面的业务关联在一起,并根据商业银行所处环境及战略目标进行全盘考虑,优化资产与负债的结构,在商业银行资金的流动性和安全性得以保障的情况下,谋求经营收益的最大化。

第四个阶段的理论为资产负债表外管理理论。20世纪80年代以来,金融风险事件的发生日益频繁,影响后果日益严重。此时,如何加强对风险的监控成为各国及国际金融组织的共识,影响深远的《巴塞尔协议》即产生于这个时期。在《巴塞尔协议》出现之前,商业银行一直是通过调整资产负债表内的资产结构来防范信贷风险的。这个时期,随着银行业之间竞争的不断加剧,存贷利差也在不断缩小,而且一些非金融结构也开始大规模地进入金融市场,导致整个金融市场结构发生了显著的变化。在激烈的市场竞争中,商业银行意识到衍生工具是一个既可以获利又可以规避风险的良好途径。在这样的时代背景下，资产负债表外管理理论得以应运而生。

资产负债表外管理理论认为：银行的经营不应该仅仅局限于存贷业务范畴，而应该在传统的银行负债和资产业务之外去开拓新的利润来源，为客户提供多元化的金融服务，如信托与咨询服务、支付与结算、代理人服务以及信息处理服务，等等。而且，该理论认为原来的资产负债表内业务向表外的转化不但没有影响资产负债表上的风险水平，而且可以降低商业银行的经营成本。

（二）主要研究内容

从商业银行流动性风险研究内容来看，国外相关研究主要集中在流动性风险成因、测度及管理这三个方面。由于本书主要涉及流动性风险的成因与测度，故以下只是重点对这两个方面的文献进行综述。

1. 流动性风险成因

Diamond 与 Dybvig（1983）认为，从本质上看，银行就是提供一种流动性转换的服务。基于对银行不稳定性和挤兑发生的本质原因分析，他们提出了银行挤兑 DD（Diamond-Dyvig）模型，该模型认为，流动性危机是负债同资产存在不一致的流动性而导致的。他们的研究是针对流动性风险成因的首次正式分析，DD 模型为流动性风险管理研究奠定了数量化和模型化基础，现有相关研究大都是在此模型的基础上进行扩展的。

Rose（1996）采取资金结构法、流动性缺口法及流动性指标法分析了商业银行流动性风险，认为实体经济（包括企业和个人等）发展预期、通货膨胀率预期、货币供应量增长水平和存款利率预期等是造成商业银行流动性缺口的主要因素。Gallo、Apilado 及 Kolari（1996）认为非利息收入业务在增加商业银行收入的同时能够有效地降低相关流动性风险。Kaufman（1996）认为，如果银行体系的杠杆率高、现金资产比例低，则极易触发流动性危机的产生。Allen 与 Gale（1998）研究认为，银行流动性与资本金密切相关，随着资本金的增加，银行的流动性能力和应对风险的能力也随之增强。Sheldon 和 Maurer（1998）

研究了瑞士银行同业业务的发展，认为同业业务的扩张不仅会影响金融市场的稳定，还会加大流动性风险发生的概率。

Le Saout（2000）依据系统性程度，将银行流动性风险划分为系统性风险和内生性风险。由银行外部因素引发的流动性风险界定为系统性风险，由银行自身所引起的流动性风险则界定为内生性风险。Gorton 和 Winton（2000）分析了商业银行资本结构和准备金之间的关系，认为银行存款比权益资本的流动性强，是更有效的流动性对冲机制，而当权益资本比率提高时会对银行存款产生挤出效应，减少流动性创造。Borio、Furfine 及 Lowe（2001）分析了经济周期对银行流动性风险的影响，认为经济周期不但影响市场对银行风险的认知，而且影响风险偏好。他们还发现这种顺周期性与实体经济运行将会发生相互作用，这进而会放大经济波动。Kashyap、Raghuram 及 Stein（2002）对 1992—1996 年美国的 12367 个银行样本数据进行了实证分析，发现活期存款规模和信贷额度同流动性之间存在正向相关关系，与流动资产成本则为负向相关关系。

Goldstein 与 Pauzner（2005）指出银行流动性直接受活期存款占银行存款总额比例大小的影响，活期存款占银行存款总额的比例越大，银行发生流动性风险的可能性也就越大。Goldstein 和 Pauzner（2005）在挤兑概率研究中，发现挤兑概率与银行提供的活期存款合约有关。他们认为，当银行提供分散风险程度越高的活期存款服务时，陷入挤兑的可能性就越大，当经济因素低于某些指标值时，银行挤兑才会发生。

Ruthenberg 与 Landskroner（2008）在银行资产负债结构是决定银行流动性敞口的重要因素的认知上构建了一个静态银行管理模型。该模型认为，银行的流动性风险随着贷款市场竞争性的增强而增加，但是当存款市场竞争变得更激烈时，银行流动性缺口却会降低。他们的研究还认为，随着金融市场的发展，银行所面临的流动性风险将越来越高。Allen（2010）认为美联储的货币政策仅仅盯住了消费者价格指数，却忽略了资产价格指数，是一种不当的货币政策。并且，他们从该政策和全球外汇储备不均衡这两个宏观经济视角出发，分析了商业银行流动性危机产生的原因。

Haan 和 End（2013）认为，在 2007—2009 年的金融危机中，金融市场的动荡导致银行的资金流动性风险。他们还以 2004—2010 年荷兰最大的 17 家银行为研究对象，对这些银行应对资金流动性风险的策略进行了实证分析。Loutskina（2011）构造了一个"银行贷款投资组合的流动性"指标，并认为证券化削弱了金融机构对银行放贷活动的能力，从而使得银行更容易受到证券市场的流动性和资金危机的影响。Acharya 与 Naqvi（2012）研究了货币政策对商业银行流动性的影响。Farhi 与 Tirole（2012）认为，外在的低利率诱发了银行财务报表中增加的财务杠杆与期限错配，这两个结果进而引发流动性危机。

Pavla Vodová（2013）以 2001—2010 年捷克的 4 个银行为研究对象，对这些银行的内部因素和 9 个宏观经济因素进行了分析。他们的研究结果表明：流动性与资本充足率成正比关系，与捷克克朗的贬值和恶化的信贷资产组合的质量成反比关系。Bernadine 等（2013）以《巴塞尔协议Ⅲ》的流动性覆盖率及净稳定资金比率指标考察了一些国家商业银行的流动性，发现商业银行的股东现金流越大则越可能改善商业银行的整体流动性。Buch、Eickmeier 及 Prieto（2014）构建了宏观 VAR 模型，以 1500 家美国商业银行为样本，分析了商业银行所受到的宏观经济变量的影响与冲击途径。他们认为这些商业银行之所以受到不同程度的冲击，是这些商业银行的规模、资本化、流动性风险以及在房地产和消费贷款方面的异质性造成的。

Topaloglou（2015）提出了一个新的银行流动性风险资产负债管理框架，其实证结果还表明：在雷曼危机期间，非交易存款对提高大型银行的资金流动性起到关键性作用，而小型银行则广泛依赖于证券控股以满足其流动性需求。Konovalova、Zarembo 及 Dziawgo（2015）从内外部两个因素方面对商业银行流动性失衡问题进行了研究，并揭示了风险成因及现有风险管理中存在的弊端。Baselga-Pascual、Trujillo-

Ponce 及 Cardone-Riportella（2015）使用动态面板数据模型，利用 2001—2012 年欧元区的大样本数据来分析持续的金融和经济危机对欧元区银行体系的影响。研究结果表明：资本化、盈利能力、效率和流动性与风险负相关，而批发融资的追索权则似乎增加了这些银行体系的风险，而且，较松散的市场、更低的利率、更高的通胀率和经济危机背景下的经济危机（伴随着国内生产总值下降）增加了银行流动性风险。

Goodhart 等（2009）、Koetter 与 Tigran（2010）、Goetzmann 等（2012）、Liu 等（2016）等学者对房地产行业在商业银行的房屋抵押进行了相关研究，认为房屋抵押价值的变化也会引发商业银行流动性风险。

2. 流动性风险测度

Barr 与 Siems（1994）利用数据包络分析方法（Data Envelopment Analysis，DEA）衡量了商业银行的流动性，并认为同其他方法相比较，DEA 方法的稳健性更高且测度精确性更为有效。Karsak（1998）在贴现现金流模型中引入了模糊集理论方法（Fuzzy Set Theory），对商业银行资金预算决策过程中的流动性风险进行测度。但是，由于模糊数学理论在方法上存在较大的主观性，影响了评估结果的客观性，该方法在实践中应用较少。

Saout（2000）将流动性风险分为系统流动性风险和内生流动性风险，并在细分在险价值（VaR）的基础上，衡量了商业银行流动性风险。Andrievskaya（2012）提出一种直接评估银行系统融资流动性风险并可识别系统关键银行的方法。该研究针对高流动性资产超过到期偿付的盈余，认为系统性融资流动性风险可以表示为总流动性盈余从当前水平到临界值的距离，并根据银行对系统流动性盈余变化的贡献来评估银行的系统重要性，他们还利用该方法分析了俄罗斯银行业的情况。

Adams、Fuss 及 Gropp（2014）构建了一个状态依赖的敏感性风险价值（State-Dependent Sensitivity VaR，SDSVaR）方法，对商业银行、投资银行、对冲基金和保险公司这四个金融机构之间风险溢出的方向、大小、持续时间进行定量化分析，结果表明，正常时期较小的波动也将在动荡时期产生相当大的溢出效应。Jobst（2014）利用 SRL（Systemic risk-adjusted liquidity），将期权定价理论与市场信息和资产负债表数据相结合，生成系统流动性风险的概率测度。

在流动性风险测度方面，值得重点一提的是在 20 世纪 90 年代产生的在险价值（Value at Risk，VaR）。VaR 引入置信水平概念，将预期的损失与该损失发生的概率结合起来。VaR 具有显著的风险测度优势，其一经提出，很快成为国际上度量金融风险的最主要工具，至今仍是如此。Hisata 与 Yamai（2000）、Lopez-Espinosa 等（2012）、Adrian 与 Brunnermeier（2016）等众多的学者都采用该技术测度了商业银行流动性风险。

然而，VaR 假设风险为正态分布，这使得 VaR 存在忽略极端事件、造成极端风险严重低估的问题。为弥补 VaR 存在的瑕疵，国际证监会组织（IOSCO）在 1995 年首次提出了压力测试（Stress Testing）概念。压力测试实质上就是要找出那些历史上曾经出现过的异常事件，模拟当这些异常事件再次发生时将导致何种程度的风险状况。《巴塞尔协议Ⅱ》也明确提出了进行压力测试的要求，要求银行必须设立良好的压力测试程序，定期进行压力测试。自此，各国央行和监管部门纷纷出台相关政策与文件，要求本国银行进行压力测试。迄今，压力测试仍是国际先进银行最普遍采纳的方法，相关领域的众多学者也基本上是采用此技术来测度银行的极端流动性风险的。

Matz 与 Neu（2007）对如何进行持续的流动性压力测试进行了研究。他们提出以压力条件下的现金流为基础，根据商业银行流动性风险的容忍度来确定该银行流动性风险的极限结构和平衡能力。End（2010）提出的银行流动性风险压力测试模型考虑了由异质银行的反应以及声誉效应所产生的第一轮和第二轮（反馈）冲击效应。他用蒙特卡罗方法模拟了流动性缓冲的影响和流动性短缺的概率。他对荷兰银行进行的实证分析表明，在特定情景中的第二轮效应可能比第一轮效应具有更大的影响，并打击了所有类型的银行，具有系统性风险特征。

Wong 与 Hui（2009）发展了一个压力测试框架来评估银行流动性风险，在此框架下，外部资产价格冲击通过三个渠道增加银行的流动性风险。首先，银行资产按市值计价损失增加了银行违约风险；其次，由于受到冲击，从资产出售中产生流动性的能力继续蒸发；最后，银行面临或有的流动性风险，因为在这种紧张的金融环境中，不可撤销的承诺缩水的可能性增加。在该框架下，他们利用 Merton 模型实现了市场与银行违约风险之间的联系，同时对违约风险与存款外流之间的联系进行了计量估计。他们还基于2007年年底的公开数据，将该框架应用于香港的一组银行。模拟结果表明：在资产价格长期冲击的情况下，银行流动性风险会受到抑制。然而，当这些冲击与由于货币紧缩而导致的利率上调同时发生时，一些银行将非常脆弱。然而，在这样的冲击背景下，这种紧缩相对不太可能发生。

巴塞尔委员会（BCBS，2010）对美国次贷危机的经验教训进行了总结，建议在监管中要引入流动性覆盖率指标来弥补传统流动性风险衡量指标的不足，并且该委员会还建议，在评估流动性时要对流动资产的构成进行压力测试，以测试商业银行在不同情景下将会出现何种流动性状况。

国际货币基金组织（IMF，2011）所构建的银行系统性流动风险压力测试的基本框架由三个模块构成：一是根据商业银行潜在的现金流进行银行融资流动性的压力测试；二是根据商业银行现金流的流动性风险进行压力测试；三是对商业银行风险与流动性风险的关联进行压力测试。其中，第三个模块最具创新意义，它考虑了银行本身信用变化所带来的融资成本变化、区域资本化程度对融资市场的影响以及区域融资时间、空间集中度对银行融资的影响。《巴塞尔协议Ⅲ：流动性覆盖率及流动性风险监测工具》（修订版，2013）提出了流动性覆盖率（LCR）指标，并强调了净稳定资金比例（NSFR）指标。

自此，对银行的非常规流动性风险，大多数学者大都是在《巴塞尔协议》等纲领所提出的流动性风险压力测试框架指导下，对某个国家或地区的商业银行展开相关分析的，具体可参见 Visser（2013）、Klacso（2014）、Eichengreen 与 Barry（2015）、Edward 等（2016）、Pagratis、Topaloglou 与 Tsionas（2017）等。

近些年，针对流动性风险的厚尾特征，鉴于极值理论专以随机过程的极值分布为分析对象，并具有可穿越样本数据进行统计分析，且不需要预设分布具体类型的优良特性，一些学者利用极值理论对商业银行流动性极端风险进行了测度研究，并收到了较好的效果。关于极值理论在金融风险中的相关研究可参见 Koedijk（1992）、Danielsson 与 Vires（1997）、Neftci（2000）、Gencay 等（2003）、Christoffersen 等（2004）等。

从以上文献综述可看到，相关研究已得到广泛的重视，研究水平也已发展到一个较高的水准。然而，仍然可以看出，相关研究也存在两个明显的瑕疵：一是现有相关研究仍然将注意力集中在常规流动性风险层面，尚未将风险管理的核心置于其极端风险层面。至今，仅有 Bervas（2006）、Strahan（2012）、Dridi 等（2012）等少数学者研究了商业银行流动性风险的极端状况。二是从技术层面来看，当前测度流动性极端风险的方法主要是压力测试，然而，压力测试作为 VaR 的补充手段虽然弥补了 VaR 忽略极端风险事件的不足，但其却存在高度的主观性。并且，压力测试也估计不出这些极端事件发生的概率水平，这样的压力测试结果也将使得风险管理者难以决定如何采取适当的风险防范措施。

二 房地产价格波动

房地产价格波动的研究主要集中在价格波动的影响因素分析方面。影响因素分析则主要集中在土地、预期及价格周期波动这几个方面。

（一）土地对房地产价格波动的影响

国外和中国台湾、中国香港的一些学者研究了土地供应数量对房地产价格的影响，然而，这些学者的研究结果出现了根本分歧，有的学者认为，土地供应量对房地产价格没有影响；有的学者认为，通过土地供应量可以很好地调控房地产价格。

认为土地供应量对房地产价格没有影响或影响不大的学者，从土地供应量和住房供给量关联性、土地市场和房地产市场的融通渠道、房地产价格多因素作用的复杂性方面进行了研究，并得出了他们的相应研究结论。

Raymond（1998）以中国香港地区 1976—1995 年的数据为样本，实证分析认为，土地供应量对房地产价格没有显著的影响。持相同研究结论的学者还有 Dua 等（1996），等等。这些学者还针对他们的研究结论给出了相应的解释，代表性的如 Raymond（1998）认为：土地供应量的先导是政府和开发商的博弈，而不是土地需求量引致。在市场利率提高或流动性降低时，政府为了获取较大的土地出让收益，会收紧供地量，开发商为了保证流动性和资金链完整，则会释放囤积的土地。这二者博弈的结果是土地供应量减少而房屋建筑规模增大，土地供应量自然不会对房地产价格造成显著影响。

Lai 与 Wang（1999）以中国香港地区 1973—1997 年的数据为样本，他们的实证分析结果显示土地供应量对房地产价格没有显著的影响。持相同研究结论的学者还有 Cheung、Tsang 与 Mak（1995）、Chou 与 Shih（1995）、Hui（2004），等等，这些学者还针对他们的研究结论给出了相应的解释。

认为土地供应量会影响房地产价格的学者则多是从土地供应量缩减以及相关管制政策角度分析其对房地产市场或房地产价格的影响。

Hannah 等（1993）、Noguchi（1994）、Okumura（1997）研究了日本和韩国土地供应量等众多因素对房地产价格波动的影响。他们的研究结论认为城市人口快速的流动、人口稠密度的上升以及人口对住房旺盛的需求才是影响房屋价格波动的主要因素。

有意思的是，同上述 Raymond（1998）、Lai 与 Wang（1999）等学者一样，一些学者也对中国香港地区的房地产价格进行了实证分析，但由于采用的数据不同，得到了与之相反的结论。如 Peng 与 Wheaton

(1994)利用1965—1990年的中国香港地区住宅均价和土地供应量数据，从存量、流量两方面对二者关系进行了定量分析。他们得到了土地供应量显著影响房地产价格的结论，并认为，人们的心理预期是土地供应量影响房地产价格的通道。

Mayer和Somerville（2000）采用1985—1996年美国44个州的数据进行了实证分析，结果表明：与监管较宽松的市场相比，监管更广泛的大都市地区的开盘价可能会低至45%，价格弹性也会降低20%以上，并且，土地管制对新增土地的供应将会产生明显的长时间影响。Cheshire与Paul（2005）认为，土地供应管制将对住房市场造成积累性影响。由于短期内住房供给缺乏弹性，可以通过土地供应价格调整来改变住房地产价格，因此土地供应量的限制会放大市场上的价格周期，从而提升房地产价格。Quigley与Rosenthal（2005）认为，当房地产价格提升时，相对其他区域，土地供应管制区的房地产价格变动性要差一些。同时，土地供应管制区域将与高房地产价格区域产生耦合现象，并且管制时期越长，房地产价格的波动性也表现越明显。

Alonso（1964）、Muth（1969）、Kim与Yi（2006）、Dowall与Landis（2010）等的研究表明地价过高是推动房地产价格上涨的关键因素。

（二）从预期角度研究房地产价格波动

当前，人们已经普遍认可社会大众的预期及其行为能够影响房地产市场价格的波动，一部分学者也采取各种有效的方法来考察未来房地产价格的预期对房地产市场的影响。这里的预期主要是指行为主体对未来一段时期房地产市场总体走势的主观性判断，这种判断尤其表现在价格方面。

Hui和Liu（2002）以中国香港地区房地产市场为研究对象，在理性预期假设条件下构建了相应模型，研究结果表明：在长期理性预期假设成立，但短期所呈现出的非理性及有偏性信息则可引起房地产价格的过度波动。

Case等（2012）分析了美国房地产市场的价格波动，他们认为购房者预期不满足完全理性的假设。Adam、Pei 与 Marcet（2012）构建了一个简单的开放经济资产定价模型来解释 G7 集团在 2001—2008 年的房地产价格波动。该模型认为，家庭是理性的，但对价格行为持有主观信念，并可使用贝叶斯规则对其进行更新。他们的研究结论认为：由此产生的信念动态在很大程度上传播了经济冲击，并对复制经验证据起到至关重要的作用。

还有一些学者利用外推型预期考察了公众预期对房地产市场价格的影响。外推型预期指决策者在进行决断时会对前期价格等市场情况的变动趋势赋予一定的权重并作出相应的判断。如 Bolt（2014）利用租金和房地产价格的季度数据估计了美国、英国、日本、荷兰及瑞士这五个国家的情况，发现外推型预期可比其他预期模型更好地解释房地产价格的波动及其持续性。

（三）房地产价格周期波动及其影响因素分析

20 世纪 80 年代，由于美国经济出现了滞胀现象，经济周期的波动引发了人们的重视，此时，房地产周期的研究也作为一个相对独立的领域得以开拓并蓬勃发展起来。

Gottlieb（1976）在研究房地产波动周期时利用了景气指数方法，他的研究结果表明，美国存在着平均长度大约是 19.7 年的房地产周期。在经济周期方面的研究中，普遍认为按照一个经济周期持续时间的长短可将经济周期划分为长周期、中周期和短周期这三种类型，其中，长周期是指时间长度平均为 50 年左右的周期，中周期指平均时间长度为 8 到 10 年的周期，短周期指平均时间长度约为 40 个月的周期。Rabinowitz（1980）、Pritchett（1984）等人的研究认为房地产周期也可以分为这三个类型，与经济周期类似，美国房地产也都存在短周期、中周期和长周期，而且与经济周期的长度是基本一致的。

Wheaton（1987）采用了写字楼建设活动和空置率数据，对第二次世界大战后美国的写字楼波动周期进行了研究。他的研究认为，美国写字楼存在一个约为 12 年的波动周期。同时，他的研究还发现，写字楼供需变量同办公就业人数的变化之间有着直接的相关性，并且在此关联中，供给有着比需求更快的反应。Voith 和 Crone（1988）分析了美国 17 个大都市区的写字楼市场空置率，他们采取 1980 年 6 月至 1987 年 6 月的有关数据，研究结论发现这些大都市的写字楼都存在非常清晰的空置率周期性，而且，这些空置率的周期频率和振幅在这些大都市中具有市场差异性。Kling 和 McCue（1987）、Wheaton（1987）和 Grenadier（1995）等的研究则发现，写字楼的建设量、空置量及其租金这些方面都存在长周期波动，现实中宏观经济周期波动与之相比较，则具有更为频繁的波动现象，这两者的波动是不对称的。

Kaiser（1997）研究了房地产长周期，比较了房地产总收益率与机构房地产投资回报率，以及建筑、就业、通胀、利率和股指等经济变量的关系。他还讨论了 30 年、50—60 年甚至更长的周期情况，并认为相对短周期而言，长周期对房地产市场的行为具有更好的解释作用。Wheaton 和 Rossoff（1998）通过构建的住宅产业结构模型，采用 1969—1994 年的住宅产业数据进行了实证分析。研究结论表明，占有量和租金率这两者都遵从供给的周期性波动。Shilton（1998）的研究结论认为：一个城市的经济基础会对整个写字楼的就业增长率有着明显的影响，而且，办公就业人数与市场波动之间存在周期性的关联。根据这个研究结论，他进一步推断办公就业人数在经历市场的高波动性之后，更高的写字楼空置量将可能会出现。

Case、Goetzmann 与 Rouwenhorst（2000）考察了影响房地产周期波动共变性的国际与国内因素，他们采用了世界上 21 个国家共 22 个城市的有关数据。研究结论认为：同国际影响因素相比较，各自国家经济状态的基本情况对房地产周期的影响有着较大程度的影响。Otrock 和 Terrones（2005）研究了工业国家房地产价格的协动性以及房地产价格波动与金融资产收益率和宏观经济总量波动之间的关系。他们认为：尽管住房是典型的不可交易资产，但工业化国家的实际房地产价格增长率在很大程度上是同步的。他们的研究结论还表明，虽然宏观经济总量（即实际产出、消费和住宅投资）存在很大程度的协动，但几乎没有发现证据表明这些总量是房地产价格波动的重要来源，相反，房地产价格对宏观经济总量却有着影响。

以上关于房地产市场周期波动的文献，不论是立足于宏观视角还是微观视角，基本上都认为，房地产市场的发展是具有周期性的。不但租金、空置量、资本化率等现金流量具有周期性，并且，房地产价值、房地产的市场收益与风险方面也存在周期性。

三 商业银行流动性同房地产价格的关联波动

已有较多的文献对商业银行流动性同房地产价格之间的关联波动进行了研究。然而，已有研究重点主要集中在商业银行流动性对房地产价格的影响方面，而从房地产价格影响商业银行流动性方面进行的研究相对少得多。在研究方法上，现有文献也多是采取计量模型方法，考察商业银行流动性对房地产价格波动的贡献额度，而定量地测度两者之间双向关联波动的研究还很少。近些年，尤其是2007年爆发的美国次贷危机给全球金融安全造成重大冲击之后，商业银行流动性和房地产价格之间的关联波动更是引起各国高度关注，许多学者也对此问题进行了深入的探讨。

现有相关研究普遍地认为，商业银行的流动性直接影响房地产行业所能获得的贷款数量与规模，进而影响到房地产价格。而房地产价格波动不但可直接影响商业银行的信贷规模与水平，还可通过影响商业银行资产质量，进而影响商业银行的流动性。然而，在商业银行流动性与房地产价格之间关联波动的方向性、阶段性、对称性、影响力度、持续时间以及表现形式等方面，相关文献却存在各不相同的研究结论。

Hatakeda（2000）认为，商业银行的流动性水平会直接影响银行信贷的数量。当流动性水平较高时，商业银行的信贷规模会得到扩张，相应地流入房地产行业的贷款水平也将得以上升。由于短期内房地产的供给量是基本固定的,商业银行流动性水平的提升将会推动房地产价格上涨。相应地,当商业银行面临流动性水平紧张的状况时,商业银行会通过降低信贷数量来缓解流动性紧张,这将会影响包括房地产行业在内的实体经济的贷款数量。Goodhart 和 Hofmann(2001)分析了 17 个国家时间跨度为 30 年的样本数据,研究认为:房地产价格和信贷之间存在互相影响,并且,这种双向因果关系将可能会在信贷和住房市场上产生相互加强的周期效应。

White(2008)分析了 2001—2005 年美国的低利率政策,认为这段时期低于 1% 甚至是负值的低利率政策导致资产价格与信贷的巨大需求泡沫。他认为,随着过度的投资和消费转化为显著的通货膨胀压力,美联储不得不停止货币扩张政策,结果造成利率上升、房地产价格下跌,最终房地产泡沫破灭,引发次贷危机。

Reinhart 和 Kenneth(2008)等研究发现,在金融危机和经济减缓前,资产价格过度上涨是爆发危机的一个标志。Demyanyk 和 Hemert(2007)的实证结果表明房地产价格上涨和借款人特征是引发次贷危机的最重要因素。Goodhart 等(2009)认为银行业和房地产之间存在紧密的资金关联,房地产行业的资金主要来自银行贷款,而房地产价格的高低也会影响到其对商业银行的还款,房地产的价格波动会使银行业遭受关联风险冲击,并进而形成银行系统性风险。Oikarinen(2009)利用芬兰数据进行了相关研究,结果表明银行借贷与房地产之间存在长期协整关系。

Ivashina 和 Scharfstein(2010)对美国 2000—2009 年的银行贷款数据进行了分析,进一步验证了以上研究结论。Barrell 等(2010)研究认为,包括房地产价格在内的资产价格上涨影响了消费总需求,进而导致商业银行的脆弱性。Koetter 和 Tigran(2010)利用房地产价格与价值的偏离度衡量了房地产价格波动对银行稳定性的影响。他们对德国 78 个经济区的实证分析还表明,房地产价格波动过大将降低银行的稳定性,对流动性造成压力。

第二章 文献综述

Pais 与 Stork（2011）对澳大利亚国内 13 个部门之间的风险传染问题进行了研究。他们基于极值理论的实证分析结果表明：房地产部门对银行部门的信贷依存度是最高的，并且，发生信贷危机后，这两个部门内部的风险传染率及部门之间的风险传染率都将显著上升。

Bhattacharya 与 Kim（2011）采用 1990—2009 年的面板数据，对次级贷款、房地产价格波动以及宏观经济稳定之间的关系进行了研究，结果表明这三者之间存在非常显著的波动关联性。Agnello 与 Schuknecht（2011）的研究表明：房地产价格上涨过程中的银行贷款短期利率与流动性等因素以及泡沫破灭前期房地产价格的上涨幅度，决定了房地产价格泡沫破灭的影响强度。

Addae-Dapaah（2014）考察了住房贷款对新加坡房价的影响程度，认为：长期中住房贷款与房价和 GDP 呈正相关，但与利率负相关；短期中住房贷款和房价之间似乎没有相关性。而且，住房贷款本身的变化不会影响房价，短期内房价本身的变化也不会影响住房贷款。这意味着将住房贷款作为控制新加坡房地产价格上涨的手段，可能不会立即实现。Acolin 等（2016）研究了借款限制因素对住房自有率下降的影响，认为信贷配给将会约束房地产消费总量的增长。Hazama 等（2016）基于日本银行的相关数据的研究表明，房地产价格的冲击可能会影响银行的资产负债表和贷款行为，并最终影响整体经济的运行。

Favara 和 Imbs（2015）利用 1994—2005 年美国分支机构放松管制作为抵押贷款信贷的外生扩张，展示了信贷扩张对房价的显著影响。

Mian、Sufi 与 Trebbi（2015）、Mian、Sufi 与 Verner（2017）认为，信贷过剩在大衰退前的几年里非自然地推高了房价。Favilukis、Ludvigsson 与 Nieuwerburgh（2017）研究表明，放松信贷限制可以导致房价上涨。Di Maggio 和 Kermani（2017）利用 2004 年相关法律规定的国家银行联邦优先购买权方面的相关数据，揭示了信贷供应对房价有重大影响。

Dursun-de Neef 等（2019）研究表明，2007—2009 年金融危机对银行的负流动性冲击导致房地产贷款供应减少，导致美国大都市统计区房价下降。Ge、Li 和 Zheng（2020）发现资本质量冲击引发的银行净值下降会导致房价下降，并使得银行流动性受到影响。

从相关文献来看，现有研究主要存在以下三个方面的明显不足：

一是现有研究大多集中在房地产价格波动与银行信贷两者关系的验证上，且多是采取计量模型进行的单方面影响研究。至于商业银行流动性同房地产价格之间波动的互动性水平如何，影响程度是否具有对称性，相互影响是存在长期趋势还是只是短期波动，现有文献对这些具体问题的分析还存在分歧。

二是研究内容还局限在常规波动范畴，忽略了极端波动才是风险管理核心的首要原则。常规波动发生频率大，损害总额却较低，现有技术已可对其进行较好的控制与防范。而极端波动属于非常规范畴，发生概率很低但损害巨大，有时甚至会导致致命性打击。极端风险不但难以预期，也很难以现有技术进行抵御与防范。极端波动现已成为金融界首要关注与控制的风险。

三是近几年虽然有一些文献采用了 Copula 函数对金融市场间的非线性关系进行定量测度，如 Brayek 等（2015）、Truchis 和 Keddad（2016）、Mensi 等（2017）、Ji 等（2019）及 Bedoui 等（2019）等，但这些研究多是仅仅考察了两个金融市场总体之间波动的相依性，未将重心置于极端风险层面，利用 Copula 函数同极值理论模型对商业银行流动性同房地产价格之间的极端关联波动进行定量测度的研究更是非常少见。

第二节　中文文献

一　商业银行流动性风险

（一）流动性风险成因方面

关于流动性风险成因方面，国内相关研究起步较晚，大约出现在 20 世纪 90 年代，初期的研究内容主要集中在中国商业银行流动性风险成因的理论机制分析方面。近些年来，随着对商业银行流动性管理的重视与深入，关于商业银行流动性风险的实证研究明显增加。尤其自2008年国际金融危机发生之后，许多文献对商业银行流动性风险及其传染效应进行了深入的定量分析。

姚长辉（1997）认为，银行资金来源存在不确定性和不规则性，流动性和盈利性之间的矛盾是银行业流动性风险产生的根本原因。并且，央行的政策、银行的资产负债结构、银行利率的波动以及金融市场的发展状况，这些都是影响银行流动性风险的主要因素。

孙治国（2004）选取了中国四大国有商业银行的历史数据，对流动性风险的影响因素进行了实证分析。研究结果认为：中国商业银行流动性风险不仅受到银行外部因素的影响，而且受到银行内部各因素的影响。在内部，主要影响因素就是商业银行自身的资产负债结构，而外部影响因素主要是银行所处的宏观经济环境。金煜（2007）采用超额准备金率等5个静态指标，实证分析了中国商业银行流动性风险的影响因素。研究结果表明：中国商业银行的流动性是与资产负债结构紧密相关联的，但是，商业银行的流动性同资本充足率之间却没有什么明显的关联性。

王晓枫与熊海芳（2009）分析了2008年中国商业银行的流动性。他们从供给角度出发，综合采用了自回归分布滞后模型与误差修正模型，以超额准备金率为具体指标。研究认为：2008年中国商业银行流动性之所以出现转变，在长期中，主要是经济波动影响而导致的，而在短期内，超额准备金率则在这种转变中起到了更大的影响作用。张帆（2009）将银行分为国有商业银行、股份制商业银行和城市商业银行三个不同的样本，以备付金率作为衡量流动性的标准，通过分别构造多元回归的误差修正模型，对备付金率的影响因素进行检验，发现各类商业银行的备付金率均与同业拆借利率正向变化、与存贷比和存款准备金率反向变化。短期条件下，小型银行对同业拆借利率和存款准备金率更为敏感。长期条件下，小型银行对存贷比更为敏感，对存款准备金率则较为迟钝。

肖雯雯（2010）的研究结果表明：资产负债结构错位、市场利率变化、央行货币政策的变动、金融市场的发展状况等因素都可能对中国商业银行流动性风险造成较为显著的影响。马宇（2012）利用安徽省10家农村信用社的数据，对农村信用社的流动性风险影响因素进行了计量分析。研究结论为：法定存款准备金是一个非常显著的流动性影响因素，其变动显著地影响了农村信用社的流动性；随着法定存款准备金率的升高，农村信用社的流动性风险越显著；不良贷款率也是一个显著影响农村信用社流动性风险的主要因素，随着不良贷款率的上升，农村信用社的流动性风险也将进一步加剧；M2的增速同农村信用社流动性风险之间则呈现出反向的相关关系。

余永华（2012）以2000—2008年间26家国内银行为对象进行了实证分析，结果表明：与外部因素相比较，影响商业银行流动性的内部因素作用更加显著；在影响银行流动性的外界因素中，资本质量和资本的平均收益率对银行流动性有较显著的影响，而资产质量的影响较弱；外部因素中只有货币供给量（M1）对银行的流动性产生影响，而GDP、一年期的利率、CPI的影响效果不明显。江鹏与费方域（2012）研究认为：次贷危机后银行间内生流动性风险引起的价格反馈已取代银行间债务违约，成为银行业系统性流动风险的主要来源。蒋海、罗贵君及朱滔（2012）以中国16家上市银行为样本，采用1998—2011年的非平衡面板数据，对商业银行资本缓冲的周期性进行了研究。结果表明：中国上市银行的资本缓冲具有显著的逆周期性，并且，《巴塞尔资本协议》的实施和货币当局的逆周期货币政策强化了资本缓冲的逆周期性特征。

原佳颖（2013）采用2009年1月至2013年3月的数据，运用ARDL模型分析了商业银行流动性指标与同业拆借利率、房地产均价、上证A股成交额以及货币流动性之间的关系。研究认为：同业拆借利率、房地产均价和货币流动性对商业银行的流动性有着显著影响。潘哲琪（2013）运用面板数据模型进行中国商业银行流动性实证分析，研究结果为：商业银行内部因素与流动性风险密切相关，并且，内部因素的影响度明显高于外部因素。

陈云龙（2014）选择2004—2012年的季度金融数据，使用协整检验、脉冲响应和方差分解分析考察中国商业银行流动性风险影响因素的影响程度。实证结果表明：利率水平、中央银行的货币政策对商业银行流动性风险影响较大，金融市场发育程度、资产负债结构以及信用风险的影响较小。窦玉龙（2014）基于资产项目的流动性、负债项目的流动性、资产与负债期限上的错配、银行的不良贷款率及宏观经济指标（包括市场利率、资本市场和经济周期的发展情况）对中国商业银行流动性的主要影响因素进行了实证分析。

刘文杰（2015）以2008—2013年16家国内上市商业银行为样本进行了实证分析，结果显示：内部因素对流动性风险的影响大于外部因素；流动性风险与贷存比、不良贷款率以及法定存款准备金率正相关，而与资产总额、资产利润率、资本充足率负相关；货币供应量的同比增长率对商业流动性风险也有一定的影响，但不显著。翟光宇、何玉洁及孙晓霞（2015）构建了违约概率模型，他们的实证分析认为，中国商业银行同业业务的波动容易引发流动性风险在银行之间的传染。

（二）流动性风险测度方面

潘科峰（2007）利用同类比率比较、流动性指数、融资缺口等五种方法对中国商业银行的流动性风险进行了测度。季孝民、金百锁及缪柏其（2009）采用ES自回归方法对商业银行流动性风险进行衡量，研究认为：此方法能动态地衡量流动性风险，并且能对流动性风险的发生进行较好的预测。而且，与VaR、ES测度和自回归时间序列模型相比较，此方法对于流动性风险在某个时点上风险的排序更为合理。

郭德维（2009）采用存贷比等多种指标，分析了中国商业银行的流动性问题。他认为，中国已经出现了一定程度的商业银行流动性过剩。他还利用压力测试对上海银行的流动性进行了分析，并认为不论是在压力情景还是压力级别上，当时上海银行所进行的压力测试过于简单，而且，上海银行在压力测试时也没有考虑到每个情景与每个压力水平下可用资源的差异性等问题。

杨文泽（2010）基于资产和负债类产品的期限分布，对特定时期内商业银行的流动性进行了考察。刘昕（2010）选取六类静态指标对辽宁省建设银行的流动性进行了实证分析。研究表明：这些样本银行普遍存在较为显著的流动性风险，并认为，主要原因就是这些样本银行在资产期限方面存在较为严重的错配问题，中长期贷款的比率明显失衡。

刘妍与宫长亮（2010）通过 R 型聚类分析确定商业银行流动性风险评价指标体系，并利用熵值法确定这些指标的权重，以此对中国 14 家商业银行进行流动性风险评级。唐佳（2011）将 BP 神经网络和基于粒子群优化算法相结合构建了商业银行流动性风险测度模型，选取 8 种主要的风险度量指标，针对中国商业银行的流动性实际状况，建立一个流动性风险度量指标体系，并以中国四家商业银行近 15 年的季度统计数据作为研究样本，采用训练好的网络模型对各指标的变化趋势进行分析和预测。

陈佰儒（2014）利用主成分分析法，采用存贷比等三个指标，并将其转换成一个综合得分，据此进一步综合评价了五家国内大型商业银行流动性状况。尹霓（2013）首先选取多个宏观经济因子指标构建 VAR 模型，模拟冲击后宏观经济的内在调节机制，然后，以流动性缺口作为流动性风险的衡量指标，从到期资产违约、银行声誉影响和可变现证券资产价格三个渠道出发，以资产违约概率（PD）、银行违约概率（BPD）等指标为中间指标，构建银行流动性风险传导模型，并以 7 家上市银行为例进行模型估计，发现各样本银行的中间指标和流动性缺口对宏观经济因子指标的波动十分敏感。

2007 年下半年美国次贷危机爆发后，中国银行业监督管理委员会加强了对压力测试的重视,并于当年12月颁布了《商业银行压力测试指引》。尤其是在2014年《商业银行流动性风险管理办法(试行)》公布之后,国内一些学者在《巴塞尔协议》与中国银监会相关文件的指引框架下,对中国商业银行流动性风险进行了压力测试研究。许志军(2015)选取了8个具有代表性的影响因素与商业银行流动比率进行灰色关联度分析,并在建立流动比率与股权占比、法定存款准备金率、银行间的拆借利率三者之间关系的基础上,对中国16家上市商业银行分别进行了敏感性压力测试和情景压力测试。杨胜刚与刘亚之(2015)对中国大型国有银行和中型股份制银行进行了压力测试。曹冲(2015)以超额存款准备金率作为衡量流动性风险的指标,将法定存款准备金率、存贷比、银行同业拆借利率作为关键金融变量,测试了中国商业银行流动性风险。边雅媛(2015)采用基于H—P滤波法的流动性缺口方法,以中国15家上市商业银行2006—2014年的相关数据为样本,对这些商业银行期限错配下的流动性风险进行了压力测试。

2015年,《商业银行流动性风险管理办法(试行)》得以修订。根据修订后的规定,流动性风险监管指标主要包括"流动性覆盖率"和"流动性比例"两大指标,同时,该文件将存贷比由原来"法定监管指标"调整为"流动性风险监测指标"。

从以上综述可以看出,国内相关研究起步较晚,但现阶段已开始同国外研究接轨。另外,从相关研究结论来看,由于商业银行流动性受到我国金融市场及经济环境等各方面特性的影响,这些研究也都得出了各自不同的结论。如何准确甄别我国商业银行流动性风险的引发因素,已成为一个亟待深入的研究课题。另外,国内虽已开始了压力测试技术的应用,但受研究水平及风险数据库建设不完备等因素制约,大多压力测试的有效性依然明显滞后于国外水平。准确识别引发商业银行极端流动性风险的宏观经济波动因素,精确度量商业银行极端流动性风险,这已成为现阶段我国金融风险管理领域迫切需要解决的问题,这对当前我国商业银行及金融体系的稳定与发展更是具有非常重要的现实意义。

二 房地产价格波动

(一) 土地对房地产价格波动的影响

郑娟尔和吴次芳（2006）认为：从全国层面而言，作为房地产价格与地价一般性代表的房屋销售价格指数和土地交易价格指数之间互为长期和短期格兰杰因果关系，但房地产价格的变动对地价变动的影响力更大。他们对23个大中城市的计量研究还表明：各城市地价与房地产价格的关系存在多样性，而且，这些城市房地产价格的增长并不是单纯地受到当地地价的影响，而是更多地受到这些城市自身因素的影响。

宋勃和刘建江（2009）在考虑通货膨胀的条件下，利用中国1998—2007年的房地产价格和地价的季度数据建立误差纠正模型（ECM），使用格兰杰因果检验和脉冲响应分析，对中国房地产价格和地价的关系进行实证检验。研究表明：短期而言，地价对房地产价格没有影响，而房地产价格是地价的格兰杰原因；长期而言，房地产价格和地价存在双向因果关系，互为因果，房地产价格对地价有较显著的影响，地价对房地产价格的影响程度则较低。

王岳龙和武鹏（2009）利用2002年3月到2008年6月之间中国28个省份的面板数据进行了计量分析。研究表明：由于土地招拍挂的实行，使得全国房地产价格整体水平提高了13.2%；在全国范围内，无论是长期还是短期，房地产价格对地价的需求拉动作用都明显，而地价对房地产价格的成本推动作用主要还是体现在较长时间中。黄静和屠梅曾（2009）采集并利用1999—2008年全国29个大中城市的季度数据，研究认为：房地产价格对地价长期影响的程度高于地价对房地产价格的影响；从长期来看，各城市的房地产价格和地价互为格兰杰因果关系；短期而言，房地产价格是地价的格兰杰原因。

藏波、杨庆媛及周滔（2011）应用ECM和格兰杰因果关系检验方法，研究表明：地价对房地产价格的短期影响表现为三线城市最强，二线城市次之，一线城市最差；房地产价格对地价的短期作用表现为二线城市强于一线城市和三线城市；房地产价格与地价的相互关系在中期的稳定性较差，并且，不同城市表现出变动的随机性；地价对房地产价格的长期作用表现为一线城市、二线城市和三线城市逐渐增强；而房地产价格对地价的长期影响则恰好相反。陈超、柳子君及肖辉（2011）针对中国房地产各参与主体的博弈行为、房地产泡沫的制度逻辑，构建了相应的理论模型进行解释。他们认为：一方面，地方政府以高价出让土地，且开发商通过垄断政策使得房地产价格高企；另一方面，地方政府需要通过土地的出让来获得相应的地方投资资金；地价和房地产价格上涨的根本原因就在于地方政府的利益，高地价和高房地产价格的直接原因则源于房地产开发商的垄断。

叶贵、朱科卫与张继红（2016）采用非线性格兰杰检验技术对重庆市的房地产价格与地价的关联性进行了检验。他们采用了2008—2014年共84组月度数据，并在检验中利用状态空间模型对变量的时变特征进行了考察。研究表明：在重庆市，房地产价格与地价之间表现出单向的因果关系，地价并不是当地房地产价格上涨的主要推动因素。基于此结论，他们还提出了相关建议，认为若要使重庆市房地产市场得到健康发展，应从房地产的市场供求及相应的土地供求入手来制定相关政策。

（二）从预期角度研究房地产价格波动

谭小芬和林木材（2013）分析了人民币升值预期对中国房地产价格造成的影响。他们在分析过程中采取了 HP 滤波、基于 VAR 模型的格兰杰因果检验和协整检验等技术。研究表明：因为人民币升值预期造成热钱流入量的增加。但是他们分析认为，在这个过程中，热钱流入造成的"资本流动效应"并不显著。这表明虽然热钱流入了房地产相关部门，但在较短的时期内没有对房地产价格的波动造成明显的影响。与此相对的是，在较短的时期内热钱流入所具有的"流动性效应"

却对房地产价格造成较明显的影响。他们的研究还表明：人民币升值预期会在长期内通过"结构性效应"中的财富效用渠道影响房地产价格的波动，但是在此过程之中，"结构性"效应中的巴拉萨—萨缪尔森效应表现得并不太显著。

李仲飞、丁杰及王帆（2013）分析了房地产价格是否受到预期因素的不确定性影响。他们利用1999—2010年的省际面板数据，基于个人生命周期效用最大化，构建了相应的跨期最优化模型并进行实证分析。研究结论显示：房地产价格没有受到收入与利率不确定性的显著影响；但是，房地产价格受到其本身增长的不确定性的影响，并且这种不确定性带来的影响要受到信贷规模大小的限制，存在较为明显的门限效应。

孙伟增和郑思齐（2016）利用2012—2013年中国7个重点城市的季度数据，实证分析了人们对房地产价格预期是否会影响这些城市房地产价格的波动，并基于实证分析结果剖析了此影响过程中的内在机制。他们认为：居民对房地产价格的预期是影响居民购房需求的一个非常重要的因素，对房地产价格的预期将通过影响购房需求从而对未来房地产价格的波动产生显著影响。他们的研究结果还表明：对这些城市而言，房地产价格的预期弹性为1.04，即房地产价格预期水平每提高1%，房地产价格将在下一个期间相应提高1.04%。

朱孟楠、丁冰茜及闫帅（2017）采用了2010年7月至2016年12月之间的月度数据，利用TVPSV-VAR模型分析了人民币汇率预期对房地产价格的影响。研究结论表明：在中国两次汇改之后，人民币汇率存在较大的预期波动，人民币汇率预期的升值使得国际流动指标在短期内更多地流向了房地产的需求方，从而推动中国房地产价格呈现加速上涨的趋势。

（三）房地产波动周期及其影响因素分析

中国人民银行武汉分行金融研究处课题组（2006）对中国房地产波动的影响因素进行了研究。该课题组采用房地产合成指数，通过自相关滞后分布模型检验了宏观经济和金融变量对中国房地产景气变化的影响。该课题组的研究结论为：在经济变量中，投资和居民这两个方面对中国房地产景气影响最为显著；而在金融变量中，居民储蓄、存款、中长期贷款以及真实利率则是影响中国房地产景气状况的主要指标。

马万里（2007）采用合成指数法考察了杭州市房地产的波动周期，并将杭州市的情况同中国香港地区、日本等几个较为发达的地区与国家的房地产波动周期状况进行了对比分析。陈多长和王美红（2007）采用房地产行业增加值、商品房销售面积和房地产投资三个指标的增长率研究浙江房地产业的发展特征。发现1991年以来浙江房地产业经历了两次典型的周期波动。他们还认为：浙江房地产业周期波动主要是房地产制度改革、中央政府的土地与金融管制、分税制改革、房地产业的产业政策和浙江宏观经济等因素综合作用的结果，因而是一种典型的政策周期。

唐志军、徐会军及巴曙松（2010）分析了中国房地产投资及房地产价格波动对经济增长与社会消费的影响。研究表明：房地产价格波动显著地负向影响中国社会消费品零售总额的波动，并且，房地产价格波动还给消费波动造成了较大的方差特性，房地产价格波动对消费波动的方差贡献大都大于2.5%；房地产投资对社会经济有显著正向波动影响，房地产投资额增长率增加1%时，GDP增长率就会上升0.181%；在第4个季度时，房地产投资波动将给GDP带来最大限度的冲击，此后，冲击力度将呈现缓慢衰减状态；房地产价格同通货膨胀率有显著的正相关关系，房地产价格增长速度增加1%，则通货膨胀率相应增加0.118%；冲击过程中，房地产价格波动受通货膨胀率波动冲击响应比较小，第8个月达到最大，之后开始衰减，达到最大影响后甚至出现负的、不稳定影响。

李祥发和冯宗宪（2014）采取TVSTAR方法分析了房地产周期、固定资产投资周期与经济周期之间的关联性。同时，他们还对货币供给量 M0、M1 和利率的调整对房地产、固定资产及经济周期之间的联动影响进行了分析。研究表明：房地产周期同经济增长周期之间存在较为显著的区制性特征。在收缩区制，在 CPI 周期变动中，房地产周期变动是一个主要的引发因素，而固定资产投资周期具有显著的逆经济增长周期的波动特征。在扩张区制，货币供给量 M0 和 M1 增加，不但可稳定经济增长，并可促进投资的增加，对维持和繁荣房地产市场具有非常显著的正向作用。同时，他们还发现，如果货币政策过于宽松，持续期较长，就很可能促使通货膨胀与房地产泡沫的产生，这将导致货币政策工具在收缩区制内失效。

徐妍和沈悦（2014）为了解释房地产价格与经济产出波动之间所表现出来的时而一致时而背离的经济事实，采用频域方法实证分析了中国房地产价格周期、经济产出周期的波动特征以及两者之间的谱相关性。研究表明：房地产价格与经济产出周期相近，并且波动形态比较吻合，存在共振关系，但两者波动并不完全重合；经济产出变化引起的房地产需求的改变是推动房地产价格波动的重要因素，实际经济产出的变化可以作为房地产价格变化的先行指标。

三 商业银行流动性同房地产价格的关联波动

李宏瑾（2005）构造了关于房地产供给收入弹性和需求收入弹性、房地产供给和需求、房地产业与经济增长等 5 个模型，并以全国和各省、市、自治区的数据进行了实证。分析结果认为：中国房地产市场供给约束问题非常严重，尤其是考虑到居民收入增长因素后，房地产市场存在非常突出的供求矛盾；房地产市场的供求得到由商业银行发放的房地产企业开发贷款及个人住房贷款的非常有力的支撑；房地产市场对经济增长起到非常显著的推动作用，但是，这一推动作用的水平还是远远小于公众的想象。

皮舜与武康平（2006）采用 1997—2003 年中国房地产市场与金融

市场的月度数据，进行了 ECM 模型与线性格兰杰因果检验，并对模型的残差项进行了非线性格兰杰因果检验。研究表明：在长期中，中国房地产市场与金融市场之间存在较为明显的双向线性因果关系，但两者之间并不存在非线性的格兰杰因果关系。

李晓娟（2010）利用格兰杰因果检验和脉冲响应等方法检测了中国房地产价格同银行业流动性之间的相关性。她在银行流动性方面采用超额准备金和现金占总资产的比例两个指标，并同房地产价格、银行贷款以及代表经济景气程度的工业增加值一起建立 VAR 模型。研究表明：中国银行流动性与房地产价格之间呈现非常明显的相依性，但是，两者之间的影响存在不对等的现象。如果银行业的流动性增加，则房地产价格就会出现上涨，但是，房地产价格的上涨对银行流动性却只存在较为有限的负效应。

袁俊与施有文（2010）将房地产市场波动与银行信贷、经济增长三者之间的关系纳入同一分析框架中构建动态面板模型，并采用全国 31 个省份的数据进行广义矩（GMM）估计。研究认为：中国房地产价格的持续上涨增强了银行贷款的冲动，而不是相反；当年的银行信贷资金对当年的房地产市场供给不产生显著影响，但却对下一年的供给产生重要影响；房地产市场的需求对经济增长的促进作用比预想的要小，当期的房地产需求对每一个百分点经济增长的贡献仅为 0.16%。

谭政勋、王聪（2011）认为，房地产价格上涨与信贷扩张之间是一种双向性的驱动关系，两者都会影响商业银行的流动性，造成银行系统不稳定的因素既有这两者独自的影响，也有这两者联合波动的互驱效应。

王德与李建军（2012）认为，宽松的货币政策将导致房地产价格产生泡沫，尤其是低利率政策的影响更为突出，而货币紧缩政策尤其是利率过快上升又将导致房地产价格泡沫的破灭。

王粟旸、肖斌卿与周小超（2012）利用极值模型对银行业同房地产业这两个行业内及行业间的风险传染进行了研究。实证结果表明：

相对而言，房地产业发生风险的概率比较高；在危机发生之后，银行业同房地产业之间的风险传染性明显增加，并且，这种风险传染概率也明显高于银行业同其他行业之间的传染概率。

钟明与郭文伟（2014）基于 SJC Copula 模型，采用 2000—2013 年申银万国二级行业指数系列中的房地产业指数和银行业指数，考察了中国商业银行同房地产行业之间的关联。结果表明：房地产业与银行业之间的上下尾时变相关系数均具有自相关、有偏、ARCH 效应的非正态分布特征，并且存在多个结构突变点；而且，从这些突变点的发生日期来看，此时期常常是中国一些重大的房地产金融调控政策开始实施的时期。表明这些突变点存在显著的政策效应，但从时间上来看都不具有持久性。

张小宇和刘金全（2015）利用 STVAR 模型判断了货币政策对房地产市场的影响变化过程。研究认为：货币政策一直对房地产行业有着非常明显的影响，但近些年来这种影响的时间长度与影响的强度都呈现出递减趋势。他们认为，在这种趋势波动下，如果仅依靠货币政策去调整房地产行业的发展，不仅仅存在应用货币政策工具使用难度的增加，而且也可能不会取得像以往一样的成效。

高文涵（2016）将 3 个月的银行同业拆借利率作为银行系统性风险指标，将国房景气指数作为房地产价格指标，将全国房地产投资贷款的月度数据作为银行信贷规模的指标，利用 SVAR 模型研究了中国银行业同房地产行业之间的关联性。他发现：中国银行信贷规模的扩张确实是造成房地产价格显著上涨的重要原因，房地产的价格上升也造成了中国银行系统性风险显著增加，而这又进一步导致银行信贷活动的收缩。

荆中博、杨海珍与杨晓光（2016）运用 VAR 模型检验了影响中国银行业系统性风险的因素，结果表明：最主要的体系风险还是来自银行体系自身，但是，在尾部风险影响因素中，房地产价格波动是一个主要的风险来源。

曾楚轩（2016）首先利用 DDC-GARCH 模型计算出房地产市场价格和银行信贷市场的时变条件相关系数，再对该系数进行变点检验，发现突变点出现在 2003 年 10 月。随后，他以此突变点位作为分割界线，将所有数据时间段划分为突变前后两个时间段，再对这三个时间窗口的样本进行格兰杰因果检验。结论显示：房地产市场同银行信贷市场有着非常高的关联性；2000 年和 2009 年，两者关联性最低；2003 年，两者关联性发生了结构性突变。这之前两者之间并不存在因果关系，呈独立发展状态，这之后两者则互为因果。他认为，自中国明确房地产行业的市场地位以后，房地产市场和银行信贷市场之间呈现非常密切的关联性，且两者互为因果，两者呈现出互相关联、相互促进的螺旋式发展。

曾国安与雷泽珩（2017）通过构建信贷配给模型，测算了不同波动时期中，中国商业银行信贷配给程度的变化趋势以及其对房地产业的影响。结果表明：信贷配给程度的变化与房地产业波动显著相关，信贷配给改变了投资和消费在推动房地产产出过程中的结构，并制约路径依赖对产出的影响，同时影响财政政策和数量型货币政策稳定房地产业的效果。

徐荣等（2017）通过建立基于有向无环图（DAG）的结构向量自回归（SVAR）模型，探讨房价波动对中国系统性金融风险造成的动态影响。结果表明：房价的大幅上涨是导致中国系统性金融风险积累的重要原因；系统性金融风险在一定程度上脱离实体经济状况而存在；提高利率在短期内确实是调控房价和维护金融稳定的重要手段，然而长期调控效果将逐渐减弱。

方意等（2018）基于 CoVaR 模型检测了房地产市场、股票、债券等金融市场对银行系统性风险的动态溢出效应，发现银行的系统性风险很大一部分来源于房地产市场，而房价在其中发挥了很重要的作用。

李世泽、马家丽和朱书尚（2019）依据复杂网络模型的研究认为银行系统性风险的增强是由房价的不良变动引起的。

郭娜和周杨（2019）在中国房价高涨的背景下，通过建立DSGE模型研究了在面对不同外生冲击时不同货币政策规则与宏观审慎政策的配合策略。研究表明：在住房需求冲击下，盯住房价的货币政策与宏观审慎政策相互配合，能够有效抑制房价上涨，较好地熨平经济波动；在技术冲击与货币政策冲击下，采用单一目标的货币政策规则并辅之以宏观审慎政策时政策实施持续性较好，可以很好地缓解房价波动，有效降低系统性金融风险，实现宏观经济稳定。

张品一和王超（2020）研究了限购政策、货币政策对北京房地产价格的影响。他们认为利率和限购政策对北京房价的解释能力都要优于货币供应量。因此，对房地产进行调控时，短期需要依靠限购政策，中长期需要使用货币政策，并且要以价格型货币政策工具为主、数量型工具为辅。

潘海峰（2020）基于MS-VAR模型探讨了不同区制下货币政策和信贷对房价影响的非对称性。结果表明：中国房价存在波动较大和较小两种区制状态，两种状态下贷款增加均会引起房价的上涨；紧缩性货币政策与利率提高均会引起房价下降；房价波动较大时期，采用利率工具比信贷对房价有更好的调控效果，波动较小时信贷工具更有效。

以上文献多是从商业银行信贷与房地产价格的角度来研究商业银行流动性同房地产价格两者之间的关联波动关系。研究结果普遍表明，两者之间存在密切相关性，商业银行流动性对房地产价格具有一定的正向效应，流动性的增加将推动房地产价格上升。也有较少的学者得出了不同的结论，认为两者之间的影响在特定的阶段时期并不是较为显著的。另外，相关研究还存在两个显著的不足：一是大多都是从单方向进行商业银行流动性和房地产价格两者间的关联波动影响分析，而较为缺乏同时进行两者间双向性的相互影响的研究；二是现有研究内容也还局限在常规波动范畴，没有将风险重心置于极端波动层面，忽略了极端风险才是风险管理核心的首要原则。

第三章 一维极值理论与极值 VaR 模型构建

第一节 极值概念、性质及类型

一 极值概念与性质

极值（Extreme Value）具有概率及统计两个层面上的意义。从概率层面来讲，极值表示随机变量极端的变异性；从统计层面来讲，极值则表示某个数据集合中存在的最大值或最小值。本书主要是从统计层面上理解极值，考察的重心就在于集合内数据的差异性。从这个意义上讲，不论集合中数据的差异性有多大，极值仍然是始终存在的。

设 X_1，X_2，$\cdots$，X_n 是来自同分布 $F(X)$ 总体的一个样本，其顺序统计量为 $X_{(1)} \geqslant X_{(2)} \geqslant \cdots \geqslant X_{(n)}$，若 $M_n = \max\{X_1, X_2, \cdots, X_n\}$，$m_n = \min\{X_1, X_2, \cdots, X_n\}$，则称 M_n 为极大次序统计量，m_n 为极小次序统计量，M_n 与 m_n 统称为极值统计量。

从上述极值统计量的定义可看出，这些极值数据的来源都是同一总体，是独立同分布（记为 iid）的。故，若用 $F(X)$ 来表示这同一分布的总体分布，那么，$F(X)$ 也可以用来表示这些极值统计量的分布函数。

令 $F_1(x)$ 与 $F_n(x)$ 分别表示极大值与极小值的分布函数，则：

$$\begin{aligned}
F_1(x) &= P(M_n \leq x) \\
&= P(M_{(n,1)} \leq x, M_{(n,2)} \leq x, \cdots, M_{(n,j)} \leq x) \\
&= \prod_{j=1}^{n} F_j(x) \\
&= F^n(x)
\end{aligned} \tag{3.1}$$

$$\begin{aligned}
F_n(x) &= P(m_n \leq x) = 1 - P(m_n \geq x) \\
&= 1 - P(m_{(n,1)} \geq x, m_{(n,2)} \geq x, \cdots, m_{(n,j)} \geq x) \\
&= 1 - \prod_{i=1}^{n} (1 - P(m_{(n,1)} \leq x, m_{(n,2)} \leq x, \cdots, m_{(n,j)} \leq x)) \\
&= 1 - \prod_{j=1}^{n} (1 - F(X)) \\
&= 1 - (1 - F(x))^n
\end{aligned} \tag{3.2}$$

式（3.1）中的 $M_{(n,j)}$ 表示 n 个极值样本中的第 j（$1 \leq j \leq n$）个极大值，同理，式（3.2）中的 $m_{(n,j)}$ 表示第 j 个极小值。

由式（3.1）与式（3.2）可知，若已知总体分布 $F(X)$，则可由总体分布 $F(X)$ 得到极大值 $F_1(x)$ 与极小值 $F_n(x)$ 的函数分布。然而，在实际统计分析中，往往并不知道总体分布 $F(X)$，所以难以由式（3.1）与式（3.2）直接推导出极大值 $F_1(x)$ 与极小值 $F_n(x)$ 的函数分布。

在传统的统计方法中，考虑到总体分布 $F(X)$ 往往是未知的，一般是以样本观察值作为未知总体分布 $F(X)$ 的替代。该方法虽然解决了总体分布 $F(X)$ 未知的问题，但也导致了一些副作用。作为总体分布 $F(X)$ 替代的样本观测值本身就存在一定的随机性，而这种随机性带来的偏差即使非常小，在推导极大值 $F_1(x)$ 与极小值 $F_n(x)$ 的过程中也很可能被显著地传导并得以扩大。

针对以上问题，在极值理论中，不再是以样本观察值作为未知总体分布 $F(X)$ 的替代，而是通常通过样本极值的渐近分布，当样本趋于无穷时（$n \to \infty$）时，由样本极值分布推导出未知的总体分布 $F(X)$。但该过程也存在一个问题，就是当样本趋于无穷时（$n \to \infty$）时，样

本的极大值分布 $F_1(x)$ 与极小值分布 $F_n(x)$ 却出现了退化分布。

以下通过极大值 $X_{(1)}$ 分布的极限说明退化分布造成的影响,设:

$$A = \{x: 0 < F(X) < 1\}, X \in R$$

称集合 A 为分布 $F(X)$ 的支撑,其中,x^* 和 x_* 分别为分布 $F(X)$ 支撑的上端点和下端点,记为:

$$x^* = \sup_{x \in A} A$$

$$x_* = \inf_{x \in A} A$$

显然,$x \in [x_*, x^*)$,则:

$F_1(X) = P(M_n < x) = F^n(x) \to 0$,$n \to \infty$ 时

若分布 $F(X)$ 的上端点为有限,即 $x^* < \infty$,则当 $x \geq x^*$ 时,有:

$F_1(X) = P(M_n < x) = F^n(x) \to 1$,$n \to \infty$ 时

所以,当 $n \to \infty$ 时,不论 x 是否有限,极大值 M_n 分布的极限只能是 1 或 0,呈现退化分布的特征。由式(3.2)也可推知,当 $n \to \infty$ 时,极小值 m_n 的分布极限也服从退化分布。所以,直接研究极值统计量的极限分布没有任何意义。

Fisher 与 Tippet(1928)对极值分布的退化问题进行了研究,发现标准化处理能够较好地解决上述极值极限分布存在的退化问题。

若适当地选取规范化常数 $a_n(a_n > 0)$ 和 b_n,令:

$$M_n^* = \frac{M_n - b_n}{a_n} \tag{3.3}$$

则标准化后的极限分布不再是退化分布。

针对以上存在的非退化极限分布问题,在独立同分布的假设条件下,Leadbetter 等(1983)证明了:最大次序统计量标准化的渐近分布为 Gumbel 类型极值分布的充分必要条件是随机变量边际分布的尾为指数衰减;为 Fréchet 类型极值分布的充分必要条件是随机变量边际分布为幂衰减;为 Weibull 类型极值分布的充分必要条件是随机变量比较分布的尾为有界尾。Gumbel 分布、Fréchet 分布与 Weibull 分布三种类型极值分布的详细介绍参见本节下面部分相关内容。

二 极值类型定理

Fisher 和 Tippet（1928）极值类型定理：假设 X_1，$X_2\cdots$，X_n 是独立同分布（iid）随机变量，n 为样本空间，未知总体分布为 $F(x)$，M_n 为区间极大值，若存在常数项 $a_n > 0$、$b_n \in R$ 和非退化的分布函数 $H(X)$，满足：

$$\Pr\left(\frac{M_n - b_n}{a_n} \leqslant x\right) \xrightarrow{d} H(x) \tag{3.4}$$

则称 $H(x)$ 为一个极大值分布，其中，"$\xrightarrow{d}$" 表示 "弱收敛于某分布"；$a_n > 0$ 表示离散程度，相当于标准差；$-\infty < b_n < \infty$ 表示位置参数，相当于平均数。

Fisher 和 Tippet 极值类型定理指出，标准化后的 $(M_n - b_n)/a_n$ 的渐近分布必定属于以下三种类型极值分布（Extreme Value Distribution）中的一种（式中 a 为尾指数参数）：

Ⅰ：Gumbel 分布

$$H_1(x) = \exp\{-\exp(-x)\}, \quad -\infty < x < +\infty \tag{3.5}$$

Ⅱ：Fréchet 分布

$$H_2(x) = \begin{cases} \exp\{-x^{-\alpha}\}, & x > 0 \\ 0, & x \leqslant 0 \end{cases} \quad \alpha > 0 \tag{3.6}$$

Ⅲ：Weibull 分布

$$H_3(x) = \begin{cases} 1, & x > 0 \\ \exp\{-(-x)^{\alpha}\}, & x \leqslant 0 \end{cases} \quad \alpha < 0 \tag{3.7}$$

由 Fisher 和 Tippet 极值类型定理可知：不论未知的总体分布 $F(x)$ 为何种分布形式，对于分布函数 $F(x)$，如果极大值 M_n 经标准化处理后，其分布的极限 $H(x)$ 是非退化分布，那么 $H(x)$ 必然属于以上三种类型极值分布之一。

Fisher 和 Tippet 极值类型定理提供了类似于中心极限定理的极值收敛定理，Leadbetter 等（1983）等学者均对相关内容进行了严谨证明。Fisher 和 Tippet 极值类型定理在极值理论中具有非常重要的作用，该理论是整个极值理论的核心内容，也为极值理论渐近分布原理奠定了坚实的理论基础。

根据式（3.5）、式（3.6）及式（3.7），可进一步分别得到 Gumbel 分布、Fréchet 分布与 Weibull 分布三种类型极值分布的密度函数：

Ⅰ：Gumbel 分布密度函数：

$$h(x) = e^{-x} H(x) = e^{-x} \cdot \exp\{-\exp(-x)\},$$
$$-\infty < x < +\infty \tag{3.8}$$

Ⅱ：Fréchet 分布密度函数：

$$h_\alpha(x) = \alpha x^{-(1+\alpha)} \cdot H(x) = \alpha x^{-(1+\alpha)} \cdot \exp\{-x^{-\alpha}\}, \quad x > 0 \tag{3.9}$$

Ⅲ：Weibull 分布密度函数：

$$h_\alpha(x) = \alpha(-x)^{\alpha-1} \cdot H_\alpha(x) = \alpha(-x)^{\alpha-1} \cdot \exp\{-(-x)^\alpha\}, \quad x \leq 0 \tag{3.10}$$

在式（3.5）、式（3.6）及式（3.7）中，当 $\alpha = 1$ 时，此时的极值分布分别称为 Gumbel、Fréchet 与 Weibull 的标准极值分布，见图 3.1。相应地，在式（3.8）、式（3.9）及式（3.10）中，当 $\alpha = 1$ 时，即得到这三种类型极值分布的标准分布密度函数，见图 3.2。

从图 3.2 可以看出，Gumbel 分布、Fréchet 分布与 Weibull 分布三种类型的极值分布密度函数都为单峰状况，都存在一个单峰最高点。当 x 位于这个点的左边时，三种密度函数都是非减的；当 x 位于这个点的右边时，三种密度函数都是非增的。

Fréchet 分布由 0 向 $+\infty$ 延伸，在分布尾部以 $x^{-\alpha}$ 形式趋于 0，在右端尾部较长，呈明显的厚尾特征。

Weibull 分布由 0 向左方延伸，同 Fréchet 分布相反，Weibull 分布无下限，但分布存在有限上端点，呈细尾分布。

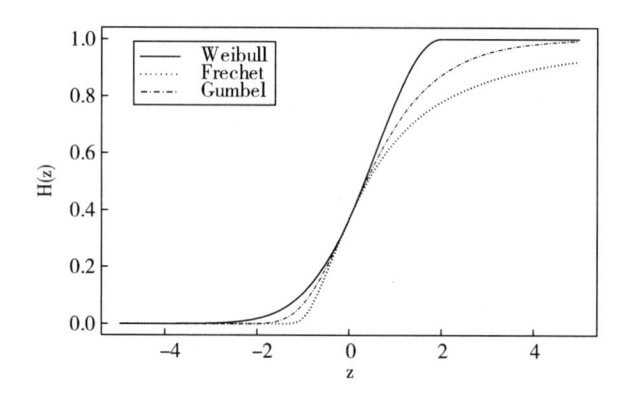

图 3.1　标准极值分布函数图（$\alpha=1$）

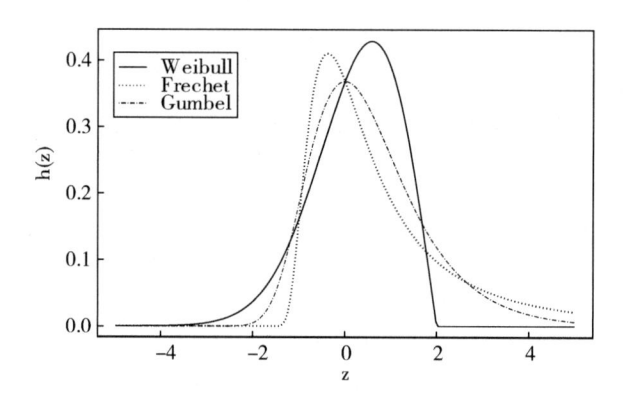

图 3.2　标准极值分布密度图（$\alpha=1$）

Gumbel 分布没有上下界，在分布尾部，特征处于 Weibull 分布与 Fréchet 分布，密度以指数形式 e^{-x} 衰减。当尾指数参数 $\alpha\to\infty$ 时，Fréchet 与 Weibull 分布即为 Gumbel 分布。

在以上三种类型极值分布中，Fréchet 分布在右端尾部较长，具有明显的厚尾特征。大量的实践分析已证明，实际中的金融风险分布往往是具有尖峰厚尾的偏态分布。故可利用 Fréchet 分布建立风险模型，实现对金融风险极端状态的准确测度。Amado Peiró（1999）等学者的研究都证明了 Fréchet 分布可较好地适用于金融极端风险测度。

三 极值分布的最大值稳定性

对已知的分布函数 $F(x)$，如果存在常序列 $\{a_n > 0\}$，$\{b_n\}$，有
$$F^n(a_n x + b_n) = F(x)$$
则称分布函数 $F(x)$ 为最大值稳定的（Max-stable）。

由式（3.4）可得知，如果分布函数 $F(x)$ 为最大值稳定的，则相应的极大次序统计量 M_n 的分布仍然是 $F(x)$。也即，经规范化后的极大值 M_n 的极限分布就是其本身。

对于极值分布 I 型即 Gumbel 分布，令 $a_n = 1$，$b_n = \log n$，则
$$H_1^n(x + \log n) = H_1(x)$$

对于极值分布 II 型即 Fréchet 分布，令 $a_n = n^{\frac{1}{a}}$，$b_n = 0$，则
$$H_2^n(n^{\frac{1}{a}} x; \ a) = H_2(x; \ a)$$

对于极值分布 III 型即 Weibull 分布，令 $a_n = n^{-\frac{1}{a}}$，$b_n = 0$，则
$$H_3^n(n^{-\frac{1}{a}} x; \ a) = H_3(x; \ a)$$

从以上推断可得知，Gumbel 分布、Fréchet 分布与 Weibull 分布三种类型极值分布都是最大值稳定的。

Embrechts 等（1997）关于极值分布最大值稳定性的研究还得出了进一步的结论：若分布函数 $F(x)$ 是最大值稳定的，当且仅当 $F(x)$ 属于这三种极值类型分布之一。

四 极值分布的最大值吸引场

由 Fisher 和 Tippet 极值类型定理可知：对于独立同分布的随机变量序列，若存在一组常数项 $a_n > 0$、$b_n \in R$，可使得规范化后的 $(M_n - b_n)/a_n$ 依分布收敛于非退化分布 $H(X)$，那么 $H(x)$ 必然属于以上三种类型极值分布之一。

接下来需要探讨的内容是：对于任何未知的总体分布 $F(x)$（也称为底分布），是否都存在这样的一组常数项 $a_n > 0$、$b_n \in R$？如果不是，那么对给定的极值分布 $H(x)$，未知的总体分布 $F(x)$ 应满足什么条件，才能有 $a_n > 0$、$b_n \in R$ 这一组常数项存在，也即如何才能让标准化后的 $(M_n - b_n)/a_n$ 依分布收敛于非退化分布 $H(X)$。为回答这个问题，就涉及极值分布的最大值吸引场。

设 $X_1, X_2, \cdots, X_n$ 是独立同分布（iid）的随机变量序列，总体分布函数为 $F(x)$，$M_n = \max\{X_1, X_2, \cdots, X_n\}$，若存在常数列 $\{a_n > 0\}$，$\{b_n\}$，满足

$$\lim_{n \to \infty} \Pr\left(\frac{M_n - b_n}{a_n} \leq x\right) = \lim_{n \to \infty} F^n(a_n x + b_n) \xrightarrow{d} H(x) \quad (3.11)$$

则称总体分布 $F(x)$ 处于 $H(x)$ 最大值吸引场（Main Domain of Attraction，MDA）中，记为：

$F_{\max} \in MDA(H)$

Gumbel 分布、Fréchet 分布及 Weibull 分布三种类型极值分布最大值吸引场的充要条件以及规范化参数见表 3.1：

表 3.1 三种类型极值分布最大值吸引场的充要条件以及规范化参数

	Gumbel 分布的最大值吸引场 $MDA(H_1(x))$
Gumbel 分布	$H_1(x) = \exp\{-\exp(-x)\}$，$-\infty < x < +\infty$
$F_{\max} \in MDA(H_1(x))$ 的充要条件	$x^* \leq \infty$，$\bar{F}(x) = c(x) \exp\left\{-\int_z^x \frac{g(t)}{a(t)} dt\right\}$，$z < x < x^*$ 其中，当 $x \to x^*$，$c(x) \to c > 0$，$g(x) \to 1$，$a'(x) \to 0$
规范化常数	$a_n = a(b_n)$，$b_n = F^{-1}(1 - n^{-1})$
极限分布	$\lim_{n \to \infty} \Pr(M_n \leq a_n x + b_n) = H_1(x)$
	Fréchet 分布的最大值吸引场 $MDA(H_2(x; a))$
Fréchet 分布	$H_2(x; a) = \exp\{-x^{-\alpha}\}$，$x > 0$，$a > 0$
$F \in MDA(H_2(x; a))$ 的充要条件	$x^* = \infty$，$\bar{F}(x) \in \Re_{-a}$

续表

规范化常数	$a_n = F^{-1}(1-n^{-1})$, $b_n = 0$
极限分布	$\lim_{n\to\infty} \Pr(M_n \leq a_n x) = H_2(x;a)$
Weibull 分布的最大值吸引场 $MDA(H_3(x;a))$	
Weibull 分布	$H_3(x;a) = \exp\{-(-x)^{-\alpha}\}$, $x<0$, $a>0$
$F \in MDA(H_3(x;a))$ 的充要条件	$x^* < \infty$, $\bar{F}(x^* - x^{-1}) \in \Re_{-a}$
规范化常数	$a_n = x^* - F^{-1}(1-n^{-1})$, $b_n = 1$
极限分布	$\lim_{n\to\infty} \Pr(M_n \leq a_n x + x^*) = H_3(x;a)$

表 3.1 中的相关证明可详见 Embrechts 等（1997）、Leadbetter 等（1983）、Galambos（1987）、Resnick（1987）等文献。

以下是一些常见的分布在极值类型分布的最大值吸引场的归类：

Gumbel 分布的最大值吸引场 $MDA(H_1(x))$ 有：正态分布、对数正态分布、Gamma 分布、指数分布尾部、Weibull 分布尾部等；

Fréchet 分布的最大值吸引场 $MDA(H_2(x;a))$ 有：Pareto 分布、Cauchy 分布、Burr 分布、对数 Gamma 分布、α-稳定分布（$\alpha<2$）等；

Weibull 分布的最大值吸引场 $MDA(H_3(x;a))$ 有：均匀分布、Beta 分布、逆 Burr 分布、逆 Pareto 分布、其他尾部为幂律的分布等。

第二节 极值模型

一 基于广义极值分布的区间极值模型

（一）广义极值分布

在实际应用中，当随机变量服从极值分布时，即可根据随机变量符合哪一种极值分布类型进而对其极端状态进行测度。然而，问题在于总体分布往往是未知的，判断属于何种极值分布类型是非常复杂的。

在实践中,常常存在极值分布类型预设错误的现象。

为避免极值分布类型选择的问题,Mises(1954)与 Jenkinson(1955)将 Gumbel 分布、Fréchet 分布与 Weibull 分布三种类型标准极值分布经过适当变换,归纳为一个单参数的分布族:

$$H(x;\xi) = \begin{cases} \exp(-(1+\xi x)^{-\frac{1}{\xi}}), & \xi \neq 0 \\ \exp(-\exp(-x)), & \xi = 0 \end{cases} \quad (3.12)$$

其中,当 $\xi \neq 0$ 时,$1+\xi x > 0$,$\alpha = \left|\dfrac{1}{\xi}\right|$,满足上式的 $H(x)$ 即称之为广义极值(Generalized Extreme Value,GEV)分布。

在式(3.12)中,将位置参数(Location Parameter)μ 与尺度参数(Scale Parameter)σ 引入之后,即可将上述 GEV 分布 $H(x;\xi)$ 进一步扩展成为具有三个自由度的分布 $H(x;\mu,\sigma,\xi)$:

$$H(x;\mu,\sigma,\xi) = \begin{cases} \exp\left(-\left(1+\xi\dfrac{x-\mu}{\sigma}\right)^{-\frac{1}{\xi}}\right), & \xi \neq 0 \\ \exp\left(-\exp\left(-\dfrac{x-\mu}{\sigma}\right)\right), & \xi = 0 \end{cases} \quad (3.13)$$

式(3.13)中的 ξ 即为形状参数(Shape Parameter),常常也被称为 GEV 分布的极值指数(Extremen Value Index,EVI)。在 GEV 分布中,极值指数 ξ 有着非常重要的指示作用。ξ 值越大表明分布越具有厚尾特征,收敛的速度也越慢。极值指数 ξ 取值还决定了 GEV 分布的具体类型:

当 $\xi = 0$ 时,$H(x)$ 为极值分布 I 型即 Gumbel 分布,位置参数为 μ,尺度参数为 σ;

当 $\xi > 0$ 时,$H(x)$ 为极值分布 II 型即 Fréchet 分布,位置参数为 $\mu - \alpha\sigma$,尺度参数为 $\alpha\sigma$;

当 $\xi < 0$ 时,$H(x)$ 为极值分布 III 型即 Weibull 分布,位置参数为 $\mu + \alpha\sigma$,尺度参数为 $\alpha\sigma$。

本章第一节已说明,实际中的金融风险分布往往为尖峰厚尾,正好 Fréchet 分布在右端尾部较长,具有明显的厚尾特征。故而,可利用

Fréchet 分布建立风险模型，实现对金融风险极端状态的准确测度。由于金融风险序列往往具有厚尾特征，故本书以下均在 $\xi>0$ 的情况下进行相关表述。

对式（3.13）的 x 求导，即可得 GEV 分布的密度函数：

$$\begin{cases} h(x;\mu,\sigma,\xi) = \dfrac{1}{\sigma}\exp\left\{-\left(1+\xi\left(\dfrac{x-\mu}{\sigma}\right)\right)^{-\frac{1}{\xi}}\right\}\left(1+\xi\left(\dfrac{x-\mu}{\sigma}\right)\right)^{-(1+\frac{1}{\xi})}, & \xi\neq 0 \\ h(x;\mu,\sigma,\xi) = \dfrac{1}{\sigma}\exp\left\{-\dfrac{x-\mu}{\sigma}-e^{-\frac{x-\mu}{\sigma}}\right\}, & \xi=0 \end{cases}$$

(3.14)

Fisher 和 Tippet 极值类型定理是 GEV 分布的理论基础。根据 Fisher 和 Tippet 极值类型定理可推知，如果规范化后的 $(M_n-b_n)/a_n$ 依分布收敛于非退化分布，那么这个极限分布一定是当参数 ξ、μ、σ 取某特定值时的 GEV 分布 $H(x;\mu,\sigma,\xi)$。

GEV 分布的最大值吸引场几乎囊括了统计上所有的常用连续分布，如正态分布、对数正态分布、Gamma 分布、指数分布尾部、Weibull 分布尾部、均匀分布、Pareto 分布、Beta 分布、Cauchy 分布、t 分布以及各种混合分布等。

（二）区间极大值与极小值模型

区间极大值模型（Block Maxima Method，BMM）因其采取区间取极大值法而得名，该模型也是极值理论（EVT）最传统的模型。该模型基本做法如下。首先，按一定的标准，如长度、时间或其他标准，将某一个独立随机观测序列 X_1，X_2，…，X_n 拆分为若干区间：$[X_1,X_{1+k}]$，$[X_{2+k},X_{2+2k}]$，…，$[X_{n-k},X_n]$，且这些区间相互之间不重叠；其次，将每个区间的极大值选取出来构成极值样本数据序列。由 Fisher 和 Tippet 极值类型定理可知道，这样所得到的极值样本数据序列的极限分布必然是 GEV 分布。然后，对该极值样本序列进行 GEV 分布拟合，通过假设推断得到参数 (ξ,μ,σ) 的估计值，即可在总体分布 $F(X)$ 未知的情况下，得到极值分布。

BMM 模型是利用每个区间的最大值构成的极值序列来估计未知的极值分布相关参数,故区间长短的划分将会影响到该模型的估计结果。

极大值 BMM 模型同样也适合用来刻画极小值的极限分布。同极大值极限分布一样,根据 Fisher 和 Tippet 极值类型定理可推知,如果规范化后的极小值序列依分布收敛于非退化分布,那么这个极限分布一定是当参数 ξ、μ、σ 取某特定值时的 GEV 分布 $H(x;\mu,\sigma,\xi)$。

可直接根据极小值的 GEV 分布构建极小值极限分布模型,也可根据极小值与极大值之间存在的一一对应关系,利用极大值 BMM 模型推导出极小值的极限分布模型:

设 $X_1, X_2, \cdots, X_n$ 为一独立同分布随机变量,$F(X)$ 为未知总体分布,a_n 与 b_n 为规范化常数,由于 $\min\{X_1, \cdots, X_n\} = -\max\{-X_1, \cdots, -X_n\}$,

即:

$$\lim_{n\to\infty} \Pr(\max_{i\leq n}(-X_i) \leq a_n x + b_n) = H(X)$$

则:

$$\lim_{n\to\infty} \Pr(\min_{i\leq n} X_i \leq c_n x + d_n) = 1 - H(-X)$$

其中 $c_n = a_n$,$d_n = -b_n$,将位置参数 $\bar{\mu} = -\mu$ 与尺度参数 σ 引入后,极小值渐近极限分布可表示为:

$$\bar{H}(x;\bar{\mu},\sigma,\xi) = 1 - \exp\left(-\left(1+\xi\frac{x-\bar{\mu}}{\sigma}\right)^{\frac{1}{\xi}}\right) \quad (3.15)$$

这里,对于 $\xi \neq 0$,有 $1 + \frac{\xi(x-\bar{\mu})}{\sigma} > 0$。

(三)区间极值模型参数及高分位数估计

1. 参数估计

(1)极大似然估计方法

极大似然估计方法(Maximum Likelihood Estimate,MLE)也称为

最大概似估计或最大似然估计。极大似然估计方法的基本思想是：当以随机方式在模型总体中抽取 n 组样本观测值之后，参数最合理的估计量应该可使该 n 组样本观测值从模型总体中抽取的概率最大。极大似然估计是无偏的、渐进正态性的，在适当的假设下还是有效的估计。而且，随着样本数量的增加，该估计的收敛性更好，且具有简单易用的特点。因此，在 BMM 模型 GEV 分布参数估计中，极大似然估计也是常用的参数估计方法。

然而，对极大值 M_n 的 GEV 分布函数或其概率密度函数进行分析时，却发现有一个问题存在：当 $\xi > 0$ 时，分布的下确界为 $\frac{\mu - \sigma}{\xi}$；当 $\xi < 0$ 时，分布的上确界为 $\frac{\mu - \sigma}{\xi}$。上述表达式意味着：GEV 分布的边界成为其参数的函数，此时，正则条件（Regular Variation）[①] 不成立，而正则条件是极大似然估计量渐近有效所必需的。标准的渐近似然结论必须在正则条件下才能直接使用，这也意味着不能直接通过将 $L(\xi, \mu, \sigma)$ 极大化来得到相应的 (ξ, μ, σ) 估计值。

针对以上问题，Smith（1985）进行了研究，并发现：

当 $\xi > -0.5$ 时，极大似然估计是正则的，即具有通常的渐近性质；

当 $-1 < \xi < -0.5$ 时，虽然极大似然估计存在，但不满足标准的渐近性质；

当 $\xi < -1$ 时，极大似然估计不存在，此时的 GEV 分布具有非常短的上尾，但这种情形在统计分析中很少见。

Smith（1985）的研究结果表明：虽然 GEV 分布不满足正则条件，这确实导致了极大似然估计在使用时存在理论层面的瑕疵，但在极值模型的实际应用中，极大似然估计仍然是可行的。而且，众多的相关

---

① 当 $\lim_{t \to \infty} \frac{1 - F(tx)}{1 - F(t)} = x^{-a}$ 成立时，则称函数 $F(x)$ 是正则变化的，其中，$x > 0$，$a > 0$，a 为分布的尾部指数。正则变化意味着随机变量 x 大于 a 的无条件矩是外界的，正是在这个意义上认为具有正则变化特征的分布是厚尾分布。

实践已表明，在实际的金融极值风险测度中，很难遇到 $\xi < -0.5$ 的情况，尤其是金融风险序列绝大多数都具有尖峰厚尾的偏态分布，即绝大多数均为 $\xi > 0$ 的情况。

（2）概率加权矩估计法

Hosking 和 Wallis（1985）提出了概率加权矩估计法（Probability-Weighted Moments，PWM），也称为概率权重矩估计法。该方法中的概率权重矩则是由 Greenwood 等（1979）定义的。概率加权矩估计法只在极值指数 $\xi < 1$ 的情况下适用。

设 X_1，X_2，…，X_n 为一独立同分布的随机变量，$X_{(1)} < X_{(2)} < \cdots < X_{(n)}$ 为该随机变量的次序统计量，$F(x)$ 为总体分布函数，$f(y)$ 为密度函数，a_0 为分布的起始点，则概率权重矩定义为：

$$W_{i,j,k} = E\{x^i F^j(x)(1-F(x))^k\}$$
$$= \int_0^1 x^i F^j(x)(1-F(x))^k dF(x) \quad (3.16)$$

令 $i=1$，$k=0$，以及 $j=0$，1，2，则：

$$\begin{cases} W_{1,0,0} = \int_0^1 x dF(x) = \int_0^1 x f(x) dx = \bar{x} \\ W_{1,1,0} = \int_0^1 x F(x) dF(x) = \int_0^1 x F(x) f(x) dx \\ W_{1,2,0} = \int_0^1 x F^2(x) dF(x) = \int_0^1 x F^2(x) f(x) dx \end{cases} \quad (3.17)$$

若以 W_j 表示 $i=1$，$k=0$ 时的概率权重矩，那么在 GEV 分布的参数估计中，当极值指数 $\xi \geq 1$ 时，W_0 为无穷。故此，这里只考虑 $\xi < 1$ 且 $\xi \neq 0$ 时的情况，则有：

$$W_j(\theta) = E(XH^j) = \frac{1}{j+1}\left\{\mu - \frac{\sigma}{\xi}(1-\Gamma(1-\xi)(j+1)^\xi)\right\}$$
$$(3.18)$$

其中，$\Gamma(t) = \int_0^\infty e^{-u} u^{t-1} du$，$t > 0$，表示 Gamma 函数，当 $j=0$，1，2 时，可得：

$$\begin{cases} W_0(\theta) = \mu - \dfrac{\sigma}{\xi}(1-\Gamma(1-\xi)) \\ 2W_1(\theta) = \mu - \dfrac{\sigma}{\xi}(1-\Gamma(1-\xi)\,2^{\xi}) \\ 3W_2(\theta) = \mu - \dfrac{\sigma}{\xi}(1-\Gamma(1-\xi)\,3^{\xi}) \end{cases} \quad (3.19)$$

得：

$$\frac{3W_2(\theta)-W_0(\theta)}{2W_1(\theta)-W_0(\theta)}=\frac{3^{\xi}-1}{2^{\xi}-1} \quad (3.20)$$

求解式（3.20）得 ξ 的估计 $\hat{\xi}$，进而可得 μ 与 σ 的估计 $\hat{\mu}$ 和 $\hat{\sigma}$。

概率加权矩估计法应用较为简便，在样本容量较小的情况下，具有良好的估计性，在相关的随机模拟中也得出较好的结果。但是，由于缺乏理论支撑，概率加权矩估计法在实际中还未得到普遍的应用。

2. 高分位数的估计

VaR 的英文全称是"Value at Risk"，中文一般译为"风险价值"或"在险价值"。Jorion（2005）对 VaR 的定义较具代表性：指在一定置信度水平下，在未来的一段时间内，某个金融资产或某个资产组合可能遭受的最大损失。用公式可表示为：

$$\text{Prob}(\Delta P>VaR)=1-c \quad (0<c<1) \quad (3.21)$$

其中，ΔP 为金融资产或资产组合在特定持有期 Δt 内的损失，c 为显著性水平，VaR 为置信水平 $1-c$ 下的风险价值。

由定义可推导出 VaR 一般化的表达式。

设资产组合初始价值为 W，持有期末期望收益为 R，R 的数学期望与标准差分别为 μ 与 σ，在显著性水平 c 下，相应的最低收益率为 R^*，实际中 R^* 一般为负值，则期末资产组合的最低值 W^* 为：

$$W^*=W(1+R^*)$$

则：

$$VaR=E(W)-W^*=-W(R^*-\mu)$$

根据 VaR 定义，可知：

$$c = \int_{W^*}^{+\infty} f(W) \mathrm{d}W$$

即：

$$1 - c = \int_{-\infty}^{W^*} f(W) \mathrm{d}W$$

如果资产组合价值 W 的分布为正态分布，以 α 表示标准正态分布下的分位数，则有：

$$1 - c = \int_{-\infty}^{W^*} f(W) \mathrm{d}W = \int_{-\infty}^{-|R^*|} f(r) \mathrm{d}r = \int_{-\infty}^{\alpha} \varphi(\varepsilon) \mathrm{d}\varepsilon \quad (3.22)$$

从上述公式中可以看出，VaR 是在风险正态分布的假设下刻画风险的整体分布。与 VaR 不同的是，极值理论（EVT）并不是对整体风险分布进行刻画，而是近似描述风险尾部分布，也即极值理论的关注点只限于风险分布的厚尾部分。从前文极值理论相关的介绍中可知，随着相关研究的进展，极值理论已经并不需要事先对风险的分布进行假设，在风险总体分布未知的情况下，即可根据实际的样本极值风险数据进行外推判断，进而得到总体风险中极值的变化性质。

以 VaR 为代表的风险技术方法对未来风险的估计，还存在局限于原有样本数据的问题，即这些方法推测的未来最大可能发生的风险水平是不超过已有的风险纪录的。而在实际中，破风险纪录的事件是时常发生的，极值理论则克服了 VaR 这些风险统计方法不能越过样本数据进行估测的问题。由此可见，基于极值理论特有的厚尾统计优势，将该理论引入 VaR 技术中，不但可修正 VaR 技术因风险正态性分布假设而导致的极端风险低估的问题，而且摆脱了样本数据对未来极端风险水平估测的约束，可显著提高极端风险测度的精确性。

若以显著性水平 p 表示潜在损失超过一定界限的概率，VaR_p 表示极小值在 GEV 分布条件下的 P 分位数，则根据极小值的极限分布 $\overline{H}(x)$，得：

$$\log(1 - p) = -\left(1 + \frac{\xi(x - \overline{\mu})}{\sigma}\right)^{\frac{1}{\xi}}, \xi \neq 0 \quad (3.23)$$

推得：

$$VaR_p = \bar{\mu} - \frac{\sigma}{\xi}(1 - (-\log(1-p))^{\xi}), \quad \xi \neq 0 \quad (3.24)$$

BMM 模型是利用所划分的每个区间的最大值构成的极值序列来估计未知的极值分布相关参数，故区间长短的划分或是划分区间的个数将会影响到 VaR_p 的大小。式（3.24）只是子区间最小值在极限为一般极值分布条件下的 P 分位数，还不是所观测的极值序列的 P 分位数 VaR_p。

由 $F_{\overline{M}_n} = 1 - (1 - F(x))^n$ 及序列的独立分布性可得：

$$F(x) = P(x_{n,i} \leq VaR_p) = 1 - (1 - P(x_i \leq VaR_p))^n$$

即：

$$1 - P = (1 - P(x_i \leq VaR_p))^n$$

上式表明了观测的极值序列与子区间最小值 VaR_p 之间存在相互关系。根据这两者之间的关系可进一步推知，若给定某个很小的下尾部概率，VaR_p 即为所观测的极值序列的 P 分位数（Ruey，2002）。故，以 P 表示给定的小概率，在 $\xi > 0$ 的情况下，极小值序列的 VaR_p^* 为：

$$VaR_p^* = \bar{\mu} - \frac{\sigma}{\xi}(1 - (-n\log(1-p))^{\xi}), \quad \xi \neq 0 \quad (3.25)$$

同理，根据极大值分布同极小值存在的一一相对应关系，可在 $\xi > 0$ 的情况下得到极大值序列的 VaR_p^*：

$$VaR_p^* = \mu - \frac{\sigma}{\xi}(1 - (-n\log(1-p))^{-\xi}), \quad \xi \neq 0 \quad (3.26)$$

上式中的 VaR_p^* 实质上就是分位数 x_p，其在不同领域有着特定的称呼。在金融风险管理领域，此分位数即被称为在险价值 VaR。现以水文学中的应用为例说明 VaR_p^* 的含义：在水文学领域，VaR_p^* 也被称为重现期为 $\frac{1}{P}$ 的重现水平。这意味着若年最大值分布函数为 $F(x)$，那么每平均 $\frac{1}{P}$ 年就会有一次超过 VaR_p^* 的事件发生，或者可以说，在任意一年中，年最大值超过 VaR_p^* 的概率为 P。

二 基于广义帕累托分布的阈值模型

（一）广义帕累托分布

设 X_1，X_2，$\cdots$，X_n 是一独立同分布的随机变量，具有相同的累积分布函数（Cumulative Distribution Function，CDF）$F(X) = \Pr\{X_i < x\}$，对某一足够大的临界值 u（即阈值），存在一个正的函数 $\beta(u)$，则超出量分布（Excess Distribution）$(X_i - u)$ 可近似表示为：

$$G(y;\xi,\beta(u)) = \begin{cases} 1 - \left(1 + \dfrac{\xi y}{\beta(u)}\right)^{-\frac{1}{\xi}}, & \xi \neq 0 \\ 1 - \exp\left(-\dfrac{y}{\beta(u)}\right), & \xi = 0 \end{cases} \quad (3.27)$$

定义当 $\xi \geq 0$ 时，$y \geq 0$；当 $\xi < 0$ 时，$0 \leq y \leq -\dfrac{\beta(u)}{\xi}$；则称 X 服从广义帕累托分布（Generalized Pareto Distribution，GPD）。

实质上，GPD 分布就是对超过阈值的随机变量的那部分进行拟合，也即对超过此阈值的 r 个次序统计量进行考察，故此又得名为"最大 r 方法"。Pickands（1975）最早介绍了 GDP 分布，DuMouchel 则提出了 GPD 分布模型。

GPD 分布具有以下三种子分布形式：

Pareto Ⅰ 型：$G_1(y;\beta(u)) = \begin{cases} 1 - e^{-\frac{y}{\beta(u)}}, & y \geq 0 \\ 0, & y < 0 \end{cases}$

Pareto Ⅱ 型：$G_2(y;\xi,\beta(u)) = \begin{cases} 1 - \left(\dfrac{y}{\beta(u)}\right)^{-\frac{1}{\xi}}, & y \geq \beta(u) \\ 0, & y < \beta(u) \end{cases} \quad \xi > 0$

Pareto Ⅲ 型：$G_3(y;\xi,\beta(u)) = \begin{cases} 0, & y < \beta(u) \\ 1 - \left(-\dfrac{y}{\beta(u)}\right)^{-\frac{1}{\xi}}, & \beta(u) \leq y \leq 0 \;\; \xi < 0 \\ 1, & y > 0 \end{cases}$

当 $\beta(u) = 1$ 时，GPD 分布为其标准分布，这时，Pareto Ⅰ 型分布

$G_1(y)$ 就是指数分布；ParetoⅡ型分布 $G_2(y;\xi)$ 为 Pareto 分布；ParetoⅢ型分布 $G_3(y;\xi)$ 为 Beta 分布。尤其当形状参数 $\xi=1$ 时，$G_3(y;1)$ 表示区间 [-1, 0] 上的均匀分布。从上述表达式可以看出，GPD 分布三种子分布 ParetoⅠ型、Ⅱ型和Ⅲ型分布是互不相交的。

观测图 3.3（左），随着形状参数 ξ 从正数逐渐减为负数，GPD 分布的尾部也变得越来越细。当形状参数 $\xi<0$ 时，GDP 分布集中在有限域 $[0, -\frac{1}{\xi}]$ 内，负数越小有限域范围也越窄。当形状参数 $\xi>0$ 时，GPD 分布存在厚尾，并且随着形状参数 ξ 逐步增大，厚尾分布特征越来越明显。

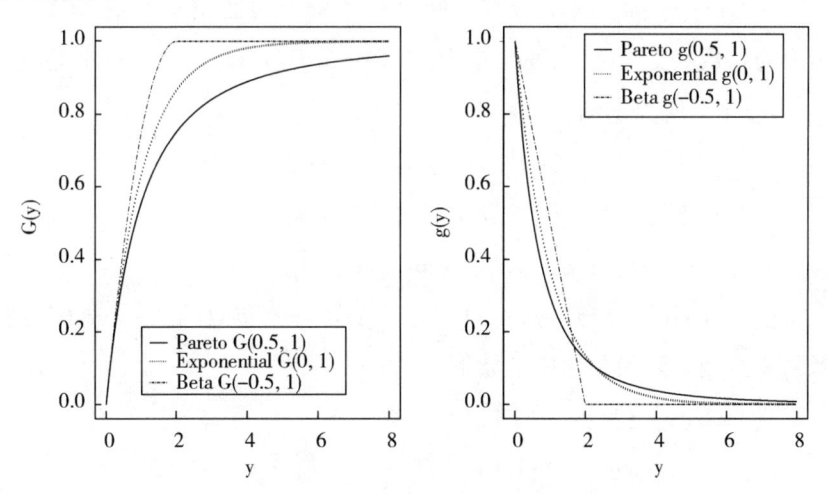

图 3.3　广义帕累托分布函数（左）及密度函数（右）

（$\xi=0.5$，$\xi=0$，$\xi=-0.5$）

对式（3.27）GPD 分布的累积分布函数求导，即可得到 GPD 分布的概率密度函数：

$$g(y;\xi,\beta(u)) = \begin{cases} \frac{1}{\beta(u)}\left(1+\xi\frac{y}{\beta(u)}\right)^{-\frac{1}{\xi}-1}, & \xi\neq 0 \\ \left(\frac{1}{\beta(u)^e}\right)^{-\frac{y}{\beta(u)}}, & \xi=0 \end{cases} \quad (3.28)$$

同理，可得 GPD 分布三个子分布的概率密度函数：

Pareto Ⅰ型：$g_1(y;\beta(u)) = \dfrac{1}{\beta(u)}e^{-\frac{y}{\beta(u)}}$，$y \geqslant 0$

Pareto Ⅱ型：$g_2(y;\xi,\beta(u)) = \dfrac{\xi}{\beta(u)}\left(\dfrac{y}{\beta(u)}\right)^{-\xi-1}$，$y \geqslant \beta(u)$，$\xi > 0$

Pareto Ⅲ型：$g_3(y;\xi,\beta(u)) = \dfrac{\xi}{\beta(u)}\left(-\dfrac{y}{\beta(u)}\right)^{\xi-1}$，$-\beta(u) \leqslant y \leqslant 0$，$\xi > 0$

图 3.3（右）是标准 GPD 分布在形状参数 ξ 分别取值 -0.5、0 及 0.5 时的密度函数图。观测图中曲线变化趋势，在区间 $[0, +\infty]$ 上，$g_1(y)$ 与 $g_2(y;\xi)$ 是严格单调递减的，$g_3(y;\xi)$ 却存在 $y<2$。

在 GPD 分布与 GEV 分布之间存在非常密切的相互关系，GPD 分布中的参数 $(\mu, \beta(u), \xi)$ 是由 GEV 分布 $H(y;\mu,\sigma,\xi)$ 中的参数 (μ,σ,ξ) 所决定的。

$$\beta(u)_{GPD} = \sigma_{GEV} + \xi(u-\mu)$$

若形状参数 ξ 与位置参数 μ 之间为相互独立时，则：

$$H(y;\mu,\sigma,\xi) \Leftrightarrow G(y;\mu,\beta(u),\xi)$$

在标准 GPD 分布 $G(y;\xi)$ 与标准 GEV 分布 $H(x;\xi)$ 之间，两者的关系则更为简单，验证如下：

当 $\log H(y;\xi) > -1$ 时，有：

$$G_i(y;\xi) = 1 + \log[H_i(x;\xi)], \quad i = 1, 2, 3$$

设 $X_1, X_2, \cdots, X_n$ 为某一独立同分布的随机变量，具有相同的总体分布 $F(x)$，令 $M_n = \max\{X_1, \cdots, X_n\}$，如果存在规范化序列 $\{a_n > 0\}$，$\{b_n\}$，如果 n 的数量足够大，则有：

$$\Pr(M_n \leqslant a_n x + b_n) \approx H(x;\mu,\sigma,\xi)$$

上式中，$H(x;\mu,\sigma,\xi)$ 为 GEV 分布，那么对一个足够大的阈值 u 来说，当 $X > u$ 时，$X - u$ 的分布近似为 GPD 分布：

$$G(y;\beta(u),\xi) = 1 - \left(1 + \dfrac{\xi y}{\beta(u)}\right)^{-\frac{1}{\xi}} \tag{3.29}$$

其中，$y > 0$，$\beta(u) = \sigma + \xi(u-\mu)$，这表明，若极大值 M_n 近似服从

GEV 分布 $H(x; \mu, \sigma, \xi)$，则超出量 $X-u$ 也近似服从 GPD 分布 $G(y; \beta(u), \xi)$，并且也具有同样的形状参数 ξ（Leadbetter et al.，1983）。

同 GDV 分布一样，形状参数 ξ 决定了 GPD 分布的类型，证明过程如下：

当 $\xi>0$ 时，$G(y; \mu, \beta(u), \xi)$ 的支撑为 $[\mu, +\infty]$，则：

$$G(y; \mu, \beta(u), \xi) = 1 - \left(\frac{y - \left(\mu - \frac{\beta(u)}{\xi}\right)}{\frac{\beta(u)}{\xi}}\right)^{-\frac{1}{\xi}}$$

$$= G_2\left(y; \mu - \frac{\beta(u)}{\xi}, \frac{\beta(u)}{\xi}\right)$$

当 $\xi<0$ 时，$G(y; \mu, \beta(u), \xi)$ 的支撑为 $\left[\mu, \mu - \frac{\beta(u)}{\xi}\right]$，则：

$$G(y; \mu, \beta(u), \xi) = 1 - \left(-\frac{y - \left(\mu - \frac{\beta(u)}{\xi}\right)}{-\frac{\beta(u)}{\xi}}\right)^{-\frac{1}{\xi}}$$

$$= G_3\left(y; \mu - \frac{\beta(u)}{\xi}, \frac{\beta(u)}{\xi}\right)$$

当 $\xi=0$ 时，支撑为 $[\mu, +\infty]$，则：

$$\lim_{\xi \to 0} G(y; \mu, \beta(u), \xi) = G_1(y; \mu, \beta(u))$$

（二）阈值模型

阈值模型（Peaks Over Threshold，POT）也称为超阈值模型，其基本思想就是首先选取一个足够大的临界值即阈值（Threshold），然后将超过该阈值的数据组成极值数据序列，再利用 GPD 分布渐近地刻画尾部分布。

前文已阐明，GPD 分布实质上就是对超过阈值的那部分随机变量进行拟合，也即对超过此阈值的 r 个次序统计量进行考察，这又关联到超额分布函数。

同前，设 $X_1, X_2, \cdots, X_n$ 是一独立同分布（iid）的随机变量，具有共同的分布 $F(x)$，对选定的阈值 u，有 $X_i > u$，则称之为超阈值

(Exceedance)，$Y_i = X_i - u$ 即为超出量（Excess），其中 u 小于 F 的支撑集的右端点，即：

$$u < \omega(F) = \sup\{x; F(x) < 1\}$$

则称超出量（$Y_i = X_i - u$）的分布为条件超额分布函数（Conditional Excess Distribution Function，CEDF），也即：

$$F_u(y) = P(X - u \leq Y | X > u)$$

由上式可进一步推得：

$$F_u(y) = \Pr(X \leq x | X > u)$$
$$= \frac{\Pr\{X \leq x, X > u\}}{\Pr\{X > u\}} = \frac{F(u+y) - F(u)}{1 - F(u)}$$
$$= \frac{F(x) - F(u)}{1 - F(u)} \quad (3.30)$$

通过变换式（3.30），总体分布函数 $F(x)$ 也可用条件超额函数 $F_u(y)$ 来表示，即：

$$F(x) = (1 - F(u)) F_u(y) + F(u), \quad X > u \quad (3.31)$$

由式（3.31）可知，只要总体分布 $F(X)$ 已知，即可直接由总体分布 $F(x)$ 推导出条件超额函数 $F_u(y)$ 的分布。然而在实际统计活动中，往往总体分布 $F(x)$ 是未知的。在极值理论中，一般先是求出未知总体分布 $F(x)$ 的渐近分布，再利用超阈值 u 的样本数据构成极值数据序列，然后再估计出条件超额分布函数，进而推断出原先未知的总体分布函数 $F(x)$。

Balkema 和 De Haan（1974）与 Pickands（1975）证明了在 MDA 条件下，超额分布函数弱收敛到广义 Pareto 分布。

PBdH 定理：若存在常数 a_n 和 b_n，且 $a_n > 0$，使得当趋近于 $F(x)$ 的上端点 x_+ 时，$F_u(a_n + b_n)$ 有连续的极限分布，则：

$$\lim_{u \to x_0} \sup_{0 \leq y \leq x_0} |F_u(y) - G(y; \mu, \beta(u), \xi)| = 0$$

此时某个 ξ 和 $\beta(u)$ 成立。

PBdH 定理表明，对一个足够大的阈值 u，虽然大多数的总体分布

函数 $F(x)$ 是未知的,但它的超额条件分布函数 $F_u(y)$ 可以很好地近似地表示为 GPD 分布,即 $G(y;\mu,\beta(u),\xi)$,即:

$$F_u(y) \approx G(y;\mu,\beta(u),\xi) \tag{3.32}$$

也即:

$$F_u(y) \approx G(y;\xi,\beta(u)) = \begin{cases} 1-\left(1+\dfrac{\xi y}{\beta(u)}\right)^{-\frac{1}{\xi}}, & \xi \neq 0 \\ 1-\exp\left(-\dfrac{y}{\beta(u)}\right), & \xi = 0 \end{cases} \tag{3.33}$$

在式 (3.33) 中,用 $G(y;\mu,\beta(u),\xi)$ 替代 $F_u(y)$,即可得总体分布 $F(x)$:

$$F(x) = (1-F(u))\,G(y;\mu,\beta(u),\xi) + F(u) \tag{3.34}$$

展开即:

$$F(x) = \begin{cases} (1-F(u))\left(1-\left(1+\dfrac{\xi y}{\beta(u)}\right)^{-\frac{1}{\xi}}\right)+F(u), & \xi \neq 0 \\ (1-F(u))\left(1-\exp\left(-\dfrac{y}{\beta(u)}\right)\right)+F(u), & \xi = 0 \end{cases}$$

$$\tag{3.35}$$

超出量分布是一个非常重要的统计分布指标,不论是在自然科学领域还是在社会科学领域,超出量分布都得到了非常普遍的应用。如在生存分析中,剩余寿命分布(Residual Lifetime Distribution,RLD)即一种超出量分布,若以 $F_u(y)$ 记之,则表示在年龄 u 活着时,剩余寿命小于或等于 x 的概率。通过超出量分布可以刻画生存时间的分布,对不同组别之间的生存时间分布进行比较,还可以分析各种因素对生存时间的影响。除了生存分析,超出量分布还广泛地应用在保险产品设计、产品可靠性检测等众多的领域。

与 BMM 模型相比较,POT 模型不论是在理论基础还是在实践应用层面,都有着更突出的优势:

一是 POT 模型充分地利用了原本就非常有限的极值数据。BMM 模型是按区间取极大值构成极值序列,这使得本来就比较稀少的极值数据被浪费了，而且，现实中还存在某个区间的极大值要小于另一个区间次极大值的现象。POT 模型取超过阈值以上的数据构成极值序列，使得模型具有更合理的理论基础。

二是 BMM 模型是利用每个区间的最大值构成的极值序列来估计未知的极值分布相关参数，故区间长短的划分将会影响该模型估计结果。

三是 POT 模型形式简单，计算过程也较为简便，适用的范围也更为广泛，而不像 BMM 模型仅适用于时间阶段特征较明显的数据序列。

POT 模型在水文、地质、交通及保险等众多领域的成功实践也证明了该模型显著地优于 BMM 模型。鉴于 POT 模型所具有的突出优越性，该模型现已成为当前极值理论最主流的技术方法，也使得极值理论成为现代统计学的一个重要分支。

（三）阈值的选取

从 POT 模型来看，POT 模型实质上是基于 GPD 分布对超阈值的次序统计量进行考察，因此，如何选取合适的阈值成为该模型有效应用的一个关键环节。阈值确定的合理性不仅利于实现对极值样本的最优分割，还直接影响到有关参数估计的精确性，即尾部极值数据拟合的精确性。阈值选取越高，超过此阈值的样本数据越少。由于参数对较大的样本数据存在非常敏感的反应，选取较高的阈值还很可能导致参数估计存在较大的方差。反过来，如果阈值选取较低，虽然这样会使得超阈值样本数据较多，可能会有利于估计精度的提高，但同时很可能又达不到超阈值数据服从 GPD 分布的条件。而且，随着超阈值样本数据的增加，样本数据的分布中心特征也将可能随之增强，进而导致参数估计存在较大的偏差。

目前，在阈值选取方面主要形成了图解法与计算法两大类方法。图解法主要是通过观测平均超出量函数 $e(u)$ 的线性变化状态来确定合理的阈值，有一些文献也通过观察参数估计量随阈值的改变而发生的变化来选取阈值。计算法的代表性方法主要有：厚尾分布与正态分布相交法、峰度法、基于 Hill 估计的阈值选择方法、GPD 模型检验方法[①]等。

1. 图解法

(1) 平均超出量函数

设 X_1，X_2，…，X_n 为某一独立同分布（iid）随机变量，具有共同的分布 $F(x)$。现选取阈值为 u_0，若 $X_i > u$，$X_i - u$ 为超出量（Excess），对任意 $u > u_0$，则平均超出量函数（Mean Excess Fuction，MEF）$e(u)$ 定义为：

$$e(u) = E(X - u \mid X > u) \quad (3.36)$$

展开得：

$$e(u) = \int_u^{+\infty} \frac{x-u}{1-H(u)} dH(x)$$

$$= \frac{1}{1-H(u)} \int_u^{+\infty} -(x-u) d(1-H(x))$$

对上式分步积分，则得：

$$e(u) = \frac{1}{1-H(u)} \left\{ -\lim_{x \to \infty} x(1-H(x)) + \int_u^{+\infty} (1-H(x)) d(x) \right\}$$

$$(3.37)$$

当 $\xi < 1$ 时，积分是收敛的，极限为 0；

当 $0 < \xi < 1$ 时，超额均值函数可表达为：

$$e(u) = \frac{1}{1-H(u)} \int_u^{+\infty} (1-H(x)) dx$$

$$= \frac{\beta(u)}{1-\xi} \left(1 + \frac{\xi u}{\beta(u)} \right)$$

$$= \frac{\beta(u) + \xi \cdot u}{1-\xi} \quad (3.38)$$

从式（3.38）可以看出，$e(u)$ 是阈值 u_0 的线性函数。

在实际的统计活动中，如果 X_1，X_2，…，X_n 是给定的样本，那么

[①] GPD 模型检验方法由 Choulakian 和 Stephens（2001）根据 Cramér-von 统计量和 Anderson-Darling 统计量提出，具体细节请查看相关文献。

就可以由样本平均超出量函数估计出平均超出量函数 $e(u)$：

$$e(u) = \frac{\sum_{i=1}^{n}(x_i - u)^+}{\sum_{i=1}^{n}K_i} = \frac{\sum_{i=1}^{n}(x_i - u)^+}{N_n} \quad (3.39)$$

式（3.39）中，K_i 为所有样本超过阈值 u 的个数，$\sum_{i=1}^{n}(X_i - u)$ 为超过阈值 u 的那些样本超出量的总和，N_n 为超过阈值 u 的样本个数总和，超额均值函数 $e(u)$ 即为这两个总和的比值，也即超额均值函数 $e(u)$ 就是平均超出量。

对于一个给定的阈值 u_0，超出量分布是近似服从尺度参数为 $\beta(u_0)$、形状参数为 ξ 的 GPD 分布。故此，若有其他阈值存在，且大于阈值 u_0，那么样本平均超出量函数就将围绕着一条直线呈波动状态。

据此可定义点集：

$$\{(u, e(u)); X_1 < u < X_n\}$$

即称该点集图示为平均超出量散点图。若 u_0 为一个选定的阈值，该阈值超过量可用 GPD 分布有效近似时，那么在平均超出量散点图中，图形中超过阈值 u_0 以上的部分则应是近似线性的，并且其斜率为正。

当 $0 < \xi < 1$ 时，对超出量均值函数表达式（3.39）求导，得：

$$\frac{de(u)}{du} = \frac{\xi}{1 - \xi}$$

故此，可直接根据超额均值函数 $e(u)$ 的斜率符号来判别该分布的尾部形态，若：

$\frac{\xi}{1 - \xi} > 0$，则为厚尾分布；

$\frac{\xi}{1 - \xi} = 0$，则为指数分布的尾部；

$\frac{\xi}{1 - \xi} < 0$，则为薄尾分布。

在实际统计活动中，做出所观测样本的平均超出量函数（Sample Mean Excess Function)图,根据上述判别标准即可直接确定合适的阈值。

利用平均超出量函数$e(u)$法确定阈值的优点在于操作简便、过程直观。但是,该方法也存在明显的不足之处。一是该方法根据线形程度的好坏比较来取舍阈值,存在较大的主观性,且有些情况下难以确定阈值。针对不同的阈值来说,各阈值的超额均值函数$e(u)$的线形分布存在较大的差异时,这时候选取线形长度较好的那个相应的阈值即可。但是,当各阈值的超额均值函数$e(u)$的线形分布之间不存在较大差异时,则难以对这些阈值进行取舍。另外,平均超出量函数$e(u)$法强调"趋于线性",但是,到底什么是"趋于线性",至今在理论方面还没有明确的解释。

(2)估计量稳定性判断法

估计量稳定性判断法主要是考察相应的参数是否随阈值的变化而变化来确定合理的阈值。该方法的基本原理是:若存在一个合适的阈值u_0,超阈值u_0的那些超出量必然服从 GPD 分布。若存在其他阈值u,且$u>u_0$,当阈值从u_0变动到u时,相应的估计量尺度参数$\beta(u)$与形状参数ξ并不会随着阈值的变化而变化。

然而,在本节关于 GPD 分布与 GEV 分布之间的参数关系部分,却得出了$\beta(u)_{GPD}=\sigma_{GEV}+\xi(u-\mu)$。该结论中的$\sigma$就是 GEV 分布中的尺度参数,该结论表明$\beta(u)$是关于阈值$u$的函数。

以下进一步考察$\beta(u)$与阈值u之间的关系:

若阈值为u_0,则有:

$$\beta(u_0)=\sigma+\xi u_0$$

对$u>u_0$,则存在:

$$\beta(u)=\sigma+\xi u \quad \text{或} \quad \beta(u)=\beta(u_0)+\xi(u-u_0)$$

上式已清楚地阐明了$\beta(u)$与$u>u_0$之间存在的关系。

若令:

$$\beta^*(u)=\beta(u)-\xi(u)$$

则 $\beta^*(u)$ 与阈值 u 无关，$\beta^*(u)$ 即称为修正的尺度参数（Modified Scale）。

由以上结论可知，若存在一个适当的阈值 u_0，则此阈值的超出量必然服从 GPD 分布；若存在阈值 u，且 $u > u_0$，当阈值从 u_0 变动到 u 时，相应的估计量 $\beta(u)$ 与 ξ 应保持不变。

在应用估计量稳定性判断阈值时，还要考虑到抽样的随机性，这些估计量即使再稳定，也不可能像常数一样，它们总会在允许的抽样误差范围内变动。故此，就像平均超出量函数图应用一样，可做出尺度参数 $\beta(u)$ 和形状参数 ξ 随阈值 u 的变化而变化的图示及其相应的置信区间，通过观察图示选择使这两个估计量基本保持不变的那个最小值 u 作为合理的阈值。

2. 基于 Hill 估计的阈值方法

Hill 估计具有渐近正态性、强收敛性与弱收敛性的统计特性，尤其是在随机变量并不满足独立同分布的前提条件时，Hill 估计仍然可以得到类似的估计结果。Hill 估计属于半参数估计，次序统计量的选取个数与 Hill 估计结果存在非常密切的关系。Hill 是阈值选取中应用较为普遍的一种估计方法。

Hill 估计方法分为两大类：一类是先构造 Hill 估计的渐近均方，然后再选取使该渐近均方最小的那个阈值作为合理的阈值；另一类是直接依据最佳 $\hat{k}_n^{opt}$ 的渐近表示来确定合理阈值，指数回归模型法、子样本自助法以及序贯法即是该类方法的典型代表。

（1）指数回归模型法

设 $X_1, X_2, \cdots, X_n$ 是某一列为正的独立同分布（iid）的随机变量，具有共同的分布 F，$X_{1,n} \leq X_{2,n} \leq \cdots \leq X_{n,n}$ 为其顺序统计量。当 $F_{\max} \in MDA(H)$，即总体分布 $F(x)$ 处于 $H(x)$ 最大吸引场时，Beirlant 等（2002）证明此时分布存在一个正参数 γ，且表示为：

$$1 - F(x) = x^{-\frac{1}{\gamma}} l_F(x) \qquad (3.40)$$

上式中，l_F 是一个缓慢变化函数，当 $x \to \infty$ 时，$\forall \lambda > 0$，满足

$$\frac{l_F(\lambda x)}{l_F(x)} \to 1$$

式（3.40）也等价于：

$$U(x) = x^{\gamma} l(x) \tag{3.41}$$

上式中 $U(x) = \inf\left\{y; F(y) \geq 1 - \frac{1}{x}\right\}$，$l(x)$ 也是一个缓慢变化函数。此时，$F(x)$ 的支撑具有无限的右端点，且当 $j \geq \frac{1}{\gamma}$ 时，分布 $F(x)$ 的 j 阶矩不存在。

式（3.40）、式（3.41）中的参数 $\gamma > 0$ 也称为尾部指标。Dress 和 Kaufmann（1998）等学者对尾部指标 γ 的估计进行了较多研究，具体细节可参见相关文献。

如果有一个常数 $\rho < 0$ 以及一个速度函数 b，满足当 $x \to \infty$ 时，$b(x) \to 0$，且 $\forall \lambda > 0$，有：

$$\log \frac{l(\lambda x)}{l(x)} \sim b(x) k_{\rho}(\lambda) \tag{3.42}$$

其中，$k_{\rho}(\lambda) = \int_1^{\lambda} v^{\rho-1} \mathrm{d}v$。

根据上述思想指引，Beirlant 等（1999）构造了上侧次序统计量对数间隔的指数回归模型：

$$Z_j = j(\log X_{n-j+1,n} - \log X_{n-j,n}) = \left(\gamma + b_{n,k}\left(\frac{j}{k+1}\right)^{-\rho}\right) f_j, \quad 1 \leq j \leq k \tag{3.43}$$

上式中的 $f_1, f_2, \cdots, f_k$ 为一系列独立的随机变量，且服从标准指数分布，$b_{n,k} = b\left(\frac{n+1}{k+1}\right)$，$2 < k \leq n-1$。

若 $n \to \infty$ 时，$k \to \infty$ 且 $k/n \to 0$，Mathys 和 Beirlant（2000）证明了 Hill 估计的渐近正态性，其渐近方差为：

$$AVar\hat{\gamma}_{k,n}^H = \frac{\gamma^2}{k} \tag{3.44}$$

由于上式中忽漏了回归项,很可能造成估计偏差,故渐近偏差可进一步表示为:

$$ABias\hat{\gamma}_{k,n}^{H} = E(\hat{\gamma}_{k,n}^{H} - \gamma) = \frac{b_{n,k}}{1-\rho} \tag{3.45}$$

据此,可得 Hill 估计的渐近均方误差(Asymptotic Mean Squared Error,AMSE)为:

$$AMSE(\hat{\gamma}_{k,n}^{H}) = (ABias\hat{\gamma}_{k,n}^{H}) + AVar\hat{\gamma}_{k,n}^{H} = \left(\frac{b_{n,k}}{1-\rho}\right)^2 + \frac{\gamma^2}{k} \tag{3.46}$$

分析式(3.46),如果 k 很小,方差 $AVar\hat{\gamma}_{k,n}^{H}$ 就较大,但此时偏差 $ABias\hat{\gamma}_{k,n}^{H}$ 较小;如果 k 很大时,方差 $AVar\hat{\gamma}_{k,n}^{H}$ 就较小,但此时偏差 $ABias\hat{\gamma}_{k,n}^{H}$ 较大。由此可知,渐近均方误差 $AMSE(\hat{\gamma}_{k,n}^{H})$ 是 k 的函数,且此函数呈 U 形,那么一定存在一个 k 值,使渐近均方误差 $AMSE(\hat{\gamma}_{k,n}^{H})$ 达到最小,此 k 值即为最佳 k_n^{opt}:

$$\hat{k}_n^{opt} = \arg\min_{3 \leq k \leq n}\left(\left(\frac{\hat{b}_{k,n}}{1-\hat{\rho}}\right)^2 + \frac{\hat{\gamma}^2}{k}\right) \tag{3.47}$$

(2)子样本自助法

Efron(1979)提出自助法(Bootstrap),也称之为拔靴法。该方法实质上是通过对观测信息进行再抽样,进而统计推断总体的分布特性。传统的统计方法一般是先对分布类型进行假设,再进行统计推断。而自助法可充分利用给定的观测信息,无须假设分布类型或增加新的观测。自助法不但具有较好的稳健性与高效性,而且,近些年计算机技术的发展也使得该方法得到了越来越广泛的应用。

Hall(1990)最早在极值指数估计中应用了自助法,并选择使形状参数估计量的渐近均方误差达到最小的那个阈值作为合理的阈值。Hall 方法提出后即在极值理论相关领域中得到了较好的应用并得以进一步发展。

然而,在应用 Hall 方法时,对于选定的阈值 u,常常是不知道超过此阈值的样本个数 k。针对此问题,Danielsson 等(1997)引入子样本自助法对 Hall 方法进行了修正，实践表明该方法具有很好的效果。

Danielsson 等（1997）构造了一个辅助统计量 $Q(n, k)$：

$$Q(n, k) = E\{[M_n(k) - 2(\gamma_n(k))^2]^2 | \mathfrak{X}_n\} \quad (3.48)$$

其中：

$$M_{k,n} = \frac{1}{k}\sum_{j=1}^{k}(\log X_{n,n-j+1} - \log X_{n,n-k})^2$$

$$\hat{\gamma}_{k,n}^H = \frac{1}{k}\sum_{j=1}^{k}\log X_{n,n-j+1} - \log X_{n,n-k}, \quad k = 1, 2, \cdots, n_1 - 1$$

上式中的 $\hat{\gamma}_{k,n}^H$ 即为 Hill 估计，X_{n-k} 表示 $X_1, X_2, \cdots, X_n$ 中第 $k+1$ 大的值。

然后，再在两个自助子样本 $\mathfrak{X}_{n_1}^*$ 及 $\mathfrak{X}_{n_2}^*$（$n_2 < n_1$）中，分别搜索可使得 $Q(n_1, k_1)$ 与 $Q(n_2, k_2)$ 的渐近均方误差达到最小的 $\hat{k}_{n_1}^*$ 与 $\hat{k}_{n_2}^*$，则对应于最优阈值 u 的 k 为：

$$\hat{k}_n^{opt} = \frac{(\hat{k}_{n_1}^*)^2}{\hat{k}_{n_2}^*}\left(\frac{(\log \hat{k}_{n_1}^*)^2}{(2\log n_1 - \log \hat{k}_{n_1}^*)^2}\right)^{\frac{\log n_1 - \log \hat{k}_{n_1}^*}{\log n_1}} \quad (3.49)$$

Danielsson 等（1997）随之证明了：

$$\frac{\log \hat{k}_{n_1}^*}{-2\log n_1 + 2\log \hat{k}_{n_1}^*} \xrightarrow{p} \rho$$

$$\frac{(\hat{k}_{n_1}^*)^2}{\hat{k}_{n_2}^* \hat{k}_n^{opt}} \xrightarrow{p} \left(1 - \frac{1}{\rho}\right)^{\frac{2}{2\rho-1}}$$

由此可得，与最优阈值 u 对应的 k 的相合估计 $\hat{k}_n^{opt}$ 为：

$$\hat{k}_n^{opt} = \frac{(\hat{k}_{n_1}^*)^2}{\hat{k}_{n_2}^*}\left(1 - \frac{1}{\hat{\rho}}\right)^{\frac{2}{2\hat{\rho}-1}} \quad (3.50)$$

（3）序贯法

Hall 和 Welsh（1985）的研究表明，如果未知总体分布 $F(x)$ 能够满足以下 Hall 条件：

$$1 - F(x) = Cx^{-\frac{1}{\beta}}(1 + Dx^{-\frac{\rho}{\beta}} + o(x^{-\frac{\rho}{\beta}})) \quad (3.51)$$

则 Hill 估计具有最小的渐近均方误差：

$$k_n^{opt} \sim \left(\frac{C^{2\rho}(\rho+1)^2}{2D^2\rho^3} \right)^{\frac{1}{2\rho+1}} n^{\frac{2\rho}{2\rho+1}} \quad (3.52)$$

然而，由于参数 $\rho>0$，$C>0$ 及 $D\neq 0$ 是未知的，导致对某一给定的数据集，就不能直接利用式（3.52）来确定 k_n^{opt}。

针对以上 k_n^{opt} 选取中存在问题，Dress 和 Kaufmann（1998）提出了序贯法。该方法在参数 $\rho>0$，$C>0$ 及 $D\neq 0$ 未知情况下，渐近地实现 k_n^{opt} 选取。

根据 Hall 和 Welsh（1985）定理与 Mason 和 Turova（1994）定理，并结合重对数法则（Law of Iterated Logritham）进行分析，可观测到统计量 $i^{\frac{1}{2}}(\hat{\gamma}_{i,n}^H - \hat{\gamma}_{k,n}^H)$（$1\leq i\leq k_{n-1}$）的最大随机波动为 $(\log\log n)^{\frac{1}{2}}$，即：

$$\max_{2\leq i\leq k_n} i^{\frac{1}{2}} |\hat{\gamma}_{i,n}^H - \hat{\gamma}_{k,n}^H - b_{i,n}| = o_p((\log\log n)^{\frac{1}{2}}) \quad (3.53)$$

对 Hill 估计量序列定义"停止时间"：

$$\hat{k}_n(r_n) = \min\{k\in\{1,2,\cdots,n-1\} \mid \max_{1\leq i\leq k}\sqrt{i}|\hat{\gamma}_{i,n}^H - \hat{\gamma}_{k,n}^H| > r_n\} \quad (3.54)$$

式（3.54）中阈值 r_n 构造了一个序列，其阶数大于 $(\log\log n)^{\frac{1}{2}}$，小于 $n^{\frac{1}{2}}$。观测式（3.52）与式（3.53）定义的序列 $\hat{k}_n(r_n)$ 中的 $\hat{\gamma}_{i,n}^H$ 及 $\hat{\gamma}_{k,n}^H$ 可由各自相应的偏差 $b_{i,n}$、$b_{k,n}$ 替代，也即：$b_{i,n} \sim const.\left(\frac{i}{n}\right)^\rho$。由此可得，根据 $\hat{k}_n(r_n)$ 与 $\hat{k}_n(r_n^\varepsilon)$ [$\varepsilon\in(0,1)$] 可构造 ρ 的一致性估计，当两个这样的停止时间适当结合后，可达到与最佳 k_n^{opt} 相同的收敛速度。

序贯法涉及未知参数 γ 和 ρ，故应用时需要使用初始估计 $\hat{\gamma}_0$ 及 ρ 的相合估计 $\hat{\rho}$，为计算便利，也可以将 ρ 固定为某个值 ρ_0。

3. 厚尾分布与正态分布相交法与峰度法

厚尾分布与正态分布相交法是 McNeil 与 Frey（2000）提出的。该方法的基本思路是将样本的实际尖峰厚尾偏态分布同正态分布叠加在一起，这时两种分布就存在相交点，相交点左右两侧之外的实际分布部分即为厚尾分布，可将此相交点确定为阈值点。

现令 X 表示某一随机变量，该随机变量分布的中间部分为正态分布，边缘分布为 GPD 分布，以 $\varphi(x)$ 表示正态分布，N 表示样本空间，分布上下尾部阈值分别表示为 u^L 与 u^R，分布上下尾部超过阈值 u 的样本数量分别表示为 N_u^L 与 N_u^R，ξ^L 与 ξ^R 为上下尾部的形状参数，σ^L 与 σ^R 为上下尾部的尺度参数，则该随机变量完整的分布表达式为：

$$F(x) = \begin{cases} \dfrac{N_u^L}{N}\left(1 + \xi^L \dfrac{|x - u^L|}{\sigma^L}\right)^{-\frac{1}{\xi^L}}, & x < u^L \\ \varphi(x), & u^L \leq x < u^R \\ 1 - \dfrac{N_u^R}{N}\left(1 + \xi^R \dfrac{x - u^R}{\sigma^R}\right)^{-\frac{1}{\xi^R}}, & x \geq u^R \end{cases}$$

厚尾分布与正态分布相交法表述直观，易于理解、操作。而且，由于上下尾部的相交点均只有一点，故该方法确定的阈值也是唯一的。然而，求解两种分布交点时需要知道分布的具体形式，而在实际测度中，分布中的各参数往往是未知的，因此，这也造成了该方法的求解具有较为复杂的过程。

Pieere Patie（2000）提出了峰度法，该方法同上述的厚尾分布与正态分布相交法具有相同的思路。该方法认为：峰度系数（Kurtosis）是测度数据在中心聚集程度的一个统计指标，在正态分布的情况下，峰度系数值等于3。据此，如果所观测的样本分布具有厚尾特征时，其峰度系数值肯定要大于3。若用 $\overline{X}$ 表示样本均值，X_i 表示使得（$X_i - \overline{X}$）值最大的样本值，则首先将对应 X_i 的那个样本删除掉，随后重复样本删除过程，一直到所得到的样本分布的峰度系数小于3为止。此时，最终保留下来的那些样本恰好呈正态分布，即可将阈值选取为所保留下来的样本中的最大值，与此阈值相对应的点恰好是厚尾分布与正态分布的相交点。

同其他方法相比较，峰度法直观且易于理解，实际操作过程也非常便利，即使样本数据量非常庞大，通过简单的编程即可实现该算法。

以上阐述了多种方式的阈值选取方法，各方法都具有自己的特性，而且各方法也都存在一些明显的不足之处。如以样本超额平均函数图、Hill 图为代表的图解法，虽然简便、直观、易操作，但却存在较突出的主观性问题，甚至对某些风险序列是无法适用的。而且，图解法中所说的"趋于线性""尾部相对稳定"也难以在理论层面解释清楚。子样本自助法及序贯法等定量方法是近年来发展起来的，这些方法实质上都是以 Hill 估计为核心而建立的渐近均方误差。这类方法虽然克服了图解法存在的主观性较强的问题，并扩大了适用范围，但这些方法由于不是依概率收敛的，常常对极值数据之间的相关性非常敏感，很可能造成估计结果存在较大偏差，如子样本自助法等。如何通过有效的阈值选取，从而使得所选取的极值样本数据能实现 GPD 的最优拟合，综合平衡估计偏差与估计方差，这也成为极值理论当前研究的热点与难点之一。

（四）阈值模型参数及高分位数估计

1. 参数估计

（1）极大似然估计法

设 X_1，X_2，$\cdots$，X_n 为某一独立同分布（iid）的随机变量，具有共同分布 $F(x)$。对于阈值 u，若 $X_i > u$，则 $X_{(1)}$，$X_{(2)}$，$\cdots$，$X_{(k)}$ 为极值数据，超出量为 $y_i = x_{(i)} - u$，$i = 1$，$\cdots$，k。当阈值 u 充分大时，可以将 $\{y_1, \cdots, y_k\}$ 看作服从 GPD 分布的随机变量，且其含有未知参数 ξ 与 $\beta(u)$。

当 $\xi \neq 0$ 时，基于 GPD 分布得极大似然估计函数：

$$L(y; \beta(u), \xi) = -k\ln(\beta(u)) - \left(1 + \frac{1}{\xi}\right) \sum_{i=1}^{k} \ln\left(1 + \frac{\xi y_i}{\beta(u)}\right)$$

(3.55)

这里有当 $\xi > 0$ 时，$y_i \geq 0$；当 $\xi < 0$ 时，$0 \leq y_i \leq \frac{-\beta(u)}{\xi}$。

当 $\xi = 0$ 时，极大似然估计函数为：

$$L(y;\beta(u)) = -k\ln(\beta(u)) - \beta(u)^{-1}\sum_{i=1}^{k} y_i \quad (3.56)$$

搜索可使式（3.55）、式（3.56）函数值最大的$(\beta(u),\xi)$，即得所求估计量。

同 GEV 分布，关于参数$\beta(u)$与ξ的 GPD 分布极大似然估计也没有解析表示，求解只能通过数值方法。观察式（3.56），当ξ接近 0 时，GPD 分布就是指数分布，$\beta(u)$的极大似然估计为$\bar{x}$。Smith（1985）、Azzalini（1996）等学者对 GPD 分布的极大似然估计进行了较多的研究，详细内容可参见这些相关文献。

同样，可通过估计量的渐近正态性得到参数$\beta(u)$与ξ估计值的置信区间，也可以直接利用轮廓似然函数得到参数$\beta(u)$与ξ较精确的置信区间估计。

（2）矩估计

Rao（1973）给出了在$\xi < \frac{1}{2}$时的矩估计表达式：

$$\beta(u) = \frac{1}{2}\bar{x}\left(\frac{\bar{x}^2}{s^2}+1\right) \quad (3.57)$$

$$\xi = \frac{1}{2}\left(\frac{\bar{x}^2}{s^2}-1\right) \quad (3.58)$$

其中，$\bar{x}$是样本的均值，s^2是样本的方差。

（3）概率权重矩法

Hosking 和 Wallis（1987）利用概率权重矩法估计了 GPD 分布的参数ξ与$\beta(u)$，他们的研究还表明，在小样本情况下，概率权重矩法在估计 GPD 分布参数时具有许多良好统计特性。

若：

$$b_0 = \bar{X}$$

$$b_1 = \sum_{j=1}^{n-1}\frac{(n-j)X_j}{n(n-1)}$$

$$b_2 = \sum_{j=1}^{n-2}\frac{(n-j)(n-j-1)X_j}{n(n-1)(n-2)}$$

其中 X_j 是超额数,则有:

$$\xi = \frac{b_0}{b_0 - 2b_1} - 2 \quad (3.59)$$

$$\sigma = \frac{2b_0 b_1}{b_0 - b_1} \quad (3.60)$$

当 $\xi \geq 0$ 时,在估计效率方面,概率权重矩估计与极大似然估计比较相近。但是,在概率权重矩估计中,当待估计的参数是与时间有关的,或待估计参数受到其他解释变量的影响时,将导致该估计法不适用,而此时,极大似然估计法仍然是可以使用的。在 GEV 分布的参数估计中,概率权重矩估计与极大似然估计的适用性也是这样的。

Hosking(1990)提出的线性矩(Linear Moment)定义,也简称为 L-矩,通过对排序系列的值进行线性组合来计算矩。L-矩实质上是对概率权重矩进行线性组合的结果。L-矩、矩及概率权重矩这三者之间有着非常紧密的关系。

在 GPD 分布, L-矩对参数 ε 与 $\beta(u)$ 的估计式为:

$$\hat{\beta}(u) = (1 - \hat{\xi}) \bar{x} \quad (3.61)$$

$$\hat{\xi} = 2 - \frac{\bar{x}}{\hat{\lambda}} \quad (3.62)$$

上式中, $\hat{\lambda}$ 为 λ 的样本估计, $\lambda = \frac{\beta(u)}{(1-\xi)(2-\xi)}$。

有关的随机模拟结果表明,如果样本量比较小或者样本量处于中等规模时,当形状参数 ξ 接近 0 时,L-估计对形状参数 ξ 的估计要优于极大似然估计。

(4)对极值指数的估计

在极值理论中,极值指数 ξ 决定着极值分布的类型,极值指数 ξ 成为厚尾分布的标志性指标。如何对极值指数 ξ 进行估计是极值理论相关研究的重要内容之一。目前,代表性的极值指数 ξ 的估计主要有 Pickands 估计、Hill 估计及矩估计等。

· Pickands 估计

若 X_1, X_2, $\cdots$, X_n 为某一独立同分布（iid）的随机变量，$X_{n,1} \leq X_{n,2} \leq \cdots \leq X_{n,n}$ 为该随机变量的次序统计量，$m(n) = m$ 是一个整数序列，且 $m(n) \to \infty$，$\frac{m(n)}{n} \to 0$，则极值指数 ξ 的估计为：

$$\hat{\xi}_n = (\log 2)^{-1} \log \frac{X_{n,n-k} - X_{n,n-2k}}{X_{n,n-2k} - X_{n,n-4k}}$$

Pickands（1975）不但提出了上述估计方法，还证明了该估计法具有弱相合性。随后，在 $\frac{m(n)}{\log \log n} \to \infty$ 假设条件下，Dekkers、Einmahl 和 Haan（1989）还进一步证明 Pickands 估计 $\hat{\xi}_n$ 不但具有强相合性，还具有渐近正态的性质。同其他一些极值指数估计方法相比较，Pickands 估计虽然具有相合性，但其渐近有效性却相对较弱。Pereira（1993）、Yun（2000）等学者针对 Pickands 估计存在的问题，对该方法进一步修正，有效地减小了 Pickands 估计的渐近方差。

Pereira（1993）修正为：

$$\hat{\xi}_{n,\theta}(k) = \frac{1}{-\log \theta} \log \frac{X_{n,n-[k\theta^2]} - X_{n,n-[k\theta]}}{X_{n,n-[k\theta]} - X_{n,n-k}}$$

其中，$\theta \in (0, 1)$，$[x]$ 表示不超过 x 的最大整数。

Yun（2000）修正为：

$$\hat{\xi}_{n,c}(k) = \frac{1}{\log\left(\frac{4}{c}\right)} \log \frac{X_{n,n-k} - X_{n,n-[ck]}}{X_{n,n-[\frac{4k}{c}]} - X_{n,n-4k}}$$

其中，$c \in (1, 4)$，$k \in \left[1, \frac{n}{4}\right]$。

· Hill 估计

在极值指数 $\xi > 0$ 的情况下，Hill（1975）提出估计模型：

$$\hat{\xi}_n = \frac{1}{k} \sum_{j=1}^{k} \log \frac{X_{n,n-j+1}}{X_{n,n-k}}, \ k = 1, 2, \cdots, n-1$$

当次序统计量（X_1, X_2, $\cdots$, X_n）是严格平稳的，且当 $\xi > 0$，

$L \in R_0$（即函数 L 为在无穷远处的缓变函数）时：

$$\overline{F}(x) = P(X > x) = x^{-\frac{1}{\xi}} L(x), \quad x > 0$$

Mason（1982）、Hsing（1991）、Resnick 和 Stăricgă（1995）等学者也对 Hill 估计进行了深入研究，并得出 Hill 估计具有弱收敛性的条件。在 $k \to \infty$ 且 $\frac{k}{\log\log n} \to \infty$ 的情况下，Deheuvels（1988）还证明了 Hill 估计的强收敛性。Mattys 和 Beirlant（2000）则在 $n \to \infty$、$k \to \infty$ 且 $\frac{k}{n} \to 0$ 的情况下，证明 Hill 估计具有渐近正态性。

· 矩估计

针对 Hill 估计只在 $\xi > 0$ 的情况下适用的问题，Dekkers、Einmahl 和 Haan（1989）在 $\xi \in R$ 条件下，提出了一个新的矩估计量，并证明了在不同条件下该矩估计量 $\hat{\xi}$ 既具有强弱相合性，也具有渐近正态性。该矩估计量 $\hat{\xi}$：

$$\hat{\xi}_n = M_n^{(1)} + 1 - \frac{1}{2}\left(1 - \frac{(M_n^{(1)})^2}{M_n^{(2)}}\right)^{-1}$$

其中：

$$M_n^{(l)} = \frac{1}{k}\sum_{i=1}^{k}(\log X_{n,n-i+1} - \log X_{n,n-k})^l, \quad l = 1, 2$$

总结以上三种极值指数 ξ 的估计方法，可发现：对极值指数 ξ 的估计都依赖于如何选取一个最优的 k_n^{opt}，进而以此来确定最优的阈值。

2. 高分位数估计

（1）GPD 分布中 VaR 的估计

PBdH 定理表明，对一个足够大的阈值 u，$F(x)$ 的超额条件分布函数 $F_u(y)$ 可以很好地近似地表示为 GPD 分布 $G(y; \mu, \beta(u), \xi)$，即：

$$F(x) = (1 - F(u)) G(y; \beta(u), \xi) + F(u)$$

若样本数为 n，大于阈值 u 的样本个数表示为 n_u，根据历史模拟法，$\frac{(n-n_u)}{n}$ 可用来近似表示 $F(u)$，上式则变形为：

$$F(x) = \left(1 - \frac{n - n_u}{n}\right) G_{\beta(u),\xi}(x - u) + \frac{n - n_u}{n}$$

$$= 1 + \frac{n_u}{n}(G_{\beta(u),\xi}(x - u) - 1) \quad (3.63)$$

将式（3.63）中的 $G_{\beta(u),\xi}(x-u)$ 用 GPD 的分布形式替代并进行统计估计，则得尾部估计：

$$\hat{F}(x) = 1 - \frac{n_u}{n}\left(1 + \hat{\xi}\frac{x-u}{\hat{\beta}(u)}\right)^{-\frac{1}{\hat{\xi}}} \quad (x > u,\ \xi \neq 0) \quad (3.64)$$

VaR 实质上就是分布的一个高分位数，在给定置信水平 q 下，则有 $VaR_q = F^{-1}(q)$。对式（3.64）进行变换，即得到给定置信水平 q 下的分位数：

$$VaR = \hat{x}_P = u + \frac{\hat{\beta}(u)}{\hat{\xi}}\left(\left(\frac{n}{n_u}(1-q)\right)^{-\hat{\xi}} - 1\right) \quad (3.65)$$

式（3.64）、式（3.65）中，$\hat{\beta}(u)$ 与 $\hat{\xi}$ 分别表示 $\beta(u)$ 和 ξ 的估计量。

（2）GPD 分布中 CVaR 的估计

前文已经阐述，VaR 虽然是当前国际银行业最主流的风险度量工具，但其仍然存在一些方面的瑕疵与不足：

一是 VaR 假设风险为正态分布，而实际中的金融风险一般为尖峰厚尾的偏态分布，这意味着 VaR 存在忽视极端风险事件的瑕疵，这将导致对极端风险的估计要低于实际风险水平。

二是 VaR 不符合次可加性，不是一致性的风险度量指标。次可加性是指投资组合的风险在量上不会超过该投资组合中各组成部分的风险值的加总。之所以存在次可加性，这是风险分散化的结果。然而，在应用 VaR 测度投资组合的风险水平时，却很可能得到大于各组成部分风险值之和的结果。

三是 VaR 只能估测出一定置信度下损失分布的最大可能值，无法估计出最大可能损失之外的超额损失或超过最大可能损失的那部分期望值，即存在没有充分利用尾部相关信息的缺陷。

针对以上VaR存在的不足与瑕疵，Rockafeller和Uryasev（2000）在VaR的基础之上提出了条件在险价值（conditional value at risk，CVaR）。CVaR意指当某个投资组合遭受到的损失超过某个特定的VaR值时，该投资组合的平均损失值。因其义，条件在险价值也被称为期望损失（Expected Shortfall，ES）。CVaR用公式表示为：

$$CVaR = E(X|X > VaR) \tag{3.66}$$

与VaR相比较，CVaR表示投资组超额损失的平均水平，更能体现投资组合或金融资产面临的潜在风险水平。而且，CVaR是一致性的风险度量指标，其满足了次可加性、正齐次性、单调性及变换的不变性。另外，CVaR关于置信度是连续的，置信度小幅度的变化不会导致其所测度的风险值出现较大幅度的变化。而VaR应用于非连续的情况时，置信度小幅度的变化很可能导致其所测的风险值出现较大的变化。

Rockafeller和Uryasev（2000）还发现，通过线性规划算法可以对CVaR进行优化，从而使得CVaR最小化，同时在此过程中，也可得到VaR的近似最优估计。

由式（3.66）可推得：

$$CVaR = VaR_p + E(X - VaR_p|X > VaR) \tag{3.67}$$

式（3.67）中等号右端的第二项为平均超出量分布$F_{VaR_p}(y)$，表示当阈值为VaR_p时，超过该阈值的平均超出量分布。根据GPD分布性质可推导得出，$F_{VaR_p}(y)$的GPD分布的形状参数与尺度参数分别为ξ与$\beta(u) + \xi(VaR_p - u)$。

而对于任意的$u > u_0$，都可将平均超出量函数$e(u)$表达为：

$$e(u) = E[X - u|X > u] = \frac{\beta(u_0) + \xi(u - u_0)}{1 - \xi} \tag{3.68}$$

故有：

$$E(X - VaR_p|X > VaR) = \frac{\beta(u) + \xi(VaR_p - u)}{1 - \xi} \tag{3.69}$$

若 $\xi<1$ 时，将式（3.69）同式（3.65）相结合，之后再代入式（3.67）中，即得：

$$\widehat{CVaR}_p = \widehat{ES}_p = \frac{\widehat{VaR}_p}{1-\hat{\xi}} + \frac{\hat{\beta}(u) - \hat{\xi}u}{1-\hat{\xi}} \tag{3.70}$$

虽然，CVaR 修正了 VaR 存在的许多不足之处，并具有更好的统计特性，但是 CVaR 也还存在一些缺陷。最明显的就是 CVaR 依然是建立在风险正态分布理论假设之上的。CVaR 不但假设投资组合中的联合分布服从多元正态分布，而且假设资产组合中的每一单个组成部分之间的相关性也都是线性的。然而，大量的实践已经证明，不论投资组合中的联合分布还是这些组成部分之间的相关性多为非线性。理论假设与实际情况的不相符合导致了 CVaR 估计结果与实际风险水平之间存在较大的偏差，尤其是当极值风险事件发生时，金融资产之间的相关性显著增强，利用 CVaR 得到的风险计算结果与实际风险水平存在更大的偏差。

针对以上 CVaR 存在的问题，近些年出现了一些新的研究趋势，即将 Copula 连接函数引入金融风险测度领域中。Copula 函数实质上是一种可将联合分布与它们各自边缘函数分布连接在一起的函数。也可以说，Copula 函数是一种可有效地刻画变量间相依性结构的方法，其非常充分地包含了变量之间的所有相依信息。尤其是当考虑到多元金融风险极值数据之间存在的显著相关关系时，将 Copula 连接函数同极值模型结合起来引入 CVaR 中，可较好地解决以上 CVaR 方法所存在的不足。

第四章 基于一维极值模型的中国实际测度

第一节 指标与样本数据选取

一 商业银行流动性指标

巴塞尔银行监管委员会（简称"巴塞尔委员会"）对商业银行流动性进行了权威诠释。该委员会从资产的流动性和负债的流动性两个方面界定了商业银行的流动性，前者指资产在不遭受价值损失或者损失很小的情况下迅速变现的能力，后者指银行以较低的成本随时获得资金的能力。在巴塞尔委员会的框架指导下，中国《商业银行流动性风险管理办法（试行）》（2015）将流动性解释为商业银行是否可以以合理成本及时获得充足资金，用于偿付到期债务、履行其他支付义务和满足正常业务开展的其他资金需求的能力或特性。根据以上对商业银行流动性内涵的理解，本书中的商业银行流动性界定为商业银行能够通过市场以合理成本及时融得所需资金的能力或可能性。

在商业银行流动性指标方面，随着对流动性管理重要性的深入认识，巴塞尔相关协议也经历了一个相应的调整过程。尤其是2008年国际金融危机，使得当时的银行业监管体系暴露出对商业银行流动性风险动态性认识和关注存在显著的不足，并缺乏对潜在的流动性冲击及其严重后果的动态性预警防范。在此背景下，2010年巴塞尔委员会正式发布了《巴塞尔协议Ⅲ：流动性风险计量、标准和监测的国际框架》，该文件设定了流动性覆盖率（Liquidity coverage ratio，LCR）和净稳定资金比率（Net Stable Funding Ratio，NSFR）这两个全球统一使用的流动性风险指标来监测商业银行的流动性水平，并强调要分别从短期、长期和动态角度全面关注商业银行流动性风险。

流动性覆盖率（LCR）指银行流动性资产储备与压力情景下30日内净现金流出量之比。该指标旨在确保商业银行在设定的严重流动性压力情景下，能够保持充足的、无变现障碍的优质流动性资产，并通过变现来满足未来短期内（30日）的流动性需求，目的在于提高商业银行短期应对流动性停滞的敏感性。其计算公式为：

$$流动性覆盖率（LCR）= \frac{优质流动性资产储备}{未来30日现金净流出量} \times 100\%$$

上式中[①]：

未来30日现金净流出量 =
    现金流出量 − Min｛现金流入量，现金流出量×75%｝

未来30日现金流出量 = $\sum$ 各类负债金额 × 折算率

       + $\sum$ 表外承诺或有项目余额 × 折算率

       + $\sum$ 表外或有资金余额 × 折算率

未来30日现金流入量 = $\sum$ 除优质流动性资产外的各类资产

       余额 × 折算率

       + $\sum$ 表外或有资金余额 × 折算率

净稳定资金比率（NSFR）表示在持续压力的情景下，能保证在中长期之内（如1年）可以作为稳定资金来源的权益类和负债类资金同这段时间内所需的稳定资金的比例。该指标的目的在于推动降低银行的资金来源和资金运用之间存在的期限错配，同时增加长期稳定资金

[①] 关于优质流动性资产的具体界定，请参见《巴塞尔协议Ⅲ》等相关文件。

来源，以满足银行表内外业务对稳定资金的需求。其计算公式为：

$$净稳定资金比率（NSFR）= \frac{可用的稳定资金（ASF）}{所需的稳定资金（RSF）} \times 100\%$$

上式中：

可用的稳定资金（ASF）表示可持续的压力情景下，能保证在中长期内（如1年）可以作为稳定资金来源的权益类及负债类资金，其数量等于银行权益类资本和负债的账目价值乘以相应的系数。所需的稳定资金（RSF）等于银行各类资产或表外风险项目乘以相应的系数[①]。

对于流动性覆盖率（LCR）和净稳定资金比率（NSFR）这两项指标，银行监管标准均设定为100%。

除了流动性覆盖率（LCR）和净稳定资金比率（NSFR）这两个在《巴塞尔协议Ⅲ》中设立的流动性风险监管指标外，巴塞尔委员会还确定了资产负债结构、可用的无变现障碍抵押资产等其他流动性风险辅助监测工具，用以反映银行特定信息。

进入21世纪以来，中国银行业的风险监管同国际银行业监管日益密切融合，并基于巴塞尔委员会一系列协议和中国的实际情况相结合，逐步构建起中国商业银行流动性的监管框架与具体指标。

2014年3月1日起实施的《商业银行流动性风险管理办法（试行）》正式确定了中国商业银行流动性风险监管的框架。该《办法》强化了商业银行流动性风险管理细则，同时规定了流动性覆盖率、净稳定资金比率、贷存比和流动性比例四个流动性监管具体指标，另外，还规定了流动性缺口等监测工具。

2015年10月1日起施行的《商业银行流动性风险管理办法（试行）》设立了流动性覆盖率及流动性比率这两大流动性监测指标，同时设立了流动性缺口、流动性缺口率、核心负债比例（即核心负债依

---

① 关于可用的稳定资金（ASF）和所需的稳定资金（RSF）的具体系数及计算过程，请参见《巴塞尔协议Ⅲ》等相关文件。

存度)、同业市场负债比例、最大十户存款比例、最大十家同业融入比例、超额备付金率、重要币种的流动性覆盖率、存贷比[①]等指标作为参考监测指标。而且,对这些参考指标也已提出了一些较为明确的要求。例如:存贷比不能超过75%,流动性比率大于25%,核心负债依存度大于60%,流动性缺口率大于-10%。表4.1为该风险管理文件设立的中国商业银行流动性监测指标体系及其一些标准要求:

表4.1　《商业银行流动性风险管理办法（试行）》
（2015）流动性监测指标体系

主要监测指标	标准要求	参考指标
流动性覆盖率	≥100%	流动性缺口 流动性缺口率 核心负债比例 同业市场负债比例 最大十户存款比例
流动性比率	≥25%	最大十家同业融入比例 超额备付金率 重要币种的流动性覆盖率 存贷比 ……

以下是中国自2015年10月1日起施行的《商业银行流动性风险管理办法（试行）》中对相关监测指标及其计算公式的详细表述。至于其中的一些计算口径,请参见该风险管理办法及中国银行保险监督管理委员会（原中国银监会）的相关文件,这里不再赘述。

流动性比率指银行的流动性资产余额同流动性负债的比例:

$$流动性比率 = \frac{流动性资产余额}{流动性负债余额} \times 100\%$$

流动性缺口是指以合同到期日为基础,按特定方法测算未来各个

---

① 2015年10月1日起施行的《商业银行流动性风险管理办法（试行）》不再将存贷比作为一个监管指标,但该办法表示:银监会应当持续监测商业银行存贷比的变动情况,当商业银行出现存贷比指标波动较大、快速或持续单向变化等情况时,应当及时了解原因并分析其反映出的商业银行风险变化,必要时进行风险提示或要求商业银行采取相关措施。

时间段到期的表内外资产和负债,并将到期资产与到期负债相减获得的差额:

未来各个时间段的流动性缺口 = 未来各个时间段到期的表内外资产 – 未来各个时间段到期的表内外负债

流动性缺口率是指未来各个时间段的流动性缺口与相应时间段到期的表内外资产的比例:

$$流动性缺口率 = \frac{未来各个时间段的流动性缺口}{相应时间段到期的表内外资产} \times 100\%$$

核心负债比例是指中长期较为稳定的负债占总负债的比例。核心负债包括距离到期日三个月以上(含)的定期存款和发行债券,以及活期存款中的稳定部分:

$$核心负债比例 = \frac{核心负债}{总负债} \times 100\%$$

同业市场负债比例是指商业银行从同业机构交易对手获得的资金占总负债的比例:

$$同业市场负债比例 = \frac{同业拆借 + 同业存款 + 卖出回购款}{总负债} \times 100\%$$

最大十户存款比例是指前十大存款客户存款合计占各项存款的比例:

$$前十大存款比例 = \frac{前十大存款客户存款合计}{各项存款} \times 100\%$$

最大十家同业融入比例是指商业银行通过同业拆借、同业存放和卖出回购款项等业务从最大十家同业机构交易对手获得的资金占总负债的比例:

$$最大十家同业融入比例 = \frac{最大十家同业机构交易对手同业拆借 + 同业存放 + 卖出回购款}{总负债} \times 100\%$$

超额备付金率是指商业银行的超额备付金与各项存款的比例:

$$超额备付金率 = \frac{商业银行在中央银行的超额准备金存款 + 库存现金}{各项存款} \times 100\%$$

重要币种的流动性覆盖率是指对某种重要币种单独计算的流动性覆盖率，计算公式同流动性覆盖率。

存贷比是指商业银行贷款余额与存款余额的比例：

$$存贷比 = \frac{贷款余额}{存款余额} \times 100\%$$

2018 年 7 月 1 日，《商业银行流动性风险管理办法》公布，该文件规定流动性风险监管指标包括流动性覆盖率、净稳定资金比率、流动性比率、流动性匹配率和优质流动性资产充足率。与原有管理办法比较，该文件增加了三个新指标：净稳定资金比率、优质流动性资产充足率以及流动性匹配率。

流动性匹配率衡量商业银行主要资产与负债的期限配置结构，旨在引导商业银行合理配置长期稳定负债、高流动性或短期资产，避免过度依赖短期资金支持长期业务发展，提高流动性风险抵御能力。

流动性匹配率的计算公式为：

$$流动性匹配率 = \frac{加权资金来源}{加权资金运用} \times 100\%$$

流动性匹配率的最低监管标准为不低于 100%。

优质流动性资产充足率监管指标旨在确保商业银行保持充足的、无变现障碍的优质流动性资产，也即在压力情况下，银行可通过变现这些资产来满足未来 30 天内的流动性需求。

优质流动性资产充足率的计算公式为：

$$优质流动性资产充足率 = \frac{优质流动性资产}{短期现金净流出} \times 100\%$$

优质流动性资产充足率的最低监管标准为不低于 100%。

流动性覆盖率、净稳定资金比率与流动性比率这三个指标的详细介绍可参见前文相关内容表述。

《商业银行流动性风险管理办法》（2018）还对这些监管指标的具体应用进行了规定：资产规模在 2000 亿元（含）以上的商业银行适用流动性覆盖率、净稳定资金比率、流动性比率和流动性匹配率；资产规模小于 2000 亿元的商业银行适用优质流动性资产充足率、流动性比率和流动性匹配率；部分资产规模小于 2000 亿元的中小银行已具备一定的精细化管理能力，且有意愿采用相对复杂的定量指标，为支持中小银行提高管理水平，若其满足相关条件，可适用流动性覆盖率和净稳定资金比例监管要求，不再适用优质流动性资产充足率监管要求。

《商业银行流动性风险管理办法》（2018）除了引入三个新的监管指标之外，对流动性风险的监测体系也进一步完善，不但优化了部分监测指标的计算方法，还强调了流动性风险监测体系在风险管理及监督管理中的运用。该规范性文件还对流动性风险管理的相关要求进行了细化，如对日间流动性风险管理、融资管理等方面的细化。

《商业银行流动性风险管理办法》（2018）关于流动性监管指标的具体分类、标准要求及其适用范围见表 4.2：

表 4.2　《商业银行流动性风险管理办法》（2018）流动性监测指标体系

监管指标	标准要求	适用范围：资产规模	
		≥2000 亿元人民币	<2000 亿元人民币
流动性覆盖率	≥100%	流动性覆盖率 净稳定资金比率 流动性比率 流动性匹配率	优质流动性资产充足率 流动性比例 流动性匹配率
净稳定资金比率	≥100%		
流动性比率	≥25%		
流动性匹配率	≥100%		
优质流动性资产充足率	≥100%		

以上阐述了国际银行业及中国银行业监管机构在实际运行中对商业银行流动性风险监测的主要指标分类。在商业银行流动性风险相关研究领域中，通常又将这些指标按照性质特点划分为静态指标与动态指标两大类。

静态指标是在某一时期内或时点上一定空间范围内按统一口径计算出来的统计指标，反映的是在某个时间点的银行流动性状态，侧重于分析银行资产负债表内的项目以及各项目之间的联系。商业银行流动性静态指标包括了流动性比率、核心负债比例、同业市场负债比例、最大十户存款比例、最大十家同业融入比例、超额备付金率、存贷比等指标。

动态指标则是分析银行潜在的流动性需要以及银行的流动性供求是不是能够满足这种需求。动态指标由于考虑了未来一段期限内的流动性需求量与供给量的匹配情况，使得其比静态指标具有更好的实际应用。然而，动态指标难以获得，甚至是商业银行自身也较难准确估计出其数量水平，并且，该类指标还具有较强的主观性，这些都影响了动态指标在实际监测中的应用。

通过对国内外相关文献的梳理，可以看出，国外相关研究最常使用超额准备金与总资产的比率、现金加上超额准备金再加上短期同业拆借与总资产的比率作为商业银行流动性的测量指标。而国内则多是使用监管当局要求商业银行披露的相关监控指标，主要有流动资产比率、存贷比、拆入拆出比、超额准备金等指标，其中存贷比是以往研究中最为普遍采用的指标。

本书的研究目的在于考察中国商业银行流动性与房地产价格之间的极端关联波动，这就需要对中国商业银行的极端流动性进行实际测度，这涉及商业银行流动性指标的选取。本书在选取中国商业银行流动性指标时，重点考虑了以下三个方面因素：

第一，研究对象的整体性。

本书的核心在于测度中国商业银行流动性同房地产价格之间的极端关联波动，故此，这里的流动性应该是中国整个商业银行体系的流动性，也即中国整个银行体系市场上的流动性，而不是某一家或其一区域的商业银行体系的流动性。《商业银行流动性风险管理办法》（2018）规定流动性风险监管指标包括流动性覆盖率、净稳定资金比率、流动性比率、流动性匹配率和优质流动性资产充足率。从适用对象来看，这些监管指标主要应用于某一家具体的商业银行，难以将其适用到整个商业银行流动性方面。

第二，现有常用指标的不足。

存贷比是国内相关研究最普遍采用的指标。本书分析认为，近些年中国银行业经营范围随着全国经济的迅速发展而大幅拓展，业务内容已不仅仅是单纯的存款和贷款，银行资产负债表的资产端与负债端均表现出丰富多彩的形式。在资产端有现金及存放央行款项、同业存款、交易性金融资产、衍生金融资产、买入返售金融资产、固定资产、股权投资、无形资产等款项。在负债端有吸收存款、央行借款、同业借款、拆入资金、衍生金融负债、卖出回购金融资产款等多种形式的款项。而且，存贷比指标主要通过存贷业务比重来反映商业银行的主要资产负债结构，没有考虑存贷款的期限及资产质量，对流动性风险状况的描述存在显著的不足，已不能够准确地反映银行业真实的流动性状况，其作为流动性监管指标的意义也已大幅减弱。

流动性缺口指标是另一类常用的指标，该类指标虽然能够在一定程度上有效地反映资产和负债对流动性风险的影响，但也存在一些明显的瑕疵：一是对一些资产负债进行期限划分时常常依靠主观判断。二是银行资产负债的期限结构既不能完全反映资产负债质量的差异，也不能把那些以或有负债形式出现的表外业务纳入缺口分析。三是不能对银行的借款能力进行评估。一些银行的流动性主要靠从市场筹集新资金来满足，而这一能力直接取决于该银行在市场中的地位，而非其资产负债的期限结构。四是期限结构没有把表外业务考虑进来，而表外业务现已成为商业银行的一项重要的利润来源。

第三，数据的可获得性。

本书的目的在于测度中国商业银行流动性风险同房地产价格波动之间的极端关联性，这就对相关数据提出了匹配要求。不但要求同时获取中国商业银行流动性方面及房地产价格波动方面的数据，而且要求这两个方面的数据具有相同的统计时间单位。尤其是在考虑中国商业银行流动性指标数据可获得性的同时，还要考虑是否有相同统计时间单位的房地产价格数据存在，而这一点是一个非常突出的实际问题。

由于中国只有个别城市有房地产价格的日统计数据，而全国层面的房地产价格数据基本上是以月或季度为统计单位的，故此，本书数据的时间单位只能限制在月度或季度数据。

综合以上三个方面的考虑，本书拟以中国商业银行同业拆借利率的月度数据作为测度银行业流动性水平的具体指标。

之所以选取同业拆借利率，主要是基于以下两个方面的考虑：

一是同业拆借利率就是资金在拆借市场的价格，其价格高低反映了货币市场上的核心利率水平。由于同业拆借利率能够灵敏、准确地反映货币市场乃至整个金融市场短期内的资金供求状况，其也被视为金融市场上最具有代表性的利率指标。同业拆借利率的持续上升，反映市场上资金需求大于供给，这意味着市场流动性有可能出现吃紧状况。同业拆借利率的持续下降，反映市场上资金需求小于供给，这意味着市场流动性有可能出现宽松状况。

二是同业拆借利率对中央银行货币政策的反应非常敏感与直接，在整个市场利率体系中非常突出。同业拆借活动在成熟的金融市场上非常活跃，其不但交易量非常大、交易活动频繁，而且活动涉及范围非常广泛，已成为其他市场利率确定的基础利率，如伦敦同业拆借利率（London Interbank Offered Rate，LIBOR）现已成为国际上的通用基础利率。另外，从传导机制上看，中央银行的货币政策也是首先传导到同业拆借利率，继而通过同业拆借利率来影响整个市场利率体系，进而实现货币供应量和宏观经济调节的目的。

需要说明的是，在同业拆借利率品种中，同业拆借隔夜利率被称为中央银行货币政策变化的"信号灯"。同业拆借隔夜利率可更好地反映市场的供求关系变化，拆借期限越短的同业拆借利率越具有反映市场供求的敏感性。然而，本书由于存在同业拆借利率同房地产价格这两个数据相匹配的要求，在数据可获得的情况下，只能选取月度同业拆借利率。

当前，中国商业银行同业拆借利率主要有同业拆借加权平均利率（China Inter-bank Offered Rate，CHIBOR）及银行间同业拆借利率（Shanghai Interbank Offered Rate，SHIBOR）两个代表性的指标。这就需要进一步对这两个拆借率指标及其市场进行分析，以确定本书应采取哪一种数据。

CHIBOR 是指银行间同业拆借市场最终成交的拆借交易利率的加权平均。1996 年 1 月 3 日，在中国人民银行总行的领导下，依托中国外汇交易中心的网络，12 家商业银行总行和 15 家融资中心开始进行人民币联网拆借交易，全国性的同业拆借市场成立，并产生了该利率指标。

SHIBOR 是由银行间同业市场（中国外汇交易中心暨全国银行间同业拆借中心）上主要做市商成员每日提供的报价决定的，主要做市商成员有 16 家银行（中国工商银行、中国农业银行、中国银行、中国建设银行、交通银行、招商银行、中国光大银行、浦发银行、兴业银行、华夏银行、广发银行、北京银行、上海银行、渣打银行、汇丰银行）。故此，SHIBOR 也即是这 16 家主交易商每日的报价平均。

中国外汇交易中心暨全国银行间同业拆借中心于 1994 年 4 月 18 日成立，交易中心总部设在上海。拆借交易双方可在一年范围内自行商定拆借期限。交易中心按 1 天、7 天、14 天、21 天、1 个月、2 个月、3 个月、4 个月、6 个月、9 个月、1 年共 11 个品种计算和公布加权平均利率，即 SHIBOR。相较 CHIBOR 的公布时间，SHIBOR 公布较迟，2007 年 1 月才开始正式运行。

从 SHIBOR 与 CHIBOR 这两个拆借利率的构成及市场运行来看，两者之间存在较大的差异，主要表现为以下两个方面：

一是市场参与主体的不同影响了信用定价。

CHIBOR 是依赖于市场交易各方的信用来进行拆借的。在市场上进行拆借的有商业银行、财务公司、信托公司及证券公司等诸多金融机构，这些机构的信用等级存在较大的差异，尤其是一些非银行机构的信用等级还比较低。而且，中国的信用体系建设尚未完善，也影响了对这些金融机构作出客观、合理、有效的信用等级界定。受信用等级较低的影响，一些金融机构在拆借市场上的资金需求往往难以得到有效满足。受资金需求的驱动，无法在拆借市场上融到资金的金融机构就只好通过回购市场进行筹资，因为回购抵押对贷方而言可降低这些金融机构因信用等级较低而带来的信用风险。从这个过程来分析，可以看出，如果回购市场的规模明显地大于拆借市场，这时候的回购利率要比拆借利率更能充分反映资金市场的交易成本。

与 CHIBOR 市场不同的是，在 SHIBOR 市场上进行资金拆借的主要是商业银行，这些商业银行往往具有较高的信用等级，较易通过市场拆借来满足各自的资金需求。从这个过程来分析，可以将 SHIBOR 当作是剥离了信用升贴水后的利率，这也使得拆借的定价变成简单的资金成本问题。

二是价格形成机制不同。

CHIBOR 是指银行间同业拆借市场最终成交的拆借交易利率的加权平均，是实盘交易形成的利率。SHIBOR 是银行间同业市场上 16 家主要做市商成员每日提供的报价的平均水平。CHIBOR 与 SHIBOR 两市场的价格构成机制不同，而且市场产品类型也存在较大差异。CHIBOR 市场上多是一些短期拆借，隔夜拆借与 7 天拆借的交易量约占整个市场交易量的 90%，难以充分满足市场上对资金不同期限性的要求。而 SHIBOR 市场上拆借产品类型较为丰富，拆借产品从隔夜到 1 年共有 16 个，涵盖了货币市场的主要期限。另外，从两个市场的运行情况来看，CHIBOR 交易规模一直较小，市场主体参与性不强，这也造成了 CHIBOR 存在较大的波动，并且其利率水平较易受到操控；而 SHIBOR 市场交易规模较大，市场表现也较为平稳，已形成一个有效的资金拆借市场。

从以上分析可以看出，SHIBOR 虽然是 2007 年才推出的，但其形成机制同国际通行的伦敦同业拆借利率一样，均是以各银行的报价均值来确定的，是市场的真正尺度。目前，SHIBOR 与货币市场发展已经形成了良性互动的格局，在市场化产品定价中得到广泛运用。而且，中国央行出台的相关政策也进一步确保了 SHIBOR 的权威性，例如，规定某些产品定价须以 SHIBOR 为基准，更多地以 SHIBOR 作为制定政策的参考依据。

通过以上 CHIBOR 与 SHIBOR 的比较分析，本书拟以 SHIBOR 作为衡量商业银行流动性的数据。同时，考虑到与可获得的房地产价格数据匹配，将采取 SHIBOR 的月度数据。

本书选取市场流动性作为衡量商业银行流动性的指标，这对揭示银行业系统性风险的传染也具有非常重要的意义。一些学者也认为银行同业市场是系统性风险的一个关键来源与表现。例如，Paltalidis 等（2015）在研究欧元区银行业系统性风险传染时发现同业市场与资产价格和主权信用风险构成了三个最主要的风险源。Acemoglu、Ozdaglar 与 Tahbaz-Salehi（2013）、Aymanns 与 George（2015）等学者也均着眼于流动性市场研究银行业系统性风险的传染问题。

本书主要考察中国商业银行流动性与房地产价格之间的极端波动相关性，所以，这里的流动性与房地产价格都要以波动率形式表现。同时，考虑到简单收益率指标存在正态性假设，而这违背了有限负债原则，并且，简单收益率指标单期指标服从正态分布但其多期收益却不服从正态分布，故此，本书选取具有良好统计特性的对数波动率形式：

$$BR_t = \log \frac{P_t}{P_{t-1}} \times 100, \quad t = 1, 2, \cdots, n$$

上式中，BR_t 表示中国商业银行同业拆借利率（SHIBOR）的月波动率，P_t 与 P_{t-1} 分别为第 t 月及 $t-1$ 月的同业拆借市场的价格。由于波动率的值非常小，尤其是极端波动率数值更小，为计量与观测的便利，这里将 BR_t 放大 100 倍。

数据选取：数据来源于中国经济信息网产业数据库。

数据期限：2007 年 1 月至 2019 年 9 月，共 153 个月度数据。由于需要采取对数波动率形式，故其最终波动率指标数据共有 152 个。

二 房地产价格指标

相较于商业银行流动性指标，房地产价格指标较易确定，困难则在于这些价格指标数据的可获得性。一是从统计时间维度方面来看，只有上海、深圳、包头等城市统计了房地产价格的日度数据，而大部分省市只统计了房地产价格的季度或年度数据，且统计时间较短，难以支撑起本研究；二是中国房地产行业在不同的区域存在较显著的差异，也就是中国房地产价格存在分层现象，且这种差异性表现是非常显著的。采取的统计范围越大，对这种价格分层现象的平均化也就越显著。本书主要从全国层面考察商业银行流动性与房地产价格之间的极端关联波动，所运用的数据是全国层面的数据，故也不需要考虑各地区房地产价格的差异性问题。

综合以上两个方面的因素，同时考虑到同商业银行流动性匹配的需要，本书选取了中国房地产商品房价格的月度数据。

数据来源：中国经济信息网产业数据库。

数据期限：2007年1月至2019年9月，共153个月度数据，数据时间范围与个数同商业银行流动性方面数据一致。

需要说明的是，中国经济信息网产业数据库中有关房地产价格的统计数据分别是以月为单位的房地产开发企业商品房累计销售额和销售面积这两项，这就需要经过一定处理后才能得到中国整体以月为单位的商品房价格数据。

本书采取的处理程序为：首先，将当月的累计销售额数据减去上一月的累计销售额数据从而得到当月的实际月份销售额，同样的过程得到当月的商品房销售面积数据。然后，用当月的实际月份销售额除以当月的商品房销售面积数据即得到中国整体的以月为单位的商品房价格数据。在数据处理过程中，由于中国经济信息网产业数据库每年从2月才开始统计其累计指标，故本书将2月的累计数据平均拆分为1月和2月的当月指标。这样拆分的方法将使得本书所使用的房地产价格波动序列多出现了13个为零的数据。在之后的研究过程中，本书还将在房地产价格和SHIBOR这两个波动序列的组合中删去当这两个序列中任一序列为零时的那组数据。删除的缘由及计算过程详见后文相应部分，这里不再赘述。

房地产价格波动指标构建同 SHIBOR 指标，考虑到简单收益率的正态性假设违背了有限负债原则，且多期收益却不服从正态分布，故选取具有良好统计特性的对数收益率形式：

$$HR_t = \log \frac{P_t}{P_{t-1}} \times 100, \quad t = 1, 2, \cdots, n$$

上式中，HR_t 表示中国商品房价格的月波动率，P_t 与 P_{t-1} 分别为第 t 月及 $t-1$ 月的房地产价格。同样，因房地产价格波动率的值非常小，尤其是极端波动率数值更小，故为计量与观测的便利，将 HR_t 放大 100 倍。同商业银行流动性指标一样，由于需要采取对数波动率形式，故其最终的波动率数据比原始数据减少一个，共有 152 个。

第二节　数据的统计描述及 POT 模型条件检验

一　$\{BR_t\}$ 与 $\{HR_t\}$ 的总体波动

商业银行同业拆借利率序列 $\{BR_t\}$ 与房地产价格序列 $\{HR_t\}$ 的波动见图 4.1。从图中可以观测出，在 2007 年 1 月至 2019 年 9 月之间，$\{BR_t\}$ 与 $\{HR_t\}$ 这两个序列都出现了一定程度的波动。

在商业银行同业拆借率序列 $\{BR_t\}$ 方面，约在 2014 年之前存在较大幅度的波动，一直持续到 2014 年下半年波动性才再次趋于平缓。在此期间，2007 年年底、2008 年年底、2010 年中期、2013 年中期均出现了较大幅度的波动。其中，2008 年年底出现的波动为负向变化，这表明该时期同业拆借利率陡然下降，也即市场上的流动性在短时期得到了较大程度的缓解，但紧接着又回归至市场的均衡位置。除了 2008 年年底负的方向波动，其他若干次的波动率变化均为正的方向，也即均为市场流动性陡然吃紧的状态。从图中 $\{BR_t\}$ 序列的波动可以看出，商业银行在 2007 年年底、2010 年中期及 2013 年中期这几个时期，流动性吃紧状况最为显著，但总体来看，自 2013 年中期后，整体商业银行流动性波动幅度逐渐趋于平缓。

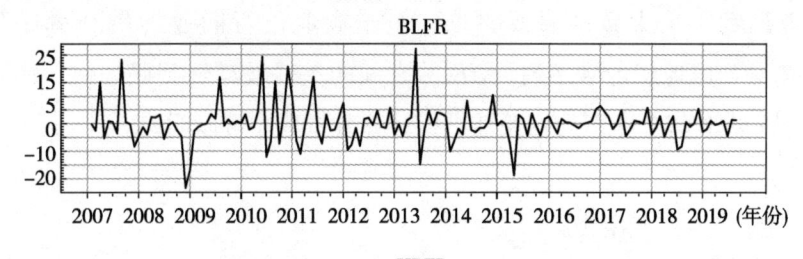

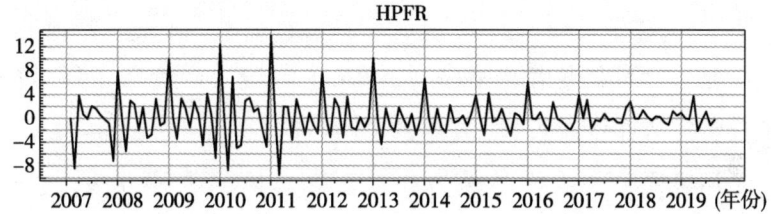

图 4.1　商业银行同业拆借利率序列 $\{BR_t\}$ 与房地产价格序列 $\{HR_t\}$ 波动（2007.1—2019.9）

在房地产价格序列 $\{HR_t\}$ 方面，约在 2013 年之前，中国房价出现了幅度显著的波动，2013 年之后房价波动才开始出现平缓的趋势，波动幅度较前期明显降低。与商业银行同业拆借利率序列 $\{BR_t\}$ 波动状况不同的是，拆借利率数据变化幅度较大的几次波动多是发生在商业银行流动性吃紧的状况时期，而房地产价格序列 $\{HR_t\}$ 在升与降方向变化的趋势均有。并且，可从图中曲线大致判断出，在几次较大的房价波动时期，价格的下跌幅度变化总体上还要比上涨幅度变化更大。

从图 4.1 中的波动情况来看，商业银行同业拆借利率序列 $\{BR_t\}$ 与房地产价格序列 $\{HR_t\}$ 的波动都具有一定程度的集聚效应，并且，这些集聚效应在前期表现得更为显著。

另外，从图 4.1 中还可以初步判断商业银行同业拆借利率序列 $\{BR_t\}$ 与房地产价格序列 $\{HR_t\}$ 波动之间可能存在一定程度的关联性。尤其是在 2007—2014 年，两个序列都表现出较显著的波动，而 2016—2019 年波动趋于平缓。但是，基于图 4.1 两个序列的波动状况只能得到一个大致的直观判断，至于商业银行同业拆借利率序列 $\{BR_t\}$ 与房地产价格序列 $\{HR_t\}$ 之间的关联波动性到底如何，还需要进一步对两个序列的相关性进行计算分析后才可以明确。

二　正态性检验

商业银行同业拆借利率序列 $\{BR_t\}$ 与房地产价格序列 $\{HR_t\}$ 的统计特征值详见表 4.3。其中的 JB 统计量全称为 Jarque-Bera 统计量，是用来检验一组样本是否来自正态总体的一种方法，它依据 OLS 残差对大样本进行检验（或称为渐进检验）。JB 统计量的计算公式如下：

$$JB = \frac{n}{6}\left[S^2 + \frac{(K-3)^2}{4}\right]$$

其中，n 为样本容量，S 为偏度，K 为峰度。若变量服从正态分布，则 S 为零，K 为 3，因而 JB 统计量的值为零。如果变量不是正态变量，则 JB 统计量将为一个逐渐增大值。

表 4.3　　　　　$\{BR_t\}$ 与 $\{HR_t\}$ 序列统计特征值

统计指标	$\{BR_t\}$	$\{HR_t\}$	统计指标	$\{BR_t\}$	$\{HR_t\}$
Mean	0.0190	0.2282	Range	50.6029	23.3954
Mid	−0.1743	0.0000	Std. Dev	6.8632	3.3755
Max	27.1889	13.8661	Skewness	0.8000	0.7189
Min	−23.4140	−9.5293	Kurtosis	4.2161	3.3350
1st Qu.	−2.6042	−1.2660	JB value	25.7480	13.8938
3rd Qu.	2.3767	1.6656			

从表 4.3 中的数值可以看出：

$\{BR_t\}$ 与 $\{HR_t\}$ 的偏度值分别为 0.8000 和 0.7189，这表明这两个序列都为右偏分布，但是 $\{HR_t\}$ 的右偏程度要比 $\{BR_t\}$ 的左偏程度要稍小一些。

$\{BR_t\}$ 与 $\{HR_t\}$ 的峰度值分别为 4.2161 和 3.3350，都大于正态分布的峰度值 3。这表明这两个序列都具有一定程度的尖峰特征，并且，$\{BR_t\}$ 要比 $\{HR_t\}$ 具有更显著的峰度分布特征。

$\{BR_t\}$ 与 $\{HR_t\}$ 的 JB 值分别为 25.7480 和 13.8938，这两个序列的 JB 值也远远大于零，也表明这两个序列均不服从正态分布。

可以看出，商业银行同业拆借利率序列 $\{BR_t\}$ 与房地产价格序列 $\{HR_t\}$ 均不遵循正态分布，而是具有一定程度尖峰特征的偏态分布。为了更直观地观测这两个序列的分布状况，以下画出这两个序列分布的四分位图，见图 4.2。从四分位图中可以看出，这两个序列基本上以各自的中位数为中心对称分布的，大部分数据都集中在第一分位数同第三分位数之间，但也都有一些数据远离中位数而分布。

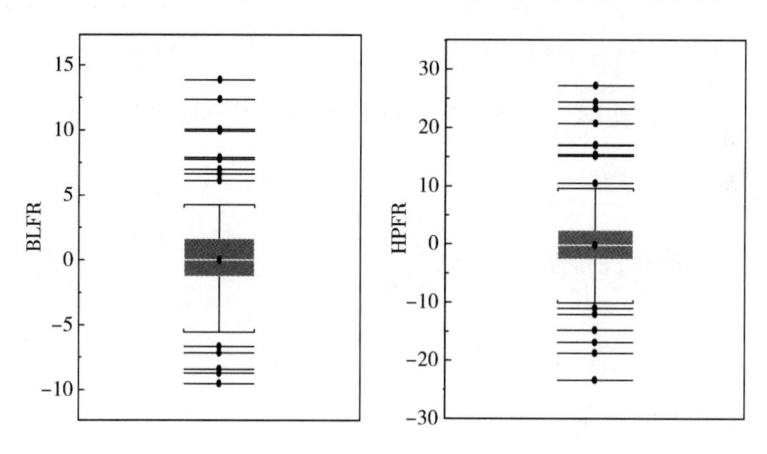

图 4.2 $\{BR_t\}$（左）与 $\{HR_t\}$（右）四分位图

以上分析只是表明商业银行同业拆借利率序列 $\{BR_t\}$ 与房地产价格序列 $\{HR_t\}$ 均是具有一定尖峰的偏态分布，但还没有进一步明确这两个序列的尾部分布是否具有厚尾特征。商业银行同业拆借利

率序列 $\{BR_t\}$ 与房地产价格序列 $\{HR_t\}$ 关于标准正态分布 QQ 图见图 4.3。从这两个 QQ 图中可以清晰地观测到，散点曲线的中间部分均与直线拟合，而散点曲线的上、下两个尾部均偏离直线。按照 QQ 图的判断原则，可以判定商业银行同业拆借利率序列 $\{BR_t\}$ 与房地产价格序列 $\{HR_t\}$ 均为显著的厚尾分布。结合上述这两个序列的统计特征值分析，即可判断这两个序列均为显著的尖峰厚尾偏态分布。

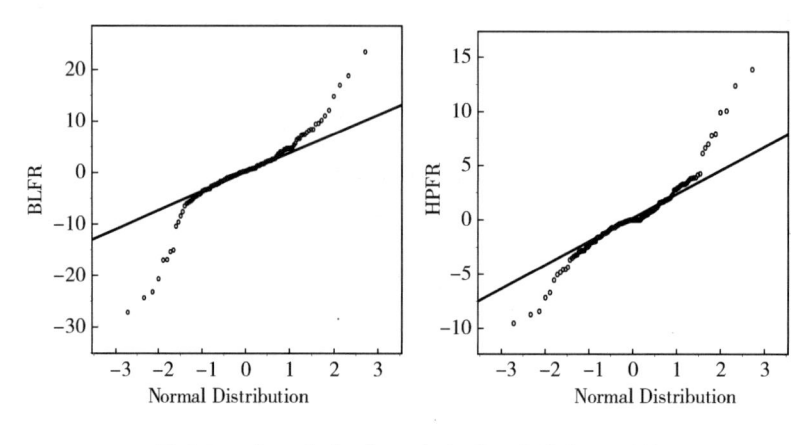

图 4.3 $\{BR_t\}$ 与 $\{HR_t\}$ 标准正态分布 QQ 图

三 独立性检验

商业银行同业拆借利率序列 $\{BR_t\}$ 与房地产价格序列 $\{HR_t\}$ 的 BDS 独立同分布检验结果见表 4.4。这两个序列的 BDS 统计量均为正值，且从显著性检验的结果来看，两个序列的 BDS 统计量均为显著，这表明两个序列均不遵从随机游走过程，出现聚集现象，为非独立分布。在图 4.1 的观测中，也可以直观地看出商业银行同业拆借利率序列 $\{BR_t\}$ 与房地产价格序列 $\{HR_t\}$ 都具有显著的集聚现象。

表 4.4　　{BR_t}（上）与 {HR_t}（下）BDS 独立同分布检验

BDS Test for BLFR

Date：12/06/19　Time：20：06

Sample：2007M02 2019M09

Included observations：152

Dimension	BDS Statistic	Std. Error	z-Statistic	Prob.
2	0.024708	0.009437	2.618339	0.0088
3	0.032194	0.015104	2.131521	0.0330
4	0.042707	0.018123	2.356459	0.0185
5	0.043615	0.019039	2.290777	0.0220
6	0.043039	0.018510	2.325156	0.0201
Raw epsilon			7.833777	
Pairs within epsilon		16294.00	V-Statistic	0.705246
Triples within epsilon		1950286.00	V-Statistic	0.555351

BDS Test for HPFR

Date：12/06/19　Time：20：05

Sample：2007M02 2019M09

Included observations：152

Dimension	BDS Statistic	Std. Error	z-Statistic	Prob.
2	0.015421	0.008680	1.776586	0.0756
3	0.052622	0.013877	3.792132	0.0001
4	0.073650	0.016629	4.428922	0.0000
5	0.083563	0.017446	4.789906	0.0000
6	0.083557	0.016936	4.933572	0.0000
Raw epsilon			4.152819	
Pairs within epsilon		16290.00	V-Statistic	0.705073
Triples within epsilon		1933102.00	V-Statistic	0.550458

四　平稳性检验

ADF（Augmented Dickey-Fuller Test）检验结果见表 4.5。商业银行同业拆借利率序列 {BR_t} 与房地产价格序列 {HR_t} 的 t 统计量均小于各自序列显著性水平为10%时的临界值，故拒绝存在单位根的原假设，商业银行同业拆借利率序列 $\{BR_t\}$、房地产价格序列 $\{HR_t\}$ 均为平稳的。

表4.5　　　　$\{BR_t\}$（上）与 $\{HR_t\}$（下）ADF 检验

	Null Hypothesis：BLFR has a unit root		
	Exogenous：Constant		
	Lag Length：0（Automatic-based on SIC，maxlag = 13）		
		t-Statistic	Prob.
	Augmented Dickey-Fuller test statistic	−11.83681	0.0000
Test critical values：	1% level	−3.460884	
	5% level	−2.874868	
	10% level	−2.573951	
	*MacKinnon（1996）one-sided p-values.
	Null Hypothesis：HPFR has a unit root		
	Exogenous：Constant		
	Lag Length：11（Automatic-based on SIC，maxlag = 13）		
		t-Statistic	Prob.
	Augmented Dickey-Fuller test statistic	−4.079236	0.00
Test critical values：	1% level	−3.462574	
	5% level	−2.875608	
	10% level	−2.574346	

综合以上各项检验结果，可以看出商业银行同业拆借利率序列 $\{BR_t\}$、房地产价格序列 $\{HR_t\}$ 都是一个具有偏态的、非独立的、具有平稳性的厚尾分布序列。除了非独立性，其他各项检验均表明这两个序列符合极值 POT 模型的应用条件。

在第三章极值理论部分即已阐明，极值 POT 模型的适用条件是样本序列数据之间是相互独立的。然而，商业银行同业拆借利率序列 $\{BR_t\}$ 与房地产价格序列 $\{HR_t\}$ 却均是非独立分布。大量的实践也已表明，金融风险序列的数据之间往往都存在较显著的相关性，尤其是对极值风险序列来说，极值风险数据之间的相关性更为显著。针对序列数据之间因不符合独立分布而不能使用 POT 模型的问题，Leadbetter 等 (1983)、McNeil (1998) 等学者进行了深入研究，认为在平稳序列中，即使不满足独立分布的条件，只要那些极值事件之间相隔得足够远，可以满足近似独立的条件，那么这种平稳序列的极值的渐近分布与有相同边缘分布的独立同分布序列是一样的。故此，虽然商业银行同业拆借利率序列 $\{BR_t\}$ 与房地产价格序列 $\{HR_t\}$ 是非独立的序列，但仍然可适用于极值 POT 模型[①]。

第三节 阈值确定

本节应用样本平均超出量函数图（MEF）来确定阈值 u 的选取，这也是 POT 模型中应用最普遍的阈值确定的方法。对于一个给定的阈值 u_0，超出量分布是近似服从尺度参数为 $\beta(u_0)$、形状参数为 ξ 的 GPD 分布。故此，若有其他阈值存在，且大于阈值 u_0，样本平均超出量函数就呈现出在一条直线的附近波动的状态，并且其斜率为正。在 MEF 应用中，考虑到该方法有时候只能确定一个大概的阈值选取区间，而不能明确地表示应该选取哪一个具体数值作为合理的阈值，故本节在 MEF 的基础之上引入参数估计值稳定法，这两种方法的综合运用有助于确定一个具体的合理阈值。

一 商业银行同业拆借利率序列 $\{BR_t\}$ 的阈值

这里需要注意的是，POT 模型基本思想就是首先选取一个足够大

---

① 需要注意的是，正如 GEV 分布仍是平稳序列的分块极大值的合理模型一样，广义 Pareto 分布仍然适用于超阈值分布，但由于相关性的影响，超阈值数据之间不独立，利用极大似然估计将造成估计的偏差。所以，针对平稳序列中极值数据成串出现的问题，在极值理论中经常利用分串（Clustering）的方法来进行处理，从而对相关的极值数据进行过滤，得到近似独立的阈值超过值的集合。

的临界值即阈值（Threshold），然后将超过该阈值的数据组成极值数据序列，再利用 GPD 分布渐近地刻画尾部分布。故针对某一序列的下尾数据为负的情况，一般是先加负号，将这些负的数据转为正的数据再进行处理，等到计算结束后，通过对估计结果添加负号进行还原即可。当然，也可以不必进行正负号还原，而是直接将其作为下尾部波动的状况来进行解释。

商业银行同业拆借利率序列 $\{BR_t\}$ 上尾部、下尾部的 MEF 见图 4.4。

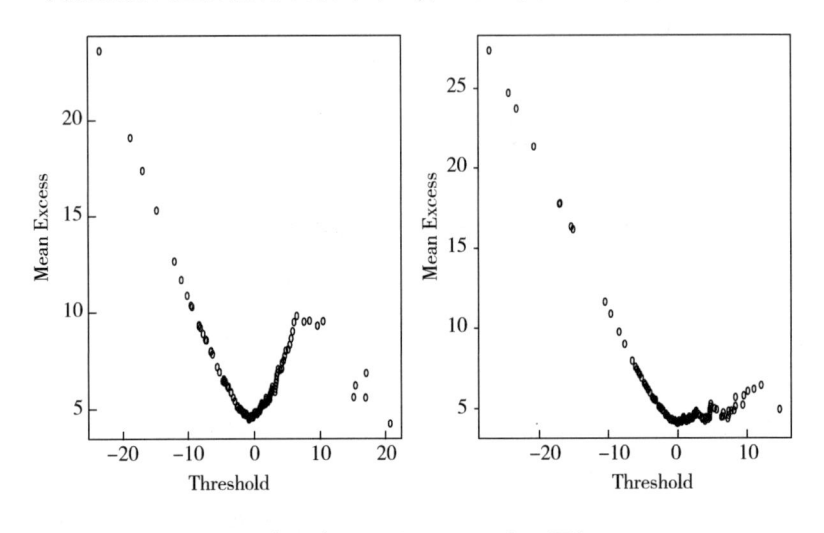

图 4.4　$\{BR_t\}$ 上（左）、下（右）尾部 MEF

观测图 4.4，只能分别得到商业银行同业拆借利率序列 $\{BR_t\}$ 上尾部、下尾部阈值的一个大概的取值范围。例如，该序列上尾部阈值的选取范围较大，在 2—6 区间均可，而其下尾部则在 2—4 区间或 5—6 区间均可。此时利用图形法来进行一个恰当阈值的确定成为一个非常主观的问题。

为了解决上述阈值选取时 MEF 存在的主观性，本节在 MEF 基础之上引入参数估计值稳定法，两种方法的综合运用有助于确定一个合理的阈值。参数估计值稳定法的基本原理是：若存在一个合适的阈值 u_0，超阈值 u_0 的那些超出量必然服从 GPD 分布。若存在其他阈值 u，

且 $u>u_0$，那么当阈值从 u_0 变动到 u 时，相应的估计量尺度参数 $\beta(u)$ 与形状参数 ξ 并不会随着阈值的变化而变化。

图4.5为商业银行同业拆借利率序列 $\{BR_t\}$ 上尾部、下尾部参数估计量随阈值 u 的改变而发生的变化。该图显示对该序列的上尾部、下尾部分别在阈值2—6区间与2—8区间之间均匀地选取了100个值作为阈值，用GPD模型估计得到100组参数值（σ，ξ）。观测图4.5，根据参数估计值稳定法的基本原理，结合基于图4.4所作出的阈值选取应在2—6区间的判断，可知商业银行同业拆借利率序列 $\{BR_t\}$ 的上尾部阈值选取为3.5较为适合。同样的过程，可判断房地产价格序列 $\{BR_t\}$ 的下尾部阈值选取为4.2较适合。

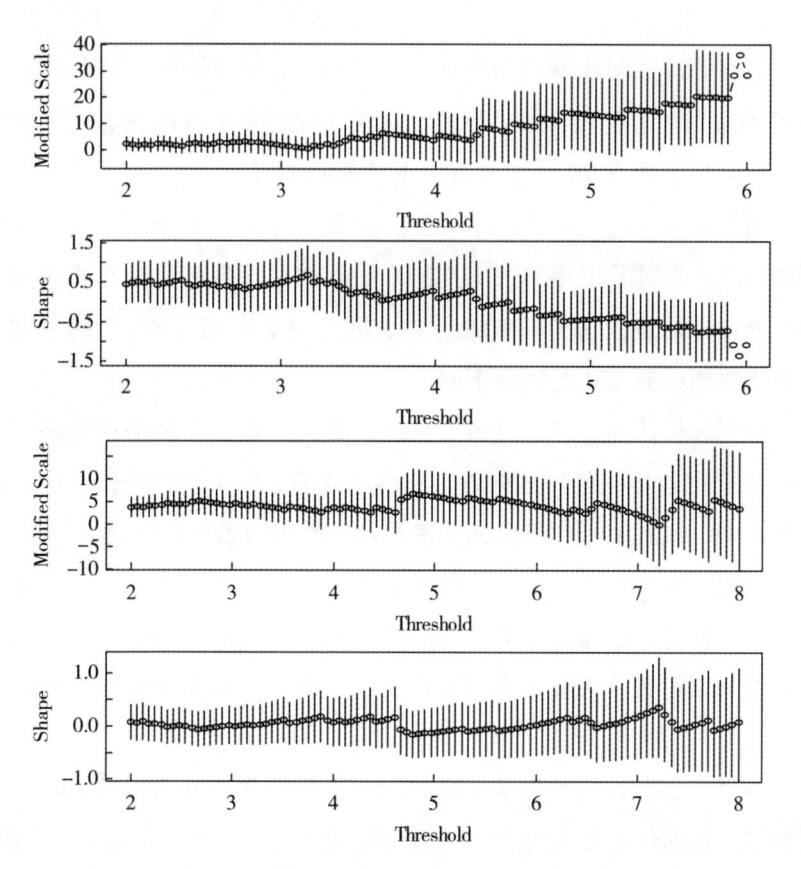

图4.5　$\{BR_t\}$ 上尾部、下尾部参数 β 与 ξ 随 u 的择选发生的变化

针对商业银行同业拆借利率序列 $\{BR_t\}$，综合利用 MEF 和参数估计值稳定法确定的阈值及超阈值数据个数见表 4.6：

表 4.6　　　　　　　　$\{BR_t\}$ 的阈值及超阈值数据个数

		阈值 u	超阈值 u 的数据个数
$\{BR_t\}$	上尾部	3.5	26
	下尾部	4.2	29

二　房地产价格序列 $\{HR_t\}$ 的阈值

与商业银行同业拆借利率序列 $\{BR_t\}$ 确定阈值的方法相同，在 MEF 的基础之上引入参数估计值稳定法，综合利用这两种方法来确定房地产价格序列 $\{HR_t\}$ 上尾部、下尾部的阈值。

图 4.6 分别是房地产价格序列 $\{HR_t\}$ 上尾部、下尾部的 MEF。观测该图，发现其上尾部、下尾部平均超出量函数曲线分布均在阈值为零处存在断点，这与商业银行同业拆借利率序列 $\{BR_t\}$ 的平均超出量函数曲线分布状况显著不同。

本书分析认为，之所以出现这些断点，主要是由房地产价格序列 $\{HR_t\}$ 获取过程中的一些处理方法所造成的。在中国经济信息网产业数据库中，只有中国商品房销售额及销售面积的累计月度数据，而且，这两个统计指标也没有每年 1 月的相关数据。本书采取的处理程序是将 2 月的累计数据通过简单平均法得到 1 月与 2 月的当月数据。故此，当本书采取对数价格波动率指标形式后，所得到的波动率序列势必出现一些为零的数据。

本书的数据时间范围为 2007 年 1 月至 2019 年 9 月，共 153 个月度数据。按照简单平均法处理 2 月数据后，房地产价格序列 $\{HR_t\}$ 就会多出现 13 个零数据，占总数的 9.15%。由于这个占比较大，严

图4.6 $\{HR_t\}$ 上尾部（左）、下（右）尾部 MEF

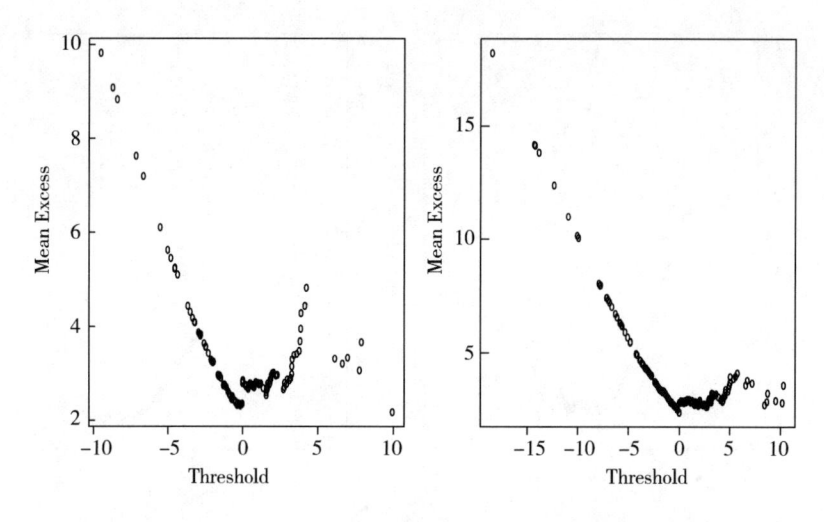

谨起见，需要检测这样的数据处理程序是否会对该序列的 MEF 分布造成影响。为了验证这个影响，本书将房地产价格序列 $\{HR_t\}$ 中的零数据删除后再次画出其上尾部、下尾部的 MEF，详见图 4.7。从图中可以看出，删除零数据之后的 MEF 中，原来刻度为零处的断点消除了，而序列分布的其他部分的图形基本保持不变。

从图 4.6 及图 4.7 中的 MEF 分布状况来看，零数据较多时将形成分布断点现象，但这对房地产价格序列 $\{HR_t\}$ 的分布状态不会造成影响。图 4.8 为删除零数据前后房地产价格序列 $\{HR_t\}$ 上尾部（左）、下尾部（右）MEF 分布（左图同图 4.3 中的右图，为观测便利，移至此处）。观测并比较图 4.8 中的左右两图，仅曲线中部分布拟合有些细小差异，而上尾部、下尾部分布是无差异的。本书还对删除零数据前后的房地产价格序列 $\{HR_t\}$ 进行了 POT 模型拟合，发现房地产价格序列 $\{HR_t\}$ 的 POT 模型拟合情况也没有受到这些零数据的影响。

从样本期房地产销售额及销售面积的累计月度数据来看，每年年初这些指标的数值是相对较小的，房价的波动也是相对较小的。本书

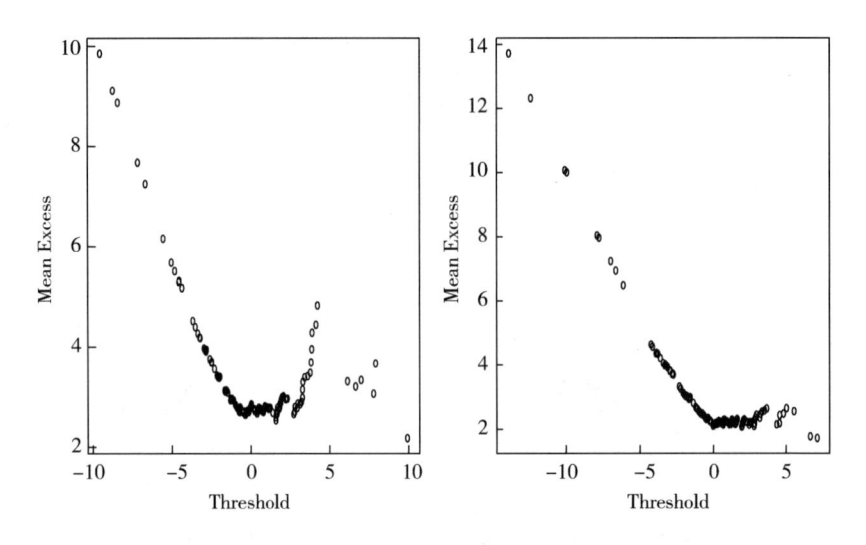

图 4.7 删除零数据后的 $\{HR_t\}$ 上尾部（左）、下尾部（右）MEF

基于 2 月的累计数据，采取简单平均法获得 1 月、2 月的房价数据，对整个房地产价格序列 $\{HR_t\}$ 的波动基本不会造成影响，尤其是在极端波动方面。在实际情况中，年初房价的波动情况也确实如此。

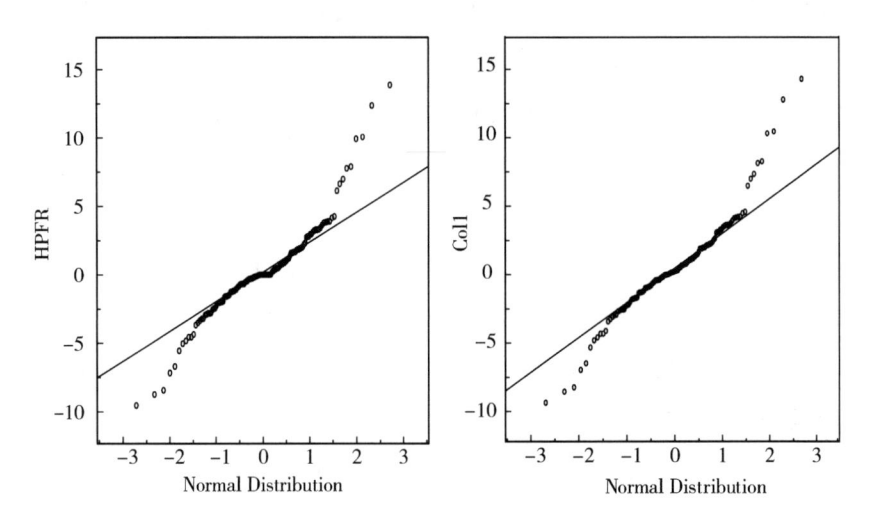

图 4.8 删除零数据前后 $\{HR_t\}$ 上尾部（左）、
下尾部（右）标准正态分布 QQ 图

限于篇幅，这里没有详细列出删除零数据后该序列的有关拟合过程，一些相关内容可详见后文未删除零数据时该序列 POT 模型的拟合过程。

观测图 4.7 可发现，同前述确定商业银行同业拆借利率序列 $\{BR_t\}$ 上尾部、下尾部阈值所遇到的问题一样，利用 MEF 也只能确定房地产价格序列 $\{HR_t\}$ 一个大概的阈值选取范围。例如，上尾部阈值的选取范围为 2—3.5，下尾部阈值的选取范围则为 2—3。这里同样结合参数估计值稳定法来确定房地产价格序列 $\{HR_t\}$ 上尾部、下尾部阈值。图 4.9 分别是房地产价格序列 $\{HR_t\}$ 的上尾部、下尾部参数估计量随阈值 u 的改变而发生的变化。该图示分别是房地产价格序列 $\{HR_t\}$ 的上尾部、

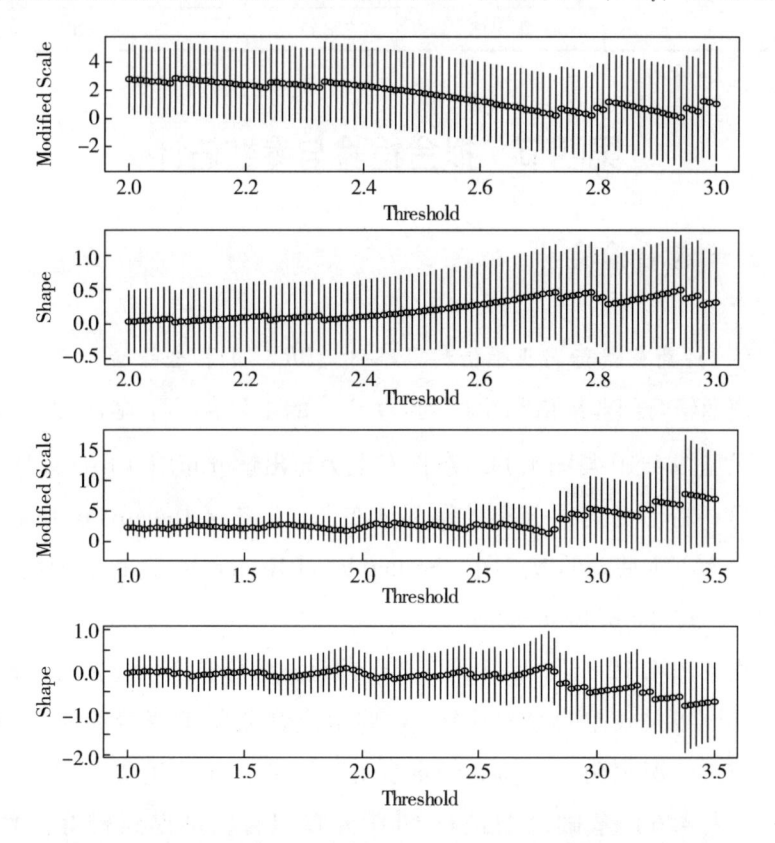

图 4.9 $\{HR_t\}$ 上尾部、下尾部参数 β 与 ξ 随 u 的择选发生的变化

下尾部在阈值 2—3 区间与 1—3.5 区间均匀地选取 100 个值作为不同的阈值，然后，再用 GPD 模型估计得到 100 组参数值 $(\hat{\sigma}, \hat{\zeta})$。综合分析图 4.7 与图 4.9 中的曲线变化趋势，可以看出，房地产价格序列 $\{HR_t\}$ 的上尾部、下尾部阈值分别选取为 2.8、2.1 较为适合。

针对房地产价格序列 $\{HR_t\}$，综合利用 MEF 和参数估计值稳定法确定的阈值及超阈值数据个数情况见表 4.7：

表 4.7　　　　　　$\{HR_t\}$ 的阈值及超阈值数据个数

		阈值 u	超阈值 u 的数据个数
$\{HR_t\}$	上尾部	2.8	25
	下尾部	2.1	26

第四节　拟合检验与参数估计

一　拟合检验

（一）商业银行同业拆借利率序列 $\{BR_t\}$ 的拟合检验

商业银行同业拆借利率序列 $\{BR_t\}$ 的上尾部、下尾部拟合的诊断状况见图 4.10 与图 4.11。各图左上为超出量分布图（Excess Distribution），右上为总体分布的尾部分布图（Tail of Underlying Distribution），左下为残差的散点图（Scatterplot of Residuals），右下为残差的 QQ 图（QQplot of Residuals）。

观察图 4.10 与图 4.11，可看出在超出量分布图、总体分布的尾部分布图以及残差的 QQ 图中，这些散点都紧紧围绕着参照线而分布。以上情况表明分布拟合情况良好。因此，在前述所选定的阈值（详见表 4.6）基础之上进行 GPD 分布拟合，将得到较好的估计效果。

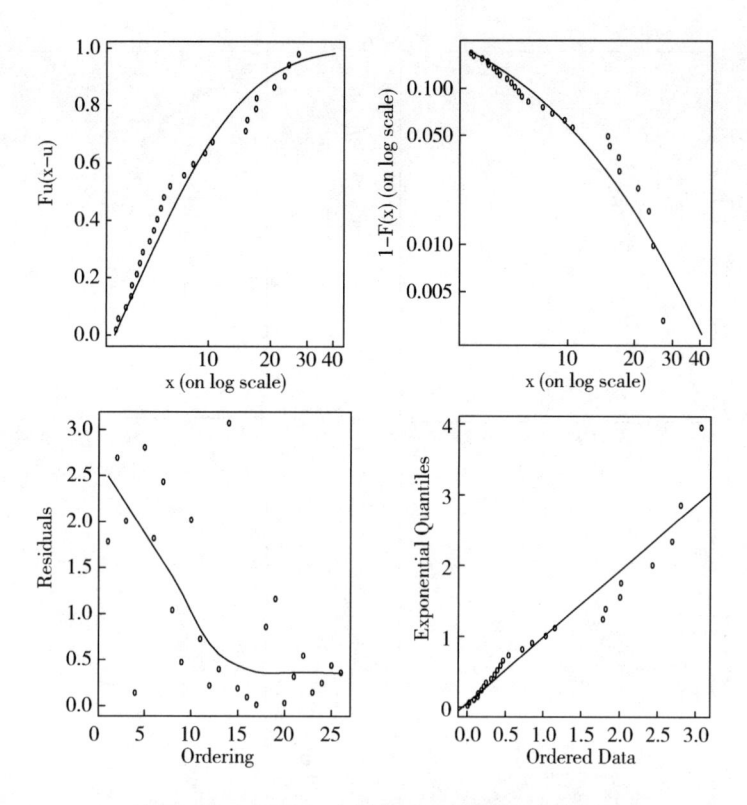

图 4.10 $\{BR_t\}$ 上尾部 GPD 分布拟合诊断

（二）房地产价格序列 $\{HR_t\}$ 的拟合检验

这里的具体拟合检验方法同商业银行同业拆借利率序列 $\{BR_t\}$ 的拟合检验。图 4.12 与图 4.13 为房地产价格序列 $\{HR_t\}$ 的上尾部、下尾部拟合的诊断状况。观察超出量分布图、总体分布的尾部分布图、残差的散点图以及残差的 QQ 图，可以看出在前述所选定的阈值（详见表 4.7）基础之上进行 GPD 分布拟合，可得到较好的估计效果。

二 参数估计

Fishe 提出的极大似然估计法（Maximum Likelihood Estimate，MLE）

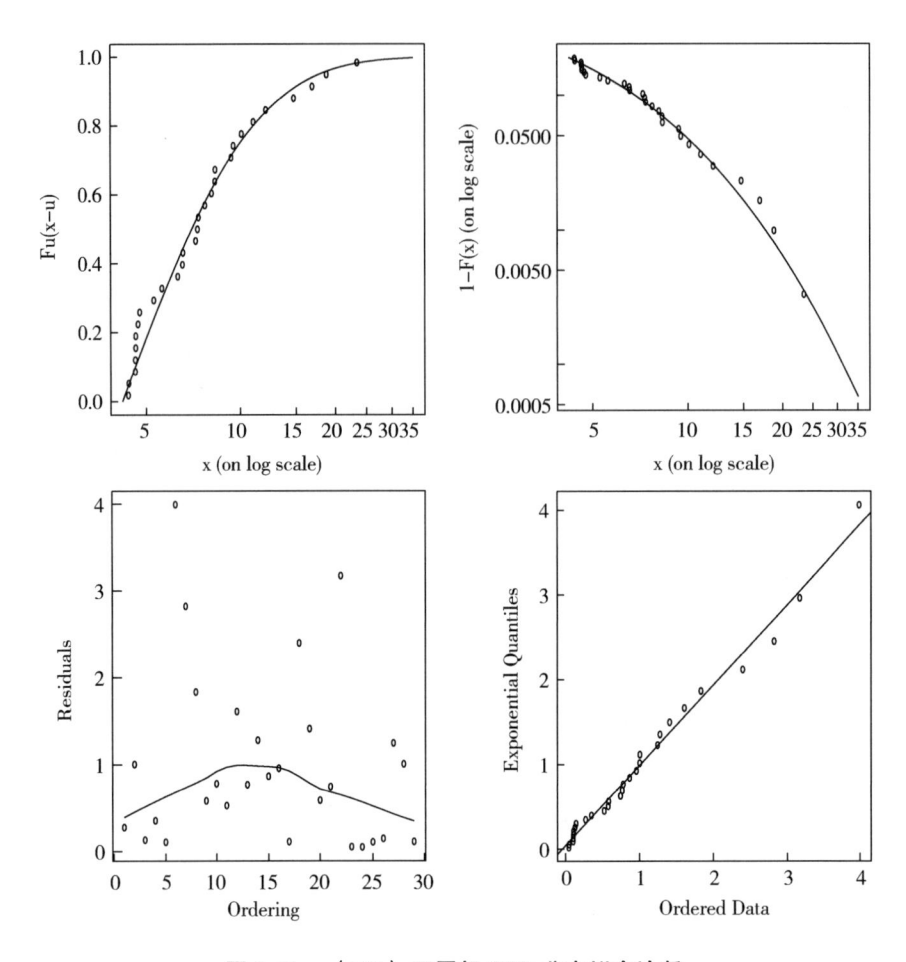

图 4.11 ﹛BR_t﹜下尾部 GPD 分布拟合诊断

是无偏的、渐进正态性的、有效的估计，并且，随着样本数量的增加，极大似然估计的收敛性更好。极大似然估计不仅简单易用，其估计推断也较便利地应用于复杂模型中，故此，极大似然估计法也成为 POT 模型中 GPD 分布参数估计最常用的方法。同该估计方法在 GEV 分布中的应用一样，关于参数 $\beta(u)$ 与 ξ 的 GPD 分布极大似然估计也没有解析表述，求解只能通过数值方法。

表 4.8 是利用极大似然估计法对商业银行同业拆借利率序列﹛BR_t﹜、房地产价格序列﹛HR_t﹜进行 GPD 分布参数估计的结果。

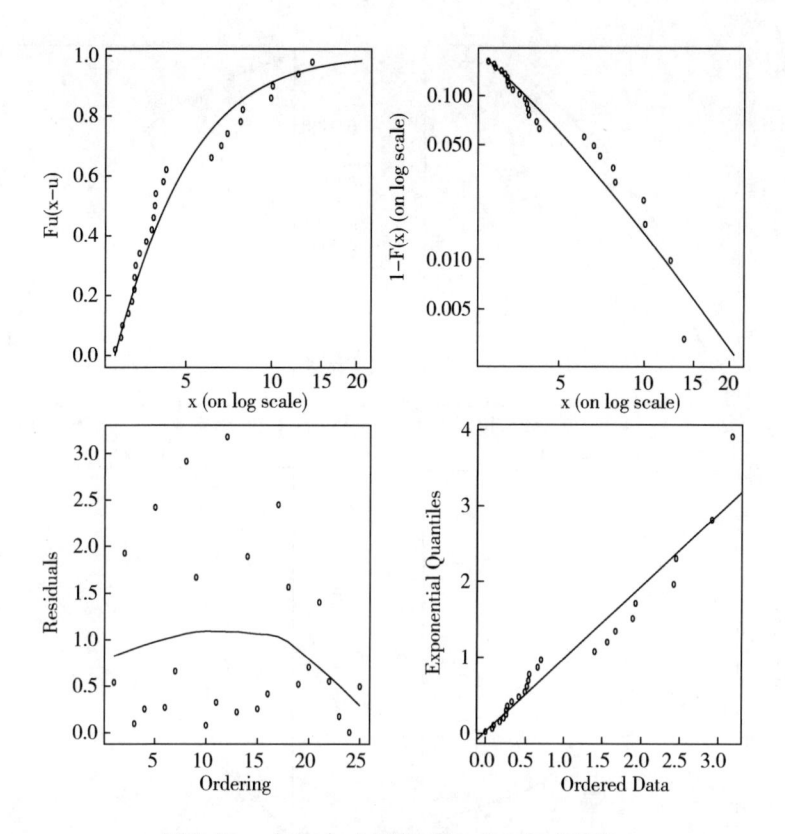

图 4.12　{HR_t} 上尾部 GPD 分布拟合诊断

表 4.8　{BR_t} 与 {HR_t} 尾部参数估计

		{BR_t}		{HR_t}	
		上尾部	下尾部	上尾部	下尾部
ξ	Value	0.2438	0.1017	0.3806	-0.1273
	Std. Error	0.3842	0.2467	0.3641	0.2645
	t value	0.6345	0.4123	1.0454	-0.4813
β	Value	5.1857	3.9017	1.7913	2.5214
	Std. Error	2.2231	1.2026	0.7315	0.8279
	t value	2.3326	3.2443	2.4487	3.0454

观察表 4.8 的相关数值，发现商业银行同业拆借利率序列 {BR_t}

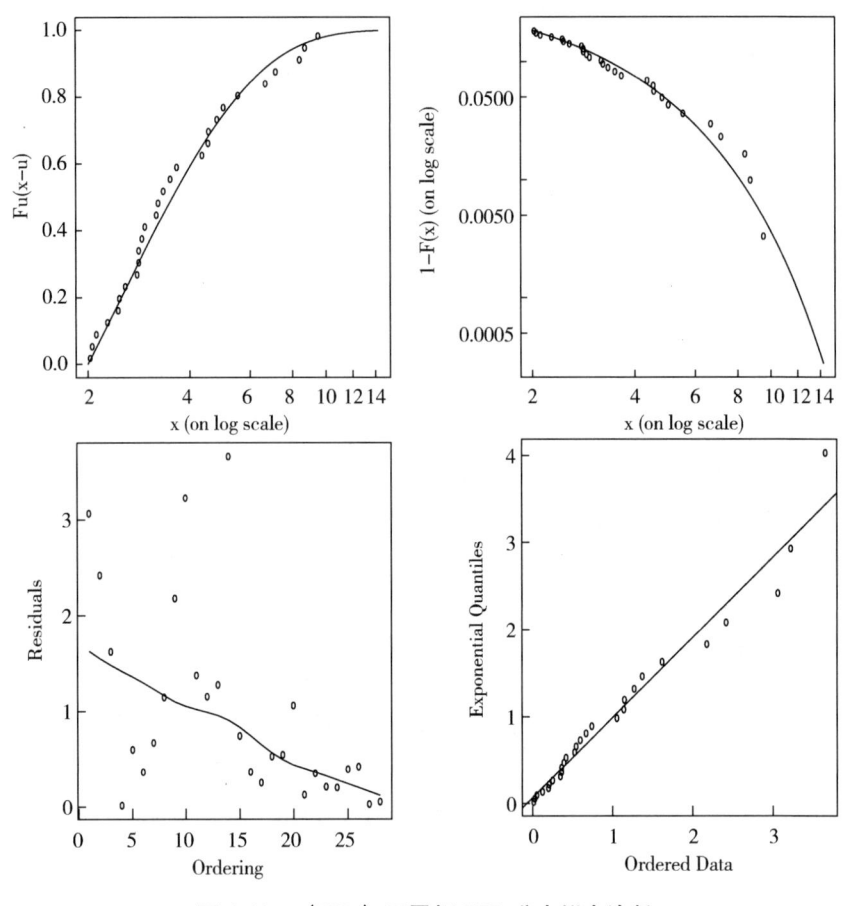

图 4.13 $\{HR_t\}$ 下尾部 GPD 分布拟合诊断

的上下尾部、房地产价格序列 $\{HR_t\}$ 的上尾部的 ξ 值都大于零，表明这三个尾部分布都属于 Fréchet 分布，具有显著的厚尾特征。但是，房地产价格序列 $\{HR_t\}$ 下尾部的 ξ 值却为 -0.1273，如果仅从此数值来看，房地产价格序列 $\{HR_t\}$ 的上尾部分布应为 Weibull 分布，不是 Fréchet 分布。另外，房地产价格序列 $\{HR_t\}$ 下尾拟合的 t 值为 -0.4813，也表明 ξ 取值 -0.1273 并不是理论上的一个好的选择。

参见表 4.3 以及图 4.3，可以断定房地产价格序列 $\{HR_t\}$ 的下尾部确实属于显著的厚尾分布。为了进一步确定该阈值的选取是否合理，本书不但在有效的阈值选取范围 1—3.5 区间，而且将范围扩展至 1—

5区间，对不同的阈值选取进行了测试，发现所有的 ξ 测试结果数值均为负。随后，本书又测度了在极大似然估计中，极值指数 ξ 随阈值 u 的择选范围发生的变化，见图4.14。从图中曲线形态看，当 ξ 取2.1时，该点附近的线性还是比较平稳的，故房地产价格序列 $\{HR_t\}$ 下尾部阈值取2.1还是比较合理的。

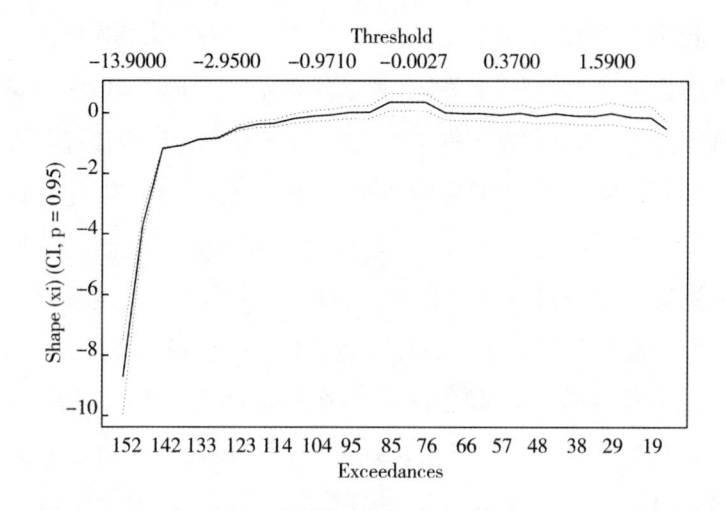

图4.14 $\{HR_t\}$ 上尾部 ξ 随阈值 u 的择选范围发生的变化

综合以上分析，本书认为房地产价格序列 $\{HR_t\}$ 下尾分布确实应为厚尾分布，虽然从理论层面上来说，阈值取2.1可能导致不太理想的极值指数 ξ 的估计，但从该序列尾部的实际分布来看，阈值选取为2.1也是较合理的[①]。

第五节 极值风险计算

根据第三章第二节广义帕累托分布的阈值模型部分推导出来的

[①] 近些年，POT模型中阈值的选取一直都是相关研究的热点问题，然而迄今，受尾部数据分布结构的影响，阈值选取仍未形成统一有效的方法，现有的各种方法也都存在一些情况下难以适用的问题。

GPD 分布中 VaR 及 CVaR 的计算式 [见式 (3.65) 与式 (3.70)]，可进一步分别估计出商业银行同业拆借利率序列 $\{BR_t\}$、房地产价格序列 $\{HR_t\}$ 在置信水平 95%、99% 下的尾部极端风险值 VaR 与 CVaR，以下分别记为 VaR^{POT}、CVaR^{POT}。同时，为了便于对基于厚尾分布的极值 POT 模型与基于正态分布条件下的 VaR 这两种模型所估计的尾部风险值进行比较，本节也计算出了商业银行同业拆借利率序列 $\{BR_t\}$ 与房地产价格序列 $\{HR_t\}$ 基于正态分布条件下的 VaR 与 CVaR 值，以下分别标记为 VaR^{Nor} 与 CVaR^{Nor}。这些估测出的风险数值详见表 4.9。

在相关文献中，往往采用 delta 等方法来确定估计值的置信区间。然而，极值数据通常都具有较显著的不确定性，并且重现期越长，数据提供的信息就越少，置信区间的不对称性则越显著。针对这样的极值数据特性，利用轮廓似然函数可以得到更高精确度的置信区间。表 4.10 为利用轮廓似然函数得到的商业银行同业拆借利率序列 $\{BR_t\}$、房地产价格序列 $\{HR_t\}$ 这两个序列尾部在置信水平 99% 下的置信区间。

表 4.9　　　　　　　　　　$\{BR_t\}$ 与 $\{HR_t\}$ 尾部风险值

	置信水平	尾部	POT 模型		正态分布 VaR 模型	
			VaR^{POT}	CVaR^{POT}	VaR^{Nor}	CVaR^{Nor}
$\{BR_t\}$	95%	上	10.9374	20.1921	11.3080	14.1759
		下	9.7975	14.7749	11.2700	14.1379
	99%	上	24.7306	38.4315	15.9852	18.3110
		下	17.6160	23.4787	15.9473	18.2730
$\{HR_t\}$	95%	上	5.4984	10.0487	5.7804	7.1909
		下	4.8854	6.8807	4.9706	6.8810
	99%	上	11.7568	20.1528	8.0808	9.2247
		下	8.1320	9.9331	8.1080	9.6660

表 4.10　　　$\{BR_t\}$、$\{HR_t\}$ 置信水平 99% 下 VaR^{POT} 与 $CVaR^{POT}$ 的置信区间

		VaR^{POT}			$CVaR^{POT}$		
		下限	估计值	上限	下限	估计值	上限
$\{BR_t\}$	上尾部	16.6895	24.7306	40.7834	21.6238	38.4315	40.7834
	下尾部	13.3917	17.6160	35.1210	16.4739	23.4787	35.1210
$\{HR_t\}$	上尾部	7.9518	11.7568	20.7992	10.4348	20.1528	20.7996
	下尾部	6.5340	8.1320	14.1568	7.6795	9.9331	14.2939

图 4.15 与图 4.16 分别为利用轮廓似然函数得到的商业银行同业拆借利率序列 $\{BR_t\}$、房地产价格序列 $\{HR_t\}$ 这两个序列尾部在置信水平 99% 下的置信区间。

表 4.9 数据表明，按照极值 POT 模型的计算结果，在置信水平 95% 下，商业银行同业拆借利率序列 $\{BR_t\}$ 正向的波动率在 10.9374%[①]以内，下一年超过此正向波动率的可能性为 5%，若超出则正向的平均波动率为 20.1921%。而在置信水平 99% 下，商业银行同业拆借利率序列 $\{BR_t\}$ 正向的波动率在 24.7306% 以内，下一年超过此正向波动率的可能性为 1%，若超出则正向的平均波动率为 38.4315%。商业银行同业拆借利率序列 $\{BR_t\}$ 负向的波动率及房地产价格序列 $\{HR_t\}$ 的上下尾部的 POT 模型的计算结果预测意义解释均同此，这里不再重复解释。

正态分布条件下的 VaR 估计结果的相应解释也是同样的。

分析表 4.9 中的数据，还可以进一步发现：置信水平的高低可能会影响极值 POT 模型或基于正态分布的 VaR 模型这两个模型的估计值大小，具体表现在以下三个方面：

[①] 本书所用的银行间拆借利率与房地产价格数据均采取了对数变化率形式，故所得的 VaR 值与 CVaR 值均为百分比。为表达简洁，后文均省去了百分号。另外，还需要注意，为方便数据的观测与处理，本部分将银行间拆借利率与房地产价格对数变化率均放大了 100 倍。

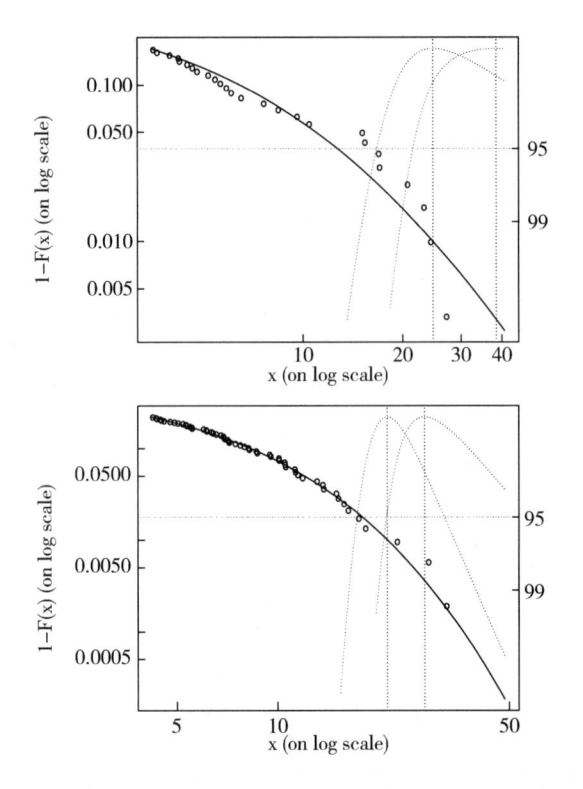

图 4.15　$\{BR_t\}$ 置信水平 99% 下 VaR^{POT} 与 CVaR^{POT} 的置信区间

（1）在较低的置信水平 95% 下，基于正态分布的 VaR 模型估计出的极端风险值 VaR 一般要高于 POT 模型估测出的极端风险值。

在置信水平 95% 下，商业银行同业拆借利率序列 $\{BR_t\}$ 上尾部、下尾部的极端风险值 VaR^{Nor} 分别为 11.3080 和 11.2700，均高于相应的 VaR^{POT} 值 10.9374 和 9.7975。同样，房地产价格序列 $\{HR_t\}$ 上尾部、下尾部估计出的极端风险值 VaR^{Nor} 为 5.7804 和 4.9706，也均高于相应的 VaR^{POT} 值 5.4984 和 4.8854。

从相关文献看，一般在较低的置信水平 95% 下，基于正态分布的 VaR 模型估计出的极端风险值 VaR 要高于 POT 模型估测出的极端风险值。本书基于中国商业银行同业拆借利率序列 $\{BR_t\}$ 和房地产价格序列 $\{HR_t\}$ 的实证分析也得出了相应的结果。

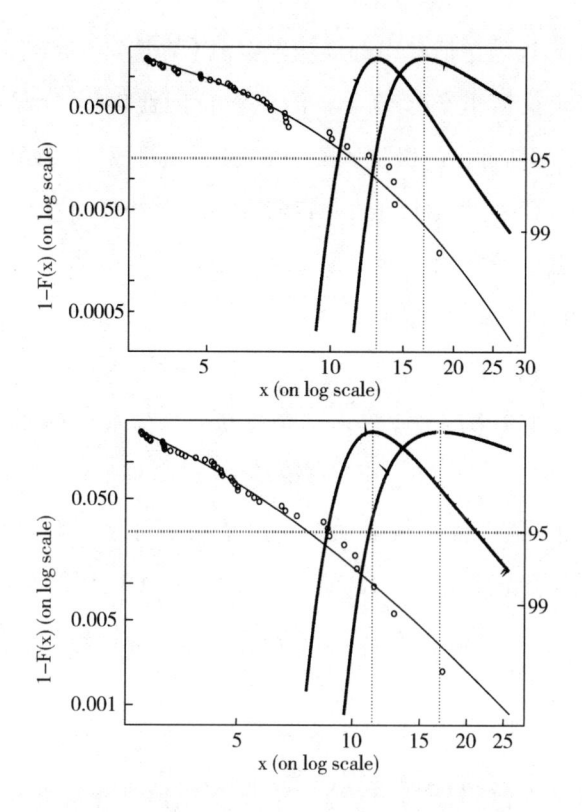

图 4.16 $\{HR_t\}$ 置信水平 99% 下 VaR^{POT} 与 CVaR^{POT} 的置信区间

（2）在较高的置信水平 99% 下，基于 POT 模型估计出的极端风险值 VaR 都要高于正态分布的 VaR 模型估测出的极端风险值。

在置信水平 99% 下，商业银行同业拆借利率序列 $\{BR_t\}$ 上尾部、下尾部的极端风险值 VaR^{POT} 分别为 24.7306 和 17.6160，均高于相应的 VaR^{Nor} 值 15.9852 和 15.9473。同样，房地产价格序列 $\{HR_t\}$ 上尾部、下尾部估计出的极端风险值 VaR^{POT} 分别为 11.7568 和 8.1320，均高于相应的 VaR^{Nor} 值 8.0808 和 8.1080。

（3）不论是在较低的置信水平 95% 下，还是在较高的置信水平 99% 下，基于 POT 模型估计出的极端风险值 CVaR^{POT} 基本上都要高于正态分布的 VaR 模型估测出的极端风险值 $CVaR^{Nor}$。

在较低的置信水平 95% 下，商业银行同业拆借利率序列 $\{BR_t\}$ 上尾部、下尾部估计出的极端风险值 $CVaR^{POT}$ 分别为 20.1921 和 14.7749，均高于相应的 $CVaR^{Nor}$ 估计值 14.1759 和 14.1379。而在较高的置信水平 99% 下，商业银行同业拆借率序列 $\{BR_t\}$ 上尾部、下尾部的极端风险值 $CVaR^{POT}$ 分别为 38.4315 和 23.4787，也均高于相应的 $CVaR^{Nor}$ 值 18.3110 和 18.2730。

但是，表 4.9 中的数据显示，在较高的置信水平 99% 下，房地产价格序列 $\{HR_t\}$ 上尾部、下尾部的极端风险值 $CVaR^{POT}$ 也始终高于相应的 $CVaR^{Nor}$ 值。而在较低的置信水平 95% 下，上尾部的极端风险值 $CVaR^{POT}$ 高于相应的 $CVaR^{Nor}$ 值，下尾部的 $CVaR^{POT}$ 为 6.8807，尚且略微大于 $CVaR^{Nor}$ 值 6.8810。这个结果也与极值理论一般的认识存在不同。

在表 4.9 的相关分析中，可以看出，之所以出现这样的结果很可能是受到房地产价格序列 $\{HR_t\}$ 下尾部极值数据分布结构的影响，导致选择了理论上不太理想的阈值 2.1，并导致了相应的极值指数 ξ 估计为 -0.1273，其 t 值也为 -0.4813。这里有理由初步断定，房地产价格序列 $\{HR_t\}$ 下尾部估计出的极端风险值 VaR^{Nor} 略小于相应的 VaR^{POT} 估计值，很可能受到该序列上尾部极值数据分布结构的影响。至于为什么选取了阈值 2.1，请参见上节的参数估计部分，这里不再赘述。

以上三个方面的分析只是单纯基于极值 POT 模型与正态分布的 VaR 模型风险估测值大小进行的比较，并不能根据估计出的极端风险值的大小比较即判断出哪一个模型对极端风险预测有着更精确的结果。或者进一步说，不能因为所观测的数据序列具有厚尾特性，而极值理论 POT 模型本身正好具有适合测度这些厚尾特征序列的优越性，且其实际的测度值也正好高于原来常用的基于正态分布的 VaR 模型的测度结果，就得出极值 POT 模型在测度极端风险时要比正态分布的 VaR 模型更有效、更准确的结论。因为，每一个模型实际的测度有效性如何，都应该以回测检验结果作为判断的依据。所以，针对表 4.9 中的数据，这里还不能得出哪个具体的极端风险估计值更准确的结论，也即不能得出在测度商业银行同业拆借利率序列 $\{BR_t\}$、房地产价格序列 $\{HR_t\}$ 的极端风险时，是极值 POT 模型还是基于正态分布的 VaR 模型更有效的判断。

第六节 回测检验

本节拟采用基于例外情形的（失效率）回测方法来检测 POT 模型对商业银行同业拆借利率序列 $\{BR_t\}$、房地产价格序列 $\{HR_t\}$ 尾部极端风险值预测的有效性，故以下只针对基于例外情形的（失效率）回测方法进行了扼要的解释。

其基本原理是：在给定的显著性水平 p 下，针对某个给定的样本序列，若样本期间为 T 天，估计出该样本序列的 VaR 值。令 N 表示例外情形的数目，这里的例外情况也即给定样本中超过 VaR 值的情况。那么，失效率就可表达为 N/T，这也意味着给定样本中超过 VaR 值的频率。此时，通过将失效率 N/T 与事先给定的显著性水平 p 相比较，以此对模型的准确性进行判断。若失效率 N/T 大于显著性水平 p，则意味着模型对实际风险低估了；若失效率 N/T 小于显著性水平 p，则意味着模型对实际风险高估了。失效率 N/T 与显著性水平 p 两者之间的相差程度，也表明模型估计结果同实际风险水平之间的差距。简而言之，该方法的核心就在于检验失效率 N/T 是否与显著性水平 p 相匹配。

表 4.11 是利用基于例外情形的（失效率）回测方法，对商业银行同业拆借利率序列 $\{BR_t\}$、房地产价格序列 $\{HR_t\}$ 用 POT 模型测度尾部极端风险值有效性的回测检验结果。

表 4.11　　　　　　　　$\{BR_t\}$、$\{HR_t\}$ 风险模型回测

检验指标	置信水平	尾部	POT 模型		VaR 模型		检验理论值/临界值
			$\{BR_t\}$	$\{HR_t\}$	$\{BR_t\}$	$\{HR_t\}$	
失败率	95%	上	8	9	8	9	8 (7.6)
		下	7	7	5	7	2 (1.5)
	99%	上	1	2	6	4	
		下	2	3	3	3	

注：括号内为按显著性水平计算的具体值。

分析表 4.11 中的数据，可以得出以下几个结论：

（1）在较高的置信水平 99% 下，POT 模型对商业银行同业拆借利率序列 $\{BR_t\}$、房地产价格序列 $\{HR_t\}$ 的尾部极端风险的估测的有效性明显高于正态分布下的 VaR 模型。

从表中数据可以观测出，在置信水平 99% 下，POT 模型预测的 $\{BR_t\}$ 上尾部、下尾部极端风险的例外个数分别为 1 与 2，明显低于 VaR 模型预测的例外个数 6 与 3。POT 模型对 $\{HR_t\}$ 上尾部预测的有效性也明显高于 VaR 模型。但在其下尾部预测中，两个模型预测出现的例外个数均为 3。本书分析认为，之所以出现这样的情况，一是与 $\{HR_t\}$ 下尾部数据的分布结构有关，具体分析详见表 4.8 与表 4.9 的相关解释；二是对象数据数量较少造成的。受 SHIBOR 发布时间的影响，本书只能对 152 个数据进行分析，其中的极值数据则更显薄弱。如果数据再丰富些，POT 模型在较高置信水平 99% 下的有效性将会更为明显。

（2）在较低的置信水平 95% 下，POT 模型对商业银行同业拆借利率序列 $\{BR_t\}$、房地产价格序列 $\{HR_t\}$ 的尾部极端风险估测的有效性总体上略微低于 VaR 模型。

观测表中数据，在较低的 95% 的置信水平下，POT 模型与 VaR 模型在 $\{BR_t\}$ 的上尾部及 $\{HR_t\}$ 的上尾部、下尾部，两者预测的例外个数均相同，只是在 $\{BR_t\}$ 的下尾部，POT 模型的有效性略微高于

VaR 模型。

基于例外情形（失效率）回测方法的原理易于理解、思路简单直观、操作过程也非常便利，而且不需要对整体分布进行检验，仅仅检验尾部分布的拟合程度即可。鉴于基于例外情形（失效率）回测方法具有的良好特性，该方法在实践中得以广泛应用。巴塞尔银行监管委员会即根据该方法的原理设计了交通灯规则，对风险进行监控与管理。

然而，从基于例外情形（失效率）回测技术本身来看，该方法还存在一些不足之处。基于例外情形（失效率）回测有一个基本的前提条件：在样本趋于无穷的情况下，伯努利试验才趋近于正态分布，故此，只有在满足正态分布的条件下，才能构造似然函数。然而，在应用 VaR 测度实际风险时，为了保证风险估计的把握性，一般情况下都是选择一个非常小的显著性水平（如5%或1%），如巴塞尔委员会就以99%的置信水平作为风险估算的基本要求。选择非常高的置信水平，将直接导致例外的数据个数偏少，这也导致了相关的实际检验常常是在小样本情况下进行的，实际情况同该方法的假设前提条件存在较大的偏差。

以下是应用 POT 模型测度商业银行同业拆借利率序列 $\{BR_t\}$、房地产价格序列 $\{HR_t\}$ 极端风险时所做的历史重现水平图，分别见图 4.17 与图 4.18。从图中可以看到历史的最大重现水平均出现在置信区间之内，这表明 POT 模型的预测效果良好，可以通过检验。表 4.12 与表 4.13 分别展示商业银行同业拆借利率序列 $\{BR_t\}$、房地产价格序列 $\{HR_t\}$ 上尾部、下尾部历史重现水平。

表 4.12　　　　　$\{BR_t\}$ 上、下尾部历史重现水平

			$\{BR_t\}$ 上尾部			
Positions	number	record		trial	expected	se
02/01/2007	1	−0.1186		1	1.0000	0.0000
04/01/2007	2	15.0898		3	1.8333	0.6872

续表

		{BR_t} 上尾部			
09/01/2007	3	23.2406	8	2.7179	1.0911
06/01/2010	4	24.3850	41	4.3029	1.6377
06/01/2013	5	27.1889	77	4.9275	1.8153
		{BR_t} 下尾部			
02/01/2007	1	0.1186	1	1.0000	0.0000
03/01/2007	2	2.5882	2	1.5000	0.5000
05/01/2007	3	5.2850	4	2.0833	0.8122
12/01/2007	4	8.3172	11	3.0199	1.2091
12/01/2008	5	23.4140	23	3.7342	1.4601

注明：置信水平95%与99%下，历史重现水平数值是同样的，下表同。

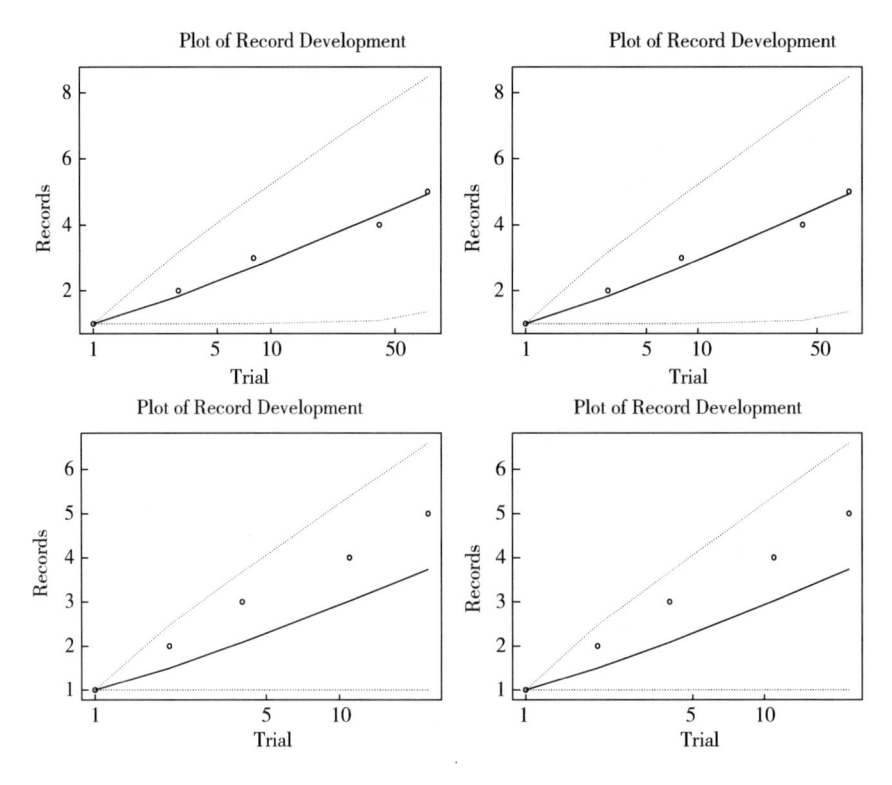

图4.17　95%（左）、99%（右）置信水平下{BR_t}极端风险历史重现水平

第四章 基于一维极值模型的中国实际测度

图 4.18　95%（左）、99%（右）置信水平下 $\{HR_t\}$
极端风险历史重现水平

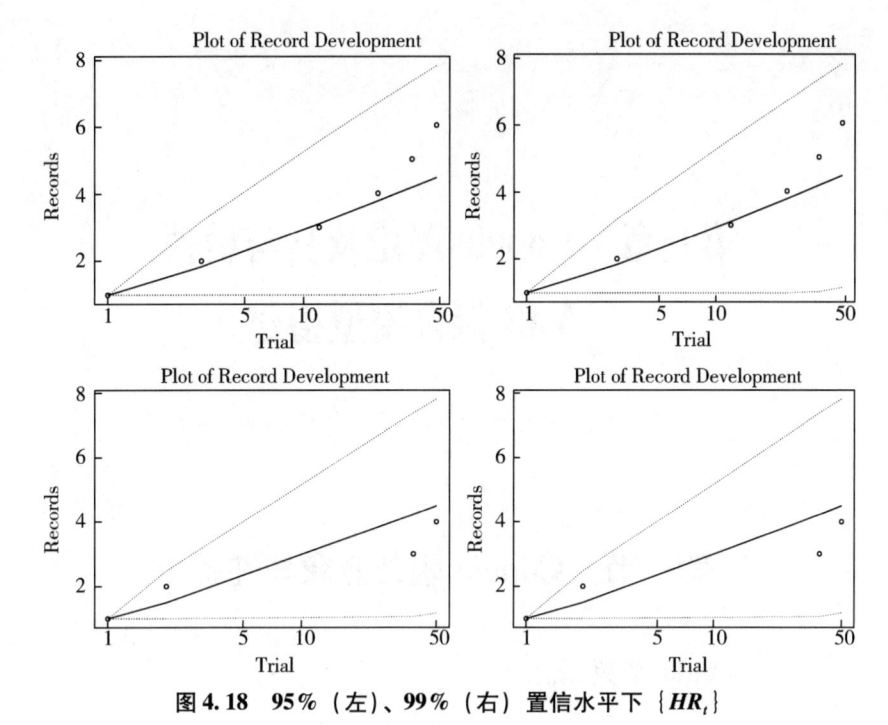

表 4.13　$\{HR_t\}$ 上、下尾部历史重现水平

Positions	number	record	trial	expected	se
$\{HR_t\}$ 上尾部					
02/01/2007	1	0.0000	1	1.0000	0.0000
04/01/2007	2	3.8735	3	1.8333	0.6872
01/01/2008	3	7.8894	12	3.1032	1.2403
01/01/2009	4	9.9232	24	3.7760	1.4737
01/01/2010	5	12.3739	36	4.1746	1.5991
01/01/2011	6	13.8661	48	4.4588	1.6836
$\{HR_t\}$ 下尾部					
02/01/2007	1	0.0000	1	1.0000	0.0000
03/01/2007	2	8.4169	2	1.5000	0.5000
03/01/2010	3	8.7239	38	4.2279	1.6152
03/01/2011	4	9.5293	50	4.4992	1.6953

第五章 Copula 理论及其与极值 VaR 混合模型构建

第一节 Copula 函数概念与性质

一 Copula 函数概念

Copula 来源于拉丁语"link""tie""bond",词义是"连接""绳子""黏合剂"。1959 年,Sklar 首次在数理统计中引入了 Copula 函数,并提出了相应的定理。该定理证明了可以将一个有限的 n 维多元随机变量的联合分布分解为它的边缘分布和一个表示结构关系的 Copula 函数。也即从实质上来说,Copula 函数实际上是一种将联合分布与它们各自的边缘分布连接在一起的函数,因此又被称为"连接函数"。

多元 Sklar 定理:假设随机变量 $(X_1, X_2, \cdots, X_n) \in R^N$, $n=1$, $2, \cdots, N$,各变量的边缘分布为 $F_n(x_n) = F(X_n \leqslant x_n)$,变量间的联合分布函数为:

$$F(x_1, x_2, \cdots, x_n) = P(X_1 \leqslant x_1, X_2 \leqslant x_2, \cdots, X_n \leqslant x_n)$$

则存在一个 Copula 函数 $C(u_1, u_2, \cdots, u_n)$,使得:

$$F(x_1, x_2, \cdots, x_n) = C(F_1(x_1), F_2(x_2), \cdots, F_N(x_N)) \quad (5.1)$$

若边缘分布函数 $F_1(x_1)$，$F_2(x_2)$，…，$F_N(x_N)$ 全都是连续分布函数，则 Copula 函数 $C(u_1, u_2, …, u_n)$ 被唯一确定。反之，Copula 函数 $C(u_1, u_2, …, u_n)$ 在 $RanF_1 \times RanF_2 \times … \times RanF_N$ 上被唯一确定，其中的 $RanF_i$ 表示 F_i 的值域。

相应地，若 $C(u_1, u_2, …, u_n)$ 为 Copula 函数，且 $F_1(x_1)$，$F_2(x_2)$，…，$F_N(x_N)$ 为边缘分布函数，则由 $F(x_1, x_2, …, x_n) = C(F_1(x_1), F_2(x_2), …, F_N(x_N))$ 定义的函数 $F_1(x_1, x_2, …, x_N)$ 为边缘函数 $F_1(x_1)$，$F_2(x_2)$，…，$F_N(x_N)$ 的联合分布函数。

Sklar 定理的基本含义：对于一个多维变量的联合分布函数，可由各分量的边缘分布函数和一个 Copula 函数表达，其中，边缘分布函数用来描述各分量的分布特征，Copula 函数则用来描述各分量之间的关联性。Sklar 定理给出了如何利用联合分布函数获得 Copula 函数的方法，该定理实质上就是 Copula 函数的存在性定理。Sklar 定理奠定了 Copula 理论的基础，也是 Copula 理论应用的方法基础。

根据 Sklar 定理，可得到多维随机变量联合分布函数 F 的密度函数 f：

假设 Copula 函数 $C(u_1, u_2, …, u_N)$ 存在 K 阶偏导数 $\dfrac{\partial^k C(u_1, u_2, …, u_N)}{\partial u_1 \cdots u_k}$，当任意的 $u_1, u_2, …, u_N \in [0, 1]^N$，则有

$$0 \leqslant \frac{\partial^k C(u_1, u_2, …, u_N)}{\partial u_1 \cdots u_k} \leqslant 1$$

如果 Copula 函数 $C(u_1, u_2, …, u_n)$ 的密度函数为 $c(u_1, u_2, …, u_n)$，各变量的边缘分布函数为 $F_1(x_1)$，$F_2(x_2)$，…，$F_N(x_N)$，而 $f_1(x_1)$，$f_2(x_2)$，…，$f_N(x_N)$ 是各变量的密度函数，则可得联合分布函数 $F(x_1, x_2, …, x_N)$ 的密度函数为：

$$f(x_1, x_2, …, x_n) = c(F_1(x_1), F_2(x_2), …, F_n(x_N)) \prod_{i=1}^{N} f_i(x_i) \tag{5.2}$$

式（5.2）表明：可以将一个 n 维随机变量的联合密度函数分解为两个部分：一部分是 $c(F_1(x_1), F_2(x_2), \cdots, F_n(x_N))$，即可以描述随机变量 $(X_1, X_2, \cdots, X_n)$ 之间相依结构的 Copula 密度函数部分；另一个部分则是 $\prod_{i=1}^{N} f_i(x_i)$，即边际密度函数的乘积部分。观察式（5.2）可看出，Copula 函数可将随机变量联合分布中的各分量的边缘分布以及各分量间的联合分布分开来进行独立的描述，这也是 Copula 函数具有的重要的统计特性。

二 Copula 函数性质

基于 Sklar 定理，Nelson（1999）界定了 Copula 函数：

令 $C: [0,1]^n \to [0,1]$ 是定义在 $[0,1]^n$ 上的 n 元联合分布函数，如果 C 的边缘分布函数分别是定义在 $[0,1]$ 上的均匀分布函数，则称函数 C 是一个 n 元 Copula 函数，$n=2, \cdots$。

依据 Nelson（1999），即可得出 Copula 函数所具有的基本性质：

a. $C(u_1, u_2, \cdots, u_n)$ 对每一个分量 $u_i(i=1, 2, \cdots, n)$ 都是递增的，也即随着联合分布中一个分量的边缘分布函数的增大，联合分布函数也将增大；

b. $C(u_1, u_2, \cdots, u_n) = 0$，当且仅当至少存在一个 $i \in \{i=1, 2, \cdots, n\}$，且 $u_i = 0$，即只要有一个边缘分布函数的发生概率为 0，相应的联合分布函数的发生概率就为 0；

c. 对 $\forall i \in \{i=1, 2, \cdots, n\}$，$u_i \in [0,1]$，$C(1, \cdots, 1, u_i, 1, \cdots, 1) = 0$，即如果有一个分量的边缘分布函数的发生概率为 1，其他分量的边缘分布函数不变，则联合分布函数可由另一个分量的边缘分布函数表达；

d. 对 $\forall (a_1, a_2, \cdots, a_n), (b_1, b_2, \cdots, b_n) \in [0,1]^n$，且 $a_i \leq b_i$，有

第五章 Copula 理论及其与极值 VaR 混合模型构建

$$\sum_{i_1=1}^{2}\sum_{i_n=1}^{2}(-1)^{i_1+\cdots+i_n}C(u_{1i_1},u_{2i_2},\cdots,u_{ni_n}) \geq 0$$

其中，对所有的 $k=1, 2, \cdots, n$，$u_{k1}=a_k$，$u_{k2}=b_k$；

e. 若 $u_1, u_2, \cdots, u_n$ 相互独立，则 $C(u_1, u_2, \cdots, u_n) = \prod_{i=1}^{n} u_i$。

第二节 Copula 函数类型

Copula 函数类型多种多样，可以依据分布函数的类型进行分类，也可以根据参数的个数进行分类。依据分布函数的类型，按照 Copula 函数的具体应用范围，Copula 函数类型非常复杂，但在金融领域的应用中，则主要集中在以下四种类型：椭圆 Copula（Elliptic Copula）、阿基米德 Copula（Archimedean Copula）、极值 Copula（Extreme Value Copula，EV Copula）和混合 Copula（Archimax Copula）。依据参数个数分类，则 Copula 函数可分为单参数和双参数两种类型。Gumbel、Frank 及 Clayton Copula 等属于单参数类型，Clayton-Gumbel Copula、Joe-Gumbel Copula 等属于双参数类型。

由于本书主要是依据分布函数的类型选择恰当的 Copula 函数，故以下主要将分别对椭圆 Copula、阿基米德 Copula、极值 Copula 以及混合 Copula 进行详细表述。

一 椭圆 Copula

若随机变量 $X = AY + \mu$，$Y \sim S_k(\varphi)$，其中，A 是 $n \times k$ 矩阵，$AA^T = \sum$，$Rank = (\sum) = k$，$S_k(\varphi)$ 表示球分布，且 φ 满足 $\psi(\varphi) = E[\exp(is^T X)] = \varphi(s^T s)$，则称随机变量 X 服从椭圆分布，记为：$X \sim E_k(\mu, \sum, \varphi)$。

从上述表达可看出，椭圆 Copula 函数实质上是来源于椭球分布函数,因此,Copula 函数也继承了椭圆分布函数本身所具有的优良性质,可对变量间的关联关系进行良好的刻画,现已成为研究变量之间相依结构的基本模型。

椭圆 Copula 函数的主要类型有正态 Copula(Normal Copula)函数以及 t-Copula 函数。

1. 正态 Copula 函数

正态 Copula(Normal Copula)函数又称为高斯 Copula(Gaussian Copula)函数,Nelson(1998)对多元正态 Copula 函数的定义、分布函数及密度函数等进行了深入研究。

如果随机向量 $X = (X_1, X_2, \cdots, X_n)$ 服从相关矩阵为 R 的 n 元标准正态分布 $\Phi_R(\cdot)$,R 是具有对称性的正定矩阵,且 $diag(R) = (1, 1, \cdots, 1)'$,随机变量 $X_i(i=1, 2, \cdots, n)$ 服从标准正态分布函数 $\Phi(\cdot)$,则随机变量 X_i 之间的相依结构由下面的 Copula 函数刻画:

$$C_R^{G_a}(u_1, \cdots, u_n) = \Phi_R(\Phi^{-1}(u_1), \cdots, \Phi^{-1}(u_n)) \quad (5.3)$$

其中,$\Phi^{-1}(\cdot)$ 是标准正态分布函数的逆函数。符合以上条件的 Copula 函数被称为正态 Copula 函数。

当 $n=2$ 时,正态 Copula 函数形式可表达为:

$$C^{G_a}(u_1, u_2) = \int_{-\infty}^{\Phi^{-1}(u_1)} \int_{-\infty}^{\Phi^{-1}(u_2)} \frac{1}{2\pi\sqrt{1-\rho^2}} \exp\left\{\frac{-(x_1^2 - 2\delta x_1 x_2 + x_2^2)}{2(1-\rho^2)}\right\} dx_1 dx_2 \quad (5.4)$$

上式中,$\rho \in (-1, 1)$ 为变量之间的相关系数。

当 $n=2$ 时,可由正态 Copula 函数得到其密度函数:

$$C^{G_a}(u_1, u_2) = \frac{1}{\sqrt{1-\rho^2}} \exp\left\{\frac{-(x_1^2 - 2\delta x_1 x_2 + x_2^2)}{2(1-\rho^2)}\right\} \exp\left\{-\frac{x_1^2 + x_2^2}{2}\right\}$$

(5.5)

同式(5.4),这里的 $\rho \in (-1, 1)$ 为相关系数,$x_1 = \Phi^{-1}(u_1)$,

$x_2 = \Phi^{-1}(u_2)$。

对于正态分布以及其他椭圆分布函数来说，不相关即等价于独立。当 $\rho = 0$ 时，正态连接函数即等价于独立的连接函数。当 $\rho = 1$ 或 $\rho = -1$ 时，正态连接函数分别是 Frechet-Hoeffding 的上界、下界。故此，可以看出正态 Copula 函数的具体形式取决于参数 ρ。

2. t-Copula 函数

Nelson（1998）也给出了多元 t-Copula 函数的定义，类似于上述正态 Copula 函数，多元 t-Copula 函数可从 t 分布推导得到。

如果随机向量 $X = (X_1, X_2, \cdots, X_n)$ 服从相关矩阵为 R、自由度为 v 的 n 元 t 分布 $T_{R,v}(\cdot)$，R 是对称、正定矩阵，且 $diag(R) = (1, 1, \cdots, 1)'$，随机变量 $X_i (i = 1, 2, \cdots, n)$ 服从自由度为 v 的 R 分布 $t_v(\cdot)$，则随机变量 X_i 之间的相依结构可由下面的 Copula 函数刻画：

$$C_{R,v}^{St}(u_1, \cdots, u_n) = T_{R,v}(t_v^{-1}(u_1), \cdots, t_v^{-1}(u_n)) \quad (5.6)$$

上式中，$t_v^{-1}(\cdot)$ 为 t 分布 $t_v(\cdot)$ 的逆函数。

当 $n = 2$ 时，t-Copula 函数具有如下分布形式：

$$C^{St}(u_1, u_2) = \int_{-\infty}^{t_v^{-1}(u_1)} \int_{-\infty}^{t_v^{-1}(u_2)} \frac{1}{2\pi \sqrt{1 - \rho^2}}$$

$$\left\{ 1 + \frac{-(x_1^2 - 2\rho x_1 x_2 + x_2^2)}{v(1 - \rho^2)} \right\}^{-\frac{v+2}{2}} dx_1 dx_2 \quad (5.7)$$

上式中，$\rho \in (-1, 1)$ 为相关系数，v 为自由度。

当 $n = 2$ 时，t-Copula 函数的密度函数如下：

$$C^{St}(u_1, u_2) = \rho^{-\frac{1}{2}} \frac{\Gamma\left(\frac{v+2}{2}\right) \Gamma\left(\frac{v}{2}\right) \left\{ 1 + \frac{x_1^2 - 2\rho x_1 x_2 + x_2^2}{v(1 - \rho^2)} \right\}^{-\frac{v+2}{2}}}{\Gamma^2\left(\frac{v+1}{2}\right) \prod_{k=1}^{2} \left(1 + \frac{x_k^2}{v} \right)^{-\frac{v+2}{2}}}$$

$$(5.8)$$

上式中，$\rho \in (-1, 1)$ 为相关系数，v 为自由度，$x_1 = t_v^{-1}(u_1)$，

$x_2 = t_v^{-1}(u_2)$。

从上述表述中即可看出正态 Copula 函数和 t-Copula 函数之间存在的差别，两个函数在中心区域差别较小，差别主要体现在函数尾部分布存在厚度差异。t-Copula 函数的尾部相对较厚，不过，t-Copula 函数的尾部厚度随着自由度 v 的增大而逐渐趋薄，当自由度 v 大于 30 时，t-Copula 函数的分布就将非常类似于正态 Copula 函数分布。由于 t-Copula 函数具有显著的厚尾特征，非常适于测度金融风险序列，因为金融风险序列常常表现为尖峰厚尾的统计特征。而正态 Copula 函数适用于常规风险的范畴。在金融风险领域应用中，正态 Copula 函数和 t-Copula 函数都存在一个显著的特点，即具有对称性，无法捕捉具有非对称性的特性相关关系，而金融风险数据序列常常在上下尾部分是呈非对称分布的，并往往具有更显著的下尾风险。

二 阿基米德 Copula

目前，阿基米德 Copula（Archimedean Copula）函数是金融领域应用最为广泛的 Copula 函数类型。Genest 和 Mackay（1986）最早定义了阿基米德 Copula 函数。阿基米德 Copula 函数不是来源于由 Sklar 定理确定的多元联合分布函数，而是来源于一个母函数，也称为阿基米德 Copula 函数的生成元。同椭圆 Copula 函数相比较，阿基米德 Copula 可将多元变量之间复杂的相依结构转换为一个相对简单的生成函数，从而将多维问题降维为一个一维问题，这极大地方便了该函数在实际中的求解。

为引入 n 元阿基米德 Copula 函数，以下首先给出完全单调函数（Completely Monotonic Function）的定义。

若 $g(x)$ 在区间 **Z** 上满足 $(-1)^t \dfrac{d^t}{dx^t} g(x) \geq 0$，$x \in \mathbf{Z}$，$t = 0, 1, 2, \cdots$，则称 $g(x)$ 是定义在区间 **Z** 上的完全单调函数。

如果存在一个生成元 φ：$[0,1] \to [0,\infty]$，使得 Copula 函数 ($C(u_1, u_2, \cdots, u_n)$，$u_i \in [0,1]$，$i=0,1,2,\cdots,n$) 具有如下形式：

$$C(u_1, \cdots, u_n) = \varphi^{-1}(\varphi(u_1), \cdots, \varphi(u_n))$$

同时，Copula 函数的生成元满足下列条件：

a. φ：$[0,1] \to [0,\infty]$ 是连续的严格减凸函数；

b. $\varphi(0) = \infty$，$\varphi(1) = 0$；

c. φ^{-1}：$[0,\infty] \to [0,1]$ 是完全单调函数，$\varphi^{-1}(t) = \begin{cases} \varphi^{-1}(t), & 0 \leq t \leq \varphi(0) \\ 0, & \varphi(0) \leq t \leq \infty \end{cases}$

则称 $C(u_1, u_2, \cdots, u_n)$ 为 n 元阿基米德 Copula 函数。另外，由上述条件描述可看出，阿基米德 Copula 函数由它们的母函数唯一确定。

阿基米德 Copula 函数具有一些良好的统计特性：

a. 具有对称性：$C(u,v) = C(v,u)$；

b. 满足结合律：$C(C(u_1, u_2), u_3) = C(u_1, C(u_2, u_3))$；

c. 如果常数 $a > 0$，则 $a\varphi(\cdot) > 0$ 也是阿基米德 Copula 函数的生成元。

阿基米德 Copula 函数是通过一个完全单调的函数构造而成的，选择不同的生成函数将产生不同的阿基米德 Copula 函数的具体类型。如根据阿基米德 Copula 函数所含参数个数来对其分类的话，可分为单参数阿基米德 Copula 函数和双参数阿基米德 Copula 函数两大类。Gumbel Copula、Clayton Copula 和 Frank Copula 等函数都属于常见的单参数阿基米德 Copula 函数。BB1 Copula、BB6 Copula、BB7 Copula、BB8 Copula 等函数则属于常见的双参数阿基米德 Copula 函数。

Gumbel Copula 的分布密度函数为"J"形，为非对称性分布，其下尾部较低而上尾部较高，故该函数类型对随机变量之间上尾部的变化较为敏感，适合于测度随机变量间上尾部的相关性。Clayton Copula 的分布密度函数为非对称性的"L"形分布，同 Gumbel Copula 分布特征相对,其上尾部较低而下尾部较高,故该函数类型对随机变量之间下尾部的变化较为敏感,适合于测度随机变量间下尾部的相关性。Frank Copula 分布密度函数则是呈"U"形的对称分布,故该函数不适于测度随机变量之间存在的非对称性相关关系,也难以适用于测度变量间尾部的相关性。BB1 Copula、BB2 Copula、BB3 Copula、BB6 Copula、BB7 Copula 函数含有双参数,能同时估计上下尾部的相关性。

从函数的构造原理来看,双参数阿基米德 Copula 函数较单参数阿基米德 Copula 函数能更精确地测度变量间的相关关系。然而,在测度金融时间序列时,函数的测度精度又常常受到样本数据结构的影响。所以,只能严格地说在多数情况下双参数阿基米德 Copula 函数的拟合度确实要高于单参数阿基米德 Copula 函数。

表 5.1 是一些常见的阿基米德 Copula 函数具体类型分布函数的表达式及对应的生成元。

表 5.1 中的阿基米德 Copula 函数大多数还可以通过旋转 90 度、180 度或 270 度得到相应的 Copula 函数,例如,BB1_ 90 Copula、Frank_ 180 Copula、Joe_ 270 Copula 等。

另外,还可以将体现随机变量间不同模式的几种 Copula 结合在一起,构建出加权平均 Copula 函数,这样所构造的加权平均 Copula 函数就具有几种不同的 Copula 函数的特征,可更精确地测度随机变量之间的相关关系。

三 极值 Copula

由于金融市场常常发生极端风险事件,虽然其发生概率很小,然而一旦发生却很可能造成非常大的风险损失,故金融市场的极端风险已成为风险关注的真正核心。为了有效地测度金融不同市场极端风险之间的相关性,Joe(1997)提出了极值 Copula 函数(Extreme Value Copula,EVC)。极值 Copula 函数是与极值分布函数相对应的一

第五章 Copula 理论及其与极值 VaR 混合模型构建

表 5.1 一些常见的阿基米德 Copula 函数

类型	$C(u_1, u_2)$	$\varphi(t)$	参数
Gumbel Copula	$\exp\{-[(-\ln u_1)^{\frac{1}{\theta}} + (-\ln u_2)^{\frac{1}{\theta}}]^{\theta}\}$	$(-\ln t)^{\frac{1}{\theta}}$	$\theta \geq 0$
Frank Copula	$-\dfrac{1}{\delta}\ln\left(\dfrac{(1-e^{-\delta}) - (1-e^{-\delta u_1})(1-e^{-\delta u_2})}{(1-e^{-\delta})}\right)$	$\ln\left(\dfrac{e^{-\delta t}-1}{e^{-\delta}-1}\right)$	$\delta > 0$
Clayton Copula	$(u_1^{-\delta} + u_2^{-\delta} - 1)^{-\frac{1}{\delta}}$	$t^{-\delta} - 1$	$\delta > 0$
AMH Copula	$\dfrac{u_1 u_2}{1-\delta(1-u_1)(1-u_2)}$	$\dfrac{1-\theta}{e^t - \theta}$	$-1 \leq \delta < 1$
Joe Copula	$1 - ((1-u_1)^{\delta} + (1-u_2)^{\delta} - (1-u_1)^{\delta}(1-u_2)^{\delta})^{\frac{1}{\delta}}$	$-\ln(1-(1-t)^{\delta})$	$\delta \geq 1$
BB1 Copula	$(1+[(u_1^{-\theta}-1)^{\delta} + (u_2^{-\theta}-1)^{\delta}]^{\frac{1}{\delta}})^{\frac{1}{\theta}}$	$(t^{-\theta}-1)^{\delta}$	$\theta > 0$, $\delta \geq 1$
BB2 Copula	$[1+\delta^{-1}\ln(e^{\delta u_1^{-\theta}} + e^{\delta u_2^{-\theta}} - 1)]^{-\frac{1}{\theta}}$	$e^{\delta(t^{-\theta}-1)} - 1$	$\theta > 0$, $\delta > 0$
BB3 Copula	$\exp\{-[\delta^{-1}\ln(e^{\delta(-\ln u_1)^{\theta}} + e^{\delta(-\ln u_2)^{\theta}} - 1)]^{\frac{1}{\theta}}\}$	$e^{\delta(-\ln t)^{\theta}} - 1$	$\theta > 1$, $\delta > 0$
BB6 Copula	$1-(1-\exp\{-[(-\ln(1-(1-u_1)^{\theta}))^{\delta} + (-\ln(1-(1-u_2)^{\theta}))^{\delta}]^{\frac{1}{\delta}}\})^{\frac{1}{\theta}}$	$[-\ln(1-(1-t)^{\theta})]^{\delta}$	$\theta > 1$, $\delta \geq 0$
BB7 Copula	$1-(1-[(1-(1-u_1)^{\theta})^{-\delta} + (1-(1-u_2)^{\theta})^{-\delta} - 1]^{-\frac{1}{\delta}})^{\frac{1}{\theta}}$	$(1-(1-t)^{\theta})^{-\delta} - 1$	$\theta \geq 1$, $\delta > 0$
BB8 Copula	$\dfrac{1}{\delta}\{1-(1-(1-(1-\delta)^{\theta})^{-1}(1-(1-\delta u_1)^{\theta})(1-(1-\delta u_2)^{\theta}))^{\frac{1}{\theta}}\}$	$-\ln\left\{\dfrac{1-(1-\delta t)^{\theta}}{1-(1-\delta)^{\theta}}\right\}$	$\theta \geq 0$, $0 < \delta \leq 0$

类 Copula 函数。

若有一个 n 元分布函数 $F(x_1, x_2, \cdots, x_n)$，各分量的边缘分布函数为 $F_1(\cdot), F_2(\cdot), \cdots, F_n(\cdot)$，$x = \{x_1^{(k)}, x_2^{(k)}, \cdots, x_n^{(k)}\}_{k=1}^n$ 是来自该 n 元分布函数 $F(x_1, x_2, \cdots, x_n)$ 中的一个独立同分布的样本，则由 Sklar 定理可知，必然存在一个使得 $F(x_1, x_2, \cdots, x_n) = C(F_1(x_1), F_2(x_2), \cdots, F_n(x_n))$ 的 Copula 函数。

令 $M_{x_i} = \max\{x_1^{(k)}, x_2^{(k)}, \cdots, x_n^{(k)}\}$，$i = 1, 2, \cdots, n$，$F(x_1, x_2, \cdots, x_n)$ 为变量 $(M_{x_1}, M_{x_2}, \cdots, M_{x_n})$ 的联合分布函数，则有：

$$F_M(x_1, x_2, \cdots, x_n) = P(M_{x_1} \leq x_1, M_{x_2} \leq x_2, \cdots, M_{x_n} \leq x_n)$$
$$= F^n(x_1, x_2, \cdots, x_n)$$
$$= C^n(F_1(x_1), F_2(x_2), \cdots, F_n(x_n))$$

根据 Sklar 定理，必然有一个 Copula 函数 C_M，可使得：

$$F_M(x_1, x_2, \cdots, x_n) = C_M(F_1^n(x_1), F_2^n(x_2), \cdots, F_n^n(x_n))$$

即：

$$C_M(F_1^n(x_1), F_2^n(x_2), \cdots, F_n^n(x_n)) =$$
$$C^n(F_1(x_1), F_2(x_2), \cdots, F_n(x_n)) \tag{5.9}$$

若满足以上属性，则称 Copula 函数 C 具有极大稳定性。同时，这些具有极大稳定性的 Copula 函数即称为极值 Copula 函数。

极值 Copula 同多元极值分布函数具有如下的关系：

令 $\{x_{1,k}\}, \{x_{2,k}\}, \cdots, \{x_{N,k}\}$ 为 n 个独立同分布的随机序列，$k = 1, 2, \cdots, n$，如果极值 $x_n^+ = \max(x_{1,k}, x_{2,k}, \cdots, x_{N,k})$，$n = 1, 2, \cdots, N$，$G_n(\cdot)$ 是该极值的边缘分布函数，那么 n 元极值 $(x_1^+, x_2^+, \cdots, x_n^+)$ 的联合分布函数可由极值 Copula 和多元极值分布函数 $G_n(\cdot)$ 构成。

$$G(x_1^+, x_2^+, \cdots, x_n^+) = C(G_1(x_1^+), G_2(x_2^+), \cdots, G_N(x_N^+))$$
$$\tag{5.10}$$

式（5.10）中，$G_n(\cdot)$ 为非退化的一元极值分布函数，$n = 1$,

2，…，N。

Joe（1997）将具有以下形式的 Copula 函数定义为极值 Copula 函数：

$$C^t(u_1, u_2, \cdots, u_n) = C(u_1^t, u_2^t, \cdots, u_n^t) \qquad (5.11)$$

式（5.11）中，$\forall t > 0$，$u_i \in [0, 1]$，$i = 1, 2, \cdots, n$。

显然可以看出，n 元 Gumbel Copula 函数也是极值 Copula 函数。

当 $n = 2$ 时，二元极值 Copula 函数可以表示为：

$$C(u_1, u_2) = \exp\left\{\ln(u_1 u_2) A\left(\frac{\ln(u_1)}{\ln(u_1 u_2)}\right)\right\} \qquad (5.12)$$

式（5.12）中，二元相依函数 $A(w)$ 满足以下两个条件：

a. $\max(w - 1w) \leq A(w) \leq 1$，$0 \leq w \leq 1$；

b. $A(w)$ 是凸函数。

相依函数选择不同，由此得到的极值 Copula 函数类型也不同。Gumbel Copula 函数、非对称 Gumbel Copula 函数、Galambos Copula 以及非对称的 Galambos Copula、husler. reiss Copula、BB5 Copula、tawn Copula 等一些常用的二元极值 Copula 函数也是由此得到的，不同类型的 Copula 函数具有自身独特的表现形式与特点。

Gumbel Copula 函数对应的相依函数是：$(w^\theta + (1-w)^\theta)^{\frac{1}{\theta}}$，$\theta \in [1, \infty)$。Gumbel Copula 函数既是一个阿基米德 Copula 函数，也是一个极值 Copula 函数。关于阿基米德 Copula 函数的相关讲述参见本章前述内容。Gumbel Copula 函数的密度函数具有明显的非对称性，总体分布如"J"字形，上尾部高而下尾部低。可见，利用 Gumbel Copula 函数可以很好地描述随机变量序列上尾部的相关性。

tawn Copula 函数是非对称 Gumbel Copula 函数，即一般化的 Gumbel Copula 函数。BB5 Copula 则是 Gumbel Copula 函数的双参数的扩展。

一些常见的极值 Copula 分布函数的具体表达式和与之对应的相依函数参见表5.2：

表 5.2　一些常见的极值 Copula 函数

类型	$C(u_1, u_2)$	$A(t)$	参数
Gumbel Copula	$\exp\{-[(-\ln(u_1))^\delta + (-\ln(u_2))^\delta]^{-\frac{1}{\delta}}\}$	$(t^\delta + (1-t)^\delta)^{\frac{1}{\delta}}$	$\delta \geq 1$
非对称 Gumbel Copula	$u_1^{1-\alpha} u_2^{1-\beta} \exp\{-[(-\alpha\ln u_1)^\theta + (-\beta\ln u_2)^\theta]^{\frac{1}{\theta}}\}$	$(1-\alpha)\, t + (1-\beta)\,(1-t) + [(\alpha t)^\theta + \beta(1-t))^\theta]^{\frac{1}{\theta}}$	$\alpha \geq 0$ $\delta \leq 1$
Galambos Copula	$u_1 u_2 \exp\{[(-\ln(u_1))^{-\delta} + (-\ln(u_2))^{-\delta}]^{-\frac{1}{\delta}}\}$	$1 - (t^{-\delta} + (1-t)^{-\delta})^{-\frac{1}{\delta}}$	$\delta \geq 0$
非对称 Galambos Copula	$u_1 u_2 \exp\{[(-\alpha\ln(u_1))^{-\theta} + (-\beta\ln(u_2))^{-\theta}]^{-\frac{1}{\beta}}\}$	$1 - \{(\alpha t)^{-\theta} + [\beta(1-t)^{-\theta}]\}^{-\frac{1}{\theta}}$	$\alpha \geq 0$ $\beta \leq 1$
husler. reiss Copula	$\exp\left\{(\ln u_1)\, \Phi\left[\frac{1}{\delta} + \frac{1}{2}\delta\ln\left(\frac{\ln u_1}{\ln u_2}\right)\right] + (\ln u_2)\,\Phi\left[\frac{1}{\delta} + \frac{1}{2}\delta\ln\left(\frac{\ln u_1}{\ln u_2}\right)\right]\right\}$	$t\Phi\left[\frac{1}{\delta} + \frac{1}{2}\delta\ln\left(\frac{t}{1-t}\right)\right] + (1-t)\Phi\left[\frac{1}{\delta} + \frac{1}{2}\delta\ln\left(\frac{t}{1-t}\right)\right]$	$\delta \geq 0$
BB5 Copula	$\exp\{-[(-\ln u_1)^\theta + (-\ln u_2)^\theta - ((-\ln u_1)^{-\theta\delta} + (-\ln u_2)^{-\theta\delta})^{-\frac{1}{\delta}}]^{\frac{1}{\theta}}\}$	$[t^\theta + (1-t)^\theta - (t^{-\theta\delta} + (1-t)^{-\theta\delta})^{-\frac{1}{\delta}}]^{\frac{1}{\theta}}$	$\delta > 0$ $\theta \geq 1$
tawn Copula	$\exp\{-(1-\alpha)\, u_1 - (1-\beta)\, u_2 - (\alpha^r u_1^r + \beta^r u_2^r)^{\frac{1}{r}}\}$	$1 - \alpha + (\alpha - \beta)\, t + \{\alpha^r (1-t)^r + \beta^r t^r\}^{\frac{1}{r}}$	$\alpha \geq 0$ $\beta \leq 1$ $r \geq 1$

四 混合 Copula

Capéraà, Fourgères 与 Genest（2000）基于极值 Copula 和阿基米德 Copula 的结合，提出了混合 Copula 类型，其表达式为：

$$C(u_1, u_2) = \varphi^{-1}\left[(\varphi(u_1) + \varphi(u_2))A\left(\frac{\varphi(u_1)}{\varphi(u_1) + \varphi(u_2)}\right)\right]$$
(5.13)

尤其是当 $A(t) = 1$ 时，混合 Copula 就转变为了阿基米德 Copula；当 $\varphi(t) = -\ln(t)$，混合 Copula 变为极值 Copula。

BB4 Copula 函数也属于混合 Copula 类型，其表达式为：

$$C(u_1, u_2) = (u_1^{-\theta} + u_2^{-\theta} - 1 - [(u_1^{-\theta} - 1)^{-\delta} + (u_2^{-\theta} - 1)^{-\delta}]^{-\frac{1}{\delta}})^{-\frac{1}{\theta}}$$
(5.14)

上式中，$\varphi(t) = t^{-\theta} - 1$，$A(t) = 1 - [t^{-\delta} + (1-t)^{-\delta}]^{-\frac{1}{\theta}}$，$\theta > 0$，$\delta > 0$。

该函数在具体类别上也归属于双参数类型，可以用来描述非对称分布中上尾部、下尾部之间的相关性。

第三节 Copula 函数参数估计方法

Copula 函数的应用最终需要一种 Copula 模型的设定形式，需要估计 Copula 模型存在的参数，所以 Copula 参数估计是 Copula 研究的核心问题之一。Copula 函数的参数估计方法主要是极大似然估计，而在进行极大似然估计时需要 Copula 函数的密度函数。考虑 n 维随机变量，H 与 h 分别为其联合分布函数与联合密度函数，F_i 与 f_i 为第 i 个随机变量的分布函数与密度函数，C 与 c 为其 Copula 函数和 Copula 密度函数，$u_i = F_i(x_i)$，则：

$$h(x_1, \cdots, x_n) = \frac{\partial^n H(x_1, \cdots, x_n)}{\partial x_1, \cdots, \partial x_n}$$

$$= \frac{\partial^n H(x_1, \cdots, x_n)}{\partial F_1(x_1), \cdots, \partial F_n(x_n)} \cdot$$

$$\frac{\partial F_1(x_1), \cdots, \partial F_n(x_n)}{\partial x_1, \cdots, \partial x_n}$$

$$= \frac{\partial C(F_1(x_1), \cdots, F_n(x_n))}{\partial F_1(x_1), \cdots, \partial F_n(x_n)} \cdot \prod_{i=1}^n f_i(x_i)$$

$$= c(u_1, \cdots, u_n) \cdot \prod_{i=1}^n f_i(x_i)$$

假定 X 有 T 个样本 $\{X_1, X_2, \cdots, X_T\}$, $X_{it}(i=1, 2, \cdots, N, t=1, 2, \cdots, T)$ 表示第 t 个样本 X_t 的第 i 个元素。对数似然函数为:

$$L(\theta) = \sum_{t=1}^T \ln[h(X_t; \theta)]$$

用 Copula 密度表达式进行分解, 得:

$$L(\theta) = \sum_{t=1}^T \ln[c(F_1(x_{1t}, \theta_1), \cdots, F_n(x_{nt}, \theta_n); \theta_c)] + \sum_{t=1}^T \sum_{i=1}^n \ln[f_i(x_{it}; \theta_i)] \tag{5.15}$$

其中, 待估计参数包括边缘分布参数 θ_i 和 Copula 函数参数 θ_c。

1. 精确极大似然估计法 (EML)

精确极大似然估计法 (Exact Maximun Likelihood, EML) 是同时将边缘分布函数的参数和 Copula 函数的参数在一个似然函数中估计 (Bouyé et al., 2000), 其表达式为:

$$\hat{\theta} = \arg\max_\theta \sum_{t=1}^T \log[h(x_t; \theta)] \tag{5.16}$$

这种估计方法的特点是一次优化, 即同时估计边缘分布参数 θ_i 和 Copula 函数参数 θ_c。该方法的主要缺点是计算较为复杂, 由于其最大化问题是非线性规划问题, 随着参数个数的增加, 运算量呈指数增长。

2. 边缘分布推导法 (IMF)

为克服 EML 方法存在的不足, Joe 和 Xu (1996) 提出了采用边缘分布推导法（Inference Functions for Margins，IFM），以之来估计Copula函数中的参数。在估计过程中，将边缘分布函数的参数和Copula函数的参数分两步进行估计，故通常也称作两阶段估计法。

首先独立估计各边缘分布参数 θ_i：

$$\hat{\theta}_i = \arg\max_{\theta_i} L(\theta_i) = \arg\max_{\theta_i} \sum_{t=1}^{T} \log[f(x_{it}, \theta_i)]$$

得到参数估计 $\hat{\theta}_i$ 后就得到了边缘密度函数 $f(\cdot, \hat{\theta}_i)$ 与边缘分布函数 $F(\cdot, \hat{\theta}_i)$，再计算概率积分转换样本 $\hat{u}_i = F(x_{it}, \hat{\theta}_i)$，基于这些概率积分转换样本利用极大似然估计原则估计Copula函数参数 θ_c：

$$\hat{\theta}_c = \arg\max_{\theta_c} \sum_{t=1}^{T} \log[c(\hat{u}_{1t}, \cdots, \hat{u}_{nt}; \theta_c)] \quad (5.17)$$

IMF估计结果和EML估计结果往往不一致，IMF估计只是EML估计的近似，但其优点是大大减轻了计算的复杂程度。

3. 规范极大似然估计（CML）

EML和IFM都是全参数法，必须首先设定各边缘分布服从某一个参数分布，然后对Copula函数进行估计。规范极大似然估计（Canonical Maximum Likelihood，CML）是半参数法，各边缘分布用非参数法（如经验累积分布函数）估计，Copula函数仍用参数化方法根据极大似然估计原理得到。

CML估计步骤如下：

首先，利用非参数法独立估计各边缘分布，利用经验累积分布将样本进行概率积分转换：

$$\hat{u}_{it} = ECDF(x_{it}) = \frac{1}{T}\sum_{j=1}^{T} 1\{x_{ij} \leq x_{it}\} \quad (5.18)$$

上式中，1为示性函数，$ECDF(\cdot)$ 为经验累积分布函数。示性函数定义如下：

$$1\{条件\} = \begin{cases} 1 & 满足\{条件\} \\ 0 & 不满足\{条件\} \end{cases}$$

然后，对Copula函数进行参数估计，该部分类似于IFM对Copula

函数的参数估计，此处不再赘述。

4. 基于核密度的极大似然估计（MLKD）

基于核密度的极大似然估计（Maximum Likelihood based on Kernel Density，MLKD）类似于 CML，唯一的差别在于估计边缘分布，CML 利用经验累积分布，而 MLKD 利用核平滑密度估计法。在其第一步估计边缘分布时，利用核平滑分布密度估计样本进行概率积分转换：

$$\hat{u}_{it} = KSDEF(x_{it}) = \frac{1}{T}\sum_{j=1}^{T} k\left\{\frac{x_{it} - x_{ij}}{h_{nT}}\right\} \quad (5.19)$$

其中，$h_{nT} \in R^+$ 为窗框，$k: R \to R^+$ 为核函数。核函数是一类在实数域有实数边界的对称函数，满足：

$$k(x) = k(-x)$$
$$k(0) = 1$$
$$|k(x)| \leq 1$$
$$\int_{-\infty}^{+\infty} k^2(x)\, dx < \infty$$
$$\int_{-\infty}^{+\infty} k(x)\, dx = 1$$

为了保证估计的渐进一致性，核函数 $k(x)$ 递减的速度不能太快，即带宽 h 必须满足当 $T \to \infty$ 时，$h \to \infty$ 且 $\frac{h}{T} \to 0$。

第四节　Copula 函数拟合检验

Copula 函数可以将随机变量的边缘分布与其联合分布分离开来，分别进行研究，而且，Copula 函数还不要求联合分布中的随机变量同时服从同一种分布，Copula 函数使变量之间的相依性刻画更加趋于完善。鉴于 Copula 函数测度相关性的优良统计特性，近些年来在金融时间序列相关性测度研究领域中，Copula 函数得到广泛应用。然而，一方面是 Copula 函数类型丰富，其子函数类型更是多种多样；另一方面是金融时间序列的数据分布也各具特性。如何选择恰当的边缘分布模型拟合金融资产的实际分布,同时又能选择恰当的 Copula 模型来刻画不同金融时间序列间的相依性,这是现阶段相关研究所面对的一个核心问题。

一 边缘分布函数拟合检验

若连续函数 $F(x)$ 为随机变量 X 的分布函数,$u = F(x)$,则不论随机变量 X 服从什么样的分布,u 都服从 [0,1] 上的均匀分布。这个结论即边缘分布拟合优度检验的理论依据。

Diebold、Hahn 及 Tay(1999)提出了基于序列概率积分变换的密度函数模型评价方法,此方法已成为当前检验边缘分布函数拟合性的最常使用的方法之一。其基本步骤是:首先对原序列做积分变换,然后检验变换后的数据是否服从 [0,1] 上的均匀分布。如果变换后的数据服从 [0,1] 上的均匀分布,则表明选定的边缘分布可以较好地拟合实际的样本数据。

至于检验一组数据是否服从 [0,1] 上的均匀分布或某一特定的分布,比较简单的方法就是 K-S 和 QQ 图检验方法。

二 Copula 函数拟合检验

到目前为止,选择 Copula 函数的方法主要有图解法和解析法两大类。

1. 图解法

图解法主要是通过图形考察所选择的 Copula 函数对实际样本分布的拟合情况。图解法的优点在于较为直观、操作也较为便利。但是,图解法也存在一些明显的缺陷,如主观性较强,缺乏量化标准,并且缺乏应用的理论支撑。目前,Copula 函数拟合检验中普遍应用的是 QQ 图解法,QQ 图解法代表性的类型主要有:条件分布图形法、Klugman

与 Parsa 图形法及 Copula 函数图形法。

（1）条件分布图形法

设 $F(x, y)$ 是随机变量 (X, Y) 的联合分布函数，$u = F(x)$，$v = G(y)$ 是其边缘分布函数，若用函数 $C(u, v)$ 表示两个边路间的相依结构，则在给定 $X = x$ 条件下 Y 的分布函数为

$$F_{Y|X}(x, y) = \frac{\partial C(u, v)}{\partial u} = C_1(u, v)$$

由于：

$$\frac{\partial}{\partial u} C(u, 1) = \lim_{\Delta u \to 0} \frac{C(u + \Delta u, 1) - C(u, 1)}{\Delta u} = 1$$

则有：

$$F_{Y|X}(x, y) \sim U[0, 1]$$

以上结论是 Quesenberry（1986）推导得出的。根据此结论，在检验某个给定的 Copula 函数对样本分布的拟合程度时，可先求出 Copula 函数关于自变量的一阶偏导，再检验这个一阶偏导是否服从标准均匀分布 $U[0, 1]$。样本数据的分布与所应用的 Copula 函数的 QQ 图越吻合，那它们就应该越集中在一条直线上。吻合度越高表明这个 Copula 函数对样本数据具有更好的拟合结果。

（2）Klugman 与 Parsa 图形法

Klugman 与 Parsa（1999）提出，$C_1(u, v) = \frac{\partial C(u, v)}{\partial u}$ 在区间 $(0, 1)$ 均匀分布，将样本数据 (x_1, y_i)，$i = 1, 2, \cdots, n$ 代入，即可得到 $\{C_{1i} = C_1(F(x_i), G(y_i))\}$。然后，利用这组数据与 $(0, 1)$ 均匀分布做 K-S 检验，判断该组数据是否满足均匀分布，同时，作出 QQ 图，观测这两者之间的差异。如果检验的 P-Value 值很高，则说明该 Copula 函数较为适合描述样本数据间的相依结构。

（3）Copula 函数图形法

$$M(t) = P(C(u, v) \leq t) = t - \frac{\varphi(t)}{\varphi'(t)}$$

$M(t)$ 是 $C(u, v)$ 的分布函数，$M(C(u, v))$ 在区间 (0, 1) 均匀分布，将样本数据代入即可得 $\{M_i = M(C(F(x_1), G(y_i)))\}$。然后，同上述的 Klugman 与 Parsa 图形法一样，通过 K-S 检验与 QQ 图，以及检验的 P-Value 判断该 Copula 函数是否较为适合描述样本数据间的相依结构。

2. 解析法

图解法直观，应用较为简便，但同时具有较强的主观性，缺乏量化标准。针对此问题，一些学者提出了量化的检验 Copula 函数拟合度的方法，以下着重介绍几种最常适用的拟合优度检验方法。

(1) AIC 准则与 BIC 准则

赤池信息准则（Akaike Information Criterion，AIC）是日本统计学家 Akaike（1974）基于熵的概念提出的一种权衡估计模型复杂度和拟合数据优良性的标准。通常情况下，AIC 是拟合精度和参数未知个数的加权函数，其定义如下：

$$AIC = -2\ln L + 2k \qquad (5.20)$$

其中，k 是未知参数的数量，L 是似然函数。对应二元 Copula 函数拟合的 AIC 表达式则为：

$$AIC = -2\sum_{i=1}^{n} \ln\left[c(u_{1i}, u_{2i}; \theta_c)\right] + 2k \qquad (5.21)$$

由上式可知，当两个待选模型之间差异较大时，差异主要体现在似然函数项，当似然函数差异不显著时，上式第二项即模型复杂度起作用，从而参数个数少的模型是较好的选择。一般而言，当模型复杂度提高（k 增大）时，似然函数 L 也会增大，从而使 AIC 变小，但是 k 过大时，似然函数增速减缓，导致 AIC 增大，模型过于复杂容易造成过度拟合现象。可见 AIC 鼓励数据拟合的优良性，但是应尽量避免出现过度拟合的情况。所以优先考虑的模型应是 AIC 值最小的那一个。

贝叶斯信息准则（Bayesian Information Criterion，BIC）由 Schwarz（1978）根据 Bays 理论提出，其定义如下：

$$IC = -2\ln L + k\ln n \tag{5.22}$$

其中，k 是模型参数的数量，L 是似然函数，n 为观测样本的个数。对应到二元 Copula 函数拟合的 BIC 表达式为：

$$BIC = -2\sum_{i=1}^{n} \ln\left[c(u_{1i}, u_{2i}; \theta_c)\right] + k\ln n \tag{5.23}$$

BIC 准则与 AIC 准则构造的统计思想是一致的，就是在考虑拟合残差的同时，依自变量个数施加"惩罚"。BIC 准则对 AIC 准则的改进就是将未知参数个数的惩罚权重由常数 2 变成了样本容量。BIC 准则与 AIC 准则公式中的前半部分是一样的，后半部分是惩罚项，当 $n \geqslant 8$ 时，$k\ln(n) \geqslant 2k$。所以，BIC 准则相比 AIC 准则在大样本量时对模型参数惩罚得更多，导致 BIC 准则更倾向于选择参数少的简单模型，可修正 AIC 准则在判别模型时存在的收敛性不好的缺点。虽然，BIC 准则是对 AIC 准则的改进，但是在不同条件下，BIC 准则与 AIC 准则各有其不可替代的作用。

（2）χ^2 检验

Hu（2002）测度研究了欧美外汇市场和股票市场之间的相关性，在研究中他构造了一个服从 χ^2 分布的 M 统计量，以该统计量作为评价 Copula 函数对样本数据拟合状况的标准。以下以二元随机变量作为具体对象，阐述详细的检验过程与步骤：

a. 对样本数据进行概率积分变换，得到两个服从 [0，1] 独立同分布的新序列 u_t，v_t，$t = 1, 2, \cdots, n$。

b. 构造一个 $k \times k$ 维的单元格 G，$G(i, j)$ 表示表格中第 i 行、第 j 列的元素，对于任意一点 (u_t, v_t)，如果有 $\frac{i-1}{k} \leqslant u_t \leqslant \frac{i}{k}$，且 $\frac{j-1}{k} \leqslant u_t \leqslant \frac{j}{k}$，则此点属于 $G(i, j)$。

c. 用 A_{ij} 表示落在 $G(i, j)$ 中的观测点个数，如同使用坐标轴上点的位置来反映两个变量之间的相关性一样。若两个变量 u 与 v 之间为正相关关系，那么大多数 A_{ij} 的位置将处于表格 G 的主对角线上；若两个变量 u 与 v 之间是相互独立的，则 A_{ij} 将以均匀分布的方式处于表格

G 的单元格中；若两个变量 u 与 v 之间为负相关关系，则大多数 A_{ij} 的位置都将处于表格 G 的副对角线上。

d. 由 Copula 模型预测得到的落在单元格 $G(i,j)$ 中的点数记为 B_{ij}，$i,j=1,2,\cdots,k$，则用于评价 Copula 函数巧合优度的检验统计量 M 可表示为：

$$M = \sum_{i=1}^{k} \sum_{j=1}^{k} \frac{(A_{ij} - B_{ij})}{B_{ij}} \qquad (5.24)$$

其中检验统计量 M 服从 χ^2 分布。如果单元格中的观测点数过少，则可以合并，如果 q 为合并的单元格数，p 为模型的参数个数，则 $(k-1)^2 - p - (q-1)$ 为自由度。

（3）KS 检验和 CvM 检验

拟合优度检验（Goodness-of-Fit，GoF）也能用于 Copula 函数的选择。对 Copula 函数的拟合优度检验有 KS 检验和 CvM 检验。拟合优度检验着眼于传统模型的设定问题，探索本身所设定的模型与实际数据符合的模型是否一致。相关表达式如下：

$$\hat{C}_T(u) = \frac{1}{T} \sum_{t=1}^{T} \prod_{i=1}^{n} 1\{\hat{U}_i \leq u_i\}$$

则在此基础上 KS 检验与 CvM 检验为：

$$KS_C = \max_t |C(U_t;\hat{\theta}_T) - \hat{C}_t(U_t)| \qquad (5.25)$$

$$CvM_C = \sum_{t=1}^{T} \{C(U_t;\hat{\theta}_T) - \hat{C}_T(U_t)\}^2 \qquad (5.26)$$

其中，实际 Copula 由经验 Copula 表示，$\hat{G}_t(u)$ 为经验 Copula。

拟合优度检验的假设为：

H_0：估计的 Copula 函数与实际 Copula 函数之间没有差异；

H_1：估计的 Copula 函数与实际 Copula 函数之间有差异。

KS 检验与 CvM 检验统计量的 p 值取决于参数估计得到的估计参数，不仅包括 Copula 函数的估计参数，还包括边缘分布得到的参数。对于由参数估计得到的边缘分布模型，通常可以由模拟过程得到拟合优度检验的过程，相关步骤如下：

a. 由观测数据可以估计边缘分布和 Copula 模型的参数；

b. 基于观测数据计算拟合优度检验统计量 $\hat{G}_T$，即 KS 或 CvM；

c. 基于估计的参数和模型，产生长度为 T 的数据，即模拟时间序列数据；

d. 基于模拟数据进行估计得到模拟数据估计的参数；

e. 计算拟合优度检验统计量 $\hat{G}_T^{(S)}$；

f. 重复步骤 c, d, e, …，一共 S 次；

g. 计算临界值 p 值：

$$p_{T,S} = \frac{1}{S} \sum_{s=1}^{S} 1\{\hat{G}_T^{(s)} \geqslant \hat{G}_T\} \tag{5.27}$$

边缘分布由经验分布估计结果的拟合优度检验的渐进正态性并不受边缘分布的影响，估计的误差来源于经验分布计算产生的误差，该误差可以通过以下模型过程求解：

a. 基于观测数据估计 Copula 模型的参数；

b. 基于观测数据计算拟合优度检验统计量 $\hat{G}_T$，即 KS 或 CvM；

c. 基于估计的参数和模型，产生长度为 T 的数据，即模拟时间序列数据；

d. 把模拟数据转换为经验分布函数；

e. 由经验分布函数重新估计 Copula 函数的参数；

f. 基于该参数计算拟合优度检验统计量 $\hat{G}_T^{(S)}$；

g. 重复步骤 c, d, e, f, …，一共 S 次；

h. 利用式（5.27）计算临界值 p 值。

第五节 基于 Copula 函数的相依性测度

相关研究在测度金融变量之间的相关性时，最常使用的传统方法就是利用 Pearson's 相关系数来刻画变量之间的相依结构。与传统方法不同，本部分将应用秩相关系数。

与常用的 Pearson's 相关系数相比较，秩相关系数具有显著的优越性：

一是 Pearson's 相关系数只能用于描述变量之间的线性相关关系，对变量之间的非线性相关性则不适用，而实际中变量间往往具有非线性相关关系，秩相关系数却可通用。

二是 Pearson's 相关系数不仅依赖于随机变量联合分布的各分量的边缘分布，而且依赖于随机变量的联合分布，而秩相关性仅依赖于随机变量间的联合分布关系，并不需要考虑边缘分布。

三是秩相关系数计算更为简便，仅需要计算实际数据的排列秩序，即可获得秩相关性的标准经验估计。秩相关系数法具有可以将随机变量联合分布的经验数据进行标准化的功能，这也是秩相关系数法在实际中得以广泛应用的主要原因。另外，具体到本书所要应用的 Copula 函数方面，秩相关性还具有可以作为 Copula 函数一项直接函数的功能，与线性相关性相比较而言具有更突出的应用优势。

秩相关性度量存在较多的具体方法，其中，Kendall's τ 与 Spearman's ρ 是秩相关性度量中最常应用的两种主要方法。本书拟采用这两种方法测度，以下将详细介绍对这两种度量方法的构建与应用。为了更好地理解这两种度量方法，首先扼要介绍和谐性测度和相依性测度。

定义和谐性测度：若有一连续随机变量 (X, Y)，(x_i, y_i) 与 (x_j, y_j) 分别是该连续随机变量的两个观测样本，如果 $x_i < x_j$ $(x_i > x_j)$，则 $y_i < y_j$ $(y_i > y_j)$，即 $(x_i - x_j)(y_i - y_j) > 0$，称 (x_i, y_i) 和 (x_j, y_j) 是和谐的；如果 $x_i < x_j$ $(x_i > x_j)$，而 $y_i > y_j$ $(y_i < y_j)$，即 $(x_i - x_j)(y_i - y_j) < 0$，称 (x_i, y_i) 和 (x_j, y_j) 是非和谐的（Nelson，1999）。

令 ζ 是相依结构为 C 的随机变量 X 和 Y 的一个和谐性测度，则 ζ 具有如下性质：

a. 对任意连续随机变量 (X, Y)，ζ 都有定义；

b. $\zeta(X, X) = 1$，$\zeta(X, -X) = -1$，$\zeta_{X,Y} \in [-1, 1]$；

c. $\zeta(X, Y) = \zeta(Y, X)$；

d. 若随机变量 X 和 Y 相互独立，则 $\zeta(X, Y) = 0$；

e. $\zeta(-X, Y) = \zeta(X, -Y) = -\zeta(X, Y)$;

f. 如果 $\{(X_n, Y_n)\}$ 是连续型随机变量序列,具有相依结构 C_n,并且 $\{C_n\}$ 逐点收敛到 C,则 $\lim_{n\to\infty}\zeta_{C_n}=\zeta_C$;

g. 如果 C_1 和 C_2 是 Copula 函数且 $C_1 < C_2$,则 $\zeta_{C_1} \leq \zeta_{C_2}$。

从上述和谐性测度的表述中可以观测到,若两个随机变量之间为相互独立的关系,则这两个随机变量之间的和谐性测度值为 0。但如果反过来说,表达则是不成立的,即如果两个随机变量之间的和谐性测度值为 0,并不能得出这两个随机变量为相互独立的判断。以下将介绍相依性测度方法,该方法则克服了和谐性测度方法存在的这一不足。

定义相依性测度(Nelson,1999):对一个二元随机变量 X 和 Y,其相依结构为 C,则若 δ 是该二元随机变量的一个相依性测度,当且仅当满足下列条件:

a. δ 对任意二元连续随机向量 (X, Y) 都有定义;

b. $\delta(X, \pm X) = 1$,$\delta_{X,Y} \in [0, 1]$;

c. $\delta(X, Y) = \delta(Y, X)$;

d. 若随机变量 X 与 Y 是相互独立的,则 $\delta(X, Y) = 0$;

e. $\delta(X, Y) = 1$,当且仅当二元随机变量中的一个随机变量是另一个随机变量的严格单调函数;

f. 若 α 是定义随机变量 X 取值范围上的严格单调函数,β 也是定义随机变量 Y 取值范围上的严格单调函数,则 $\delta(\alpha(X), \beta(Y)) = \delta(X, Y)$;

g. 如果 $\{(X_n, Y_n)\}$ 是具有相依结构 C_n 的连续型随机变量序列且 $\{C_n\}$ 逐点收敛到 C,$\lim_{n\to\infty}\zeta_{C_n}=\zeta_C$。

以上仅仅阐述了相依性测度 δ 的公理性定义,以及相依性测度 δ 所满足的一些基本性质。需要注意的是,在实际金融市场中测度相关性时,为了充分了解变量之间的相关关系,一般不会仅从相依性测度出发,而是同时进行全局相依性与尾部相依性测度。

一 全局相依性测度

全局相依性测度（Nelson，1999）就是对随机变量之间的或随机变量分布函数之间的整体相关性进行测度。全局相依性测度的指标主要有：Kendall τ 秩相关系数、Spearman ρ 秩相关系数、Gini 系数 γ 以及象限相依等。

1. Kendall τ 秩相关系数

设 (X_1, Y_1) 和 (X_2, Y_2) 是独立同分布的随机向量，它们的联合分布函数为 F，Kendall τ 就是和谐概率减去不和谐概率，即

$$\tau(X, Y) = P\{(X_1 - X_2)(Y_1 - Y_2) > 0\} - P\{(X_1 - X_2)(Y_1 - Y_2) < 0\}$$

下面的定理（Schweizer & Wolff，1981）说明如果 (X, Y) 为连续型随机变量，τ 仅与 (X, Y) 的 Copula 函数有关，而与随机变量的边缘分布无关。

定理（Schweizer & Wolff，1981）：设 (X, Y) 是一组连续型随机变量对，具有相依结构函数为 C，则 Kendall τ 秩相关系数为

$$\tau(X, Y) = 4\int_0^1\int_0^1 C(u, v)\, dC(u, v) - 1 \qquad (5.28)$$

从 τ 的构造来看，$(X_1 - X_2)$ 反映了随机变量 X 的变化，$(Y_1 - Y_2)$ 反映了随机变量 Y 的变化，因此可推得：

$\tau = 1$，表示 X 的变化与 Y 的变化完全一致，故 X 与 Y 正相关；

$\tau = -1$，表示 X 的变化与 Y 的反向变化完全一致，故 X 与 Y 负相关；

$\tau = 0$，不能确定 X 与 Y 是否相关。

由此可知，若存在严格单调增函数 r 与 s，有

$$(r(x_1) - r(x_2))(s(y_1) - s(y_2)) > 0 \Leftrightarrow (x_i - x_j)(y_i - y_j) > 0$$

上式意味着 τ 值对严格单调增的变换是不变的，这个结论也充分表明 τ 作为变量 X 与 Y 之间的相关性测度指标具有良好的统计特性。

2. Spearman ρ 秩相关系数

设 (X_1, Y_1)、(X_2, Y_2)、(X_3, Y_3) 是具有独立同分布的随机向量，与 Kendall τ 不同之处在于，Spearman ρ 实质上就是将 (X_1, Y_1) 与 (X_2, Y_3) 之间的和谐概率减去它们之间的不和谐概率，即：

$$\rho(X, Y) = 3P\{(X_1 - X_2)(Y_1 - Y_3) > 0\} - P\{(X_1 - X_2)(Y_1 - Y_3) < 0\}$$

上式中，"3"为标准化系数，此标准化系数使得 $|\rho|$ 的最大值为 1。由于 (X, Y) 的变化与独立的 X_2 与 Y_3 变化存在一致性，所以，此概率值的大小可反映出变量之间的相关性。显而易见，因为该概率值可以通过 Copula 函数来表示，故它也具有对严格单调增的变换不变的特性。

(X_1, Y_1) 的联合分布函数是 $F(x, y)$，(X_2, Y_3) 的联合分布函数是 $F_1(x)F_2(y)$，而且，随机变量 X_2 与 Y_3 之间又是相互独立的，由此 Schweizer 和 Wolff（1981）提出了以下的定理。

定理（Schweizer & Wolff, 1981）：若有一个连续型随机向量 (X, Y)，其相依结构函数为 Copula C，则：

$$\begin{aligned} \rho(X, Y) = \rho(C) &= 12 \iint_{I^2} uv \, dC(u, v) - 3 \\ &= 12 \iint_{I^2} C(u, v) \, du dv - 3 \\ &= 12 \iint_{I^2} [C(u, v) - uv] \, du dv - 3 \\ &= 3 \iint_{I^2} [(u + v - 1)^2 - (u - v)^2] \, dC(u, v) \end{aligned}$$

(5.29)

在实际相关性测度中，Kendall τ 与 Spearman ρ 这两个指标是最为普遍应用的。当然，这两个指标也存在一定的适用局限性。如当应用于离散型随机变量时，因为离散型随机变量存在"结"，而"结"意味着两个随机变量相等的概率可以不等于零，这造成了和谐度测量

Kendall τ 和 Spearman ρ 与边缘分布有关。

3. Gini 系数 γ

Kendall τ 和 Spearman ρ 只考察了随机变量 X 与 Y 变化方向的一致性与不一致性,而 Gini 系数 γ 还可以进一步考察随机变量 X 与 Y 变化顺序的一致性与不一致性。

Gini 相关系数 γ 的定义式如下:

$$\gamma(X, Y) = \gamma_c$$
$$= 2 \iint_{I^2} (|u+v-1| - |u-v|) \, dC(u,v)$$
$$= 4 \left\{ \int_0^1 C(u, 1-u) \, du - \int_0^1 u - C(u, u) \, du \right\} \quad (5.30)$$

4. 象限相依 (Quadrant Dependence, QD)

定义:设 X 与 Y 是随机变量,对于所有的 $(x, y) \in R^2$,有:

$$P\{X \leq x, Y \leq y\} \geq P\{X \leq x\}\{Y \leq y\} \quad (5.31)$$

或

$$P\{X > x, Y > y\} \geq P\{X > x\}\{Y > y\} \quad (5.32)$$

则称随机变量 X 与 Y 之间为正象限相依 (Positive Quadrant Dependence, PQD),简记作 PQD (X, Y)。正象限相依意味着随机变量 X 与 Y 同时出现的概率要大于随机变量 X 与 Y 独立时同时出现的概率。

负象限相依 (Negative Quadrant Dependence, NQD) 可基于正象限相依性得到,将式 (5.30) 和式 (5.31) 中的不等号反向过来即可表示该随机变量的负象限相依,可记作 NQD (X, Y)。负象限相依意味着随机变量 X 与 Y 同时出现的概率要小于随机变量 X 与 Y 独立时同时出现的概率。

二 尾部相依性测度

尾部相依性 (tail dependence) 是一种专门度量极值相关性的非线

性指标,也即变量分布尾部的极端值之间的相关关系。尾部相依性的系数也可以被理解为在一个市场极端事件发生的情况下另一个市场发生极端事件的概率水平。计算尾部相关性通常是使用 Copula 函数来对变量间的非线性相关结构建模,这种计算过程也非常便捷。

相关文献及实践均已表明:在金融市场中,各类金融资产之间普遍存在波动关联,尤其是在这些变量的尾部,相关性表现得更为突出。并且,这种尾部相依性还常常具有不对称的性质,即当大幅下跌的情况出现时,变量之间的尾部呈现出较高的相关性,而当大幅上涨情况出现时,变量之间的相关性则相对较弱。针对金融变量之间具有的这样的相依性特点,利用尾部相关性测度方法可以精确地测度当极端风险事件发生时两个金融变量之间的相依度水平。

设随机变量 X 的分布函数为 F_X,随机变量 Y 的分布函数为 F_Y,它们在下尾阈值 α 不为零的分位数相关性是 $P\{Y < F_Y^{-1}(\alpha) \mid X < F_X^{-1}(\alpha)\}$,尾部相关性是分位数相关性 $P\{\cdot\}$ 在尾部的极限。由此,可得随机变量 X 和 Y 下尾部的相关系数为:

$$\lambda_L = \lim_{\alpha \to 0^+} P\{Y < F_Y^{-1}(\alpha) \mid X < F_X^{-1}(\alpha)\} \tag{5.33}$$

存在极限值 $\lambda_L \in [0, 1]$。如果 $\lambda_L \in (0, 1]$,X 与 Y 在下尾部是渐近相关;如果 $\lambda_L = 0$,则认为是渐近独立。如果 X 与 Y 的边缘分布是连续的,它们的尾部仅仅是对应的 Copula 函数。如果一个二元 Copula 函数的

$$\lambda_L = \lim_{u \to 0^+} \frac{C(u, u)}{u} \tag{5.34}$$

存在极限值 $\lambda_L \in (0, 1]$,则当 $\lambda_L \in (0, 1]$,Copula 下尾部是相关的;当 $\lambda_L = 0$,Copula 下尾部是不相关的。类似地,若一个 Copula 函数的

$$\lambda_U = \lim_{\alpha \to 1^-} P\{Y > F_Y^{-1}(\alpha) \mid X > F_X^{-1}(\alpha)\} = \lim_{u \to 1^-} \frac{\overline{C}(u, u)}{1-u} \frac{1}{2}$$

$$\tag{5.35}$$

存在极限值 $\lambda_U \in [0, 1]$。如果 $\lambda_U \in (0, 1]$，在上尾部 X 与 Y 渐近相关；如果 $\lambda_L = 0$，则为渐近独立。$\overline{C}(u, v) = 1 - u - v + C(1-u, 1-v)$ 是 Copula 的生存函数。

由上尾部、下尾部相关系数的计算公式可知，连续型随机变量 X 和 Y 之间的尾部相关系数与随机变量 X 和 Y 的边缘分布函数无关，只与描述 X 和 Y 之间相依结构所用的 Copula 函数存在相关性。因此，如何根据金融序列之间的尾部相依结构特性来选择正确的 Copula 函数，这是一个非常关键的问题。

在估算联合概率的极值问题时，条件概率是一个非常重要的方法。然而，条件概率随着分位数 t 的无限增加，其概率收敛速度越来越慢，此时若用渐近结果将可能造成较大的误差。

针对以上问题，Ledford 和 Tawn（1996）提出确定这一概率收敛速度的模型为：

$$P\{X > t, Y > t\} \sim \varphi(t) \, t^{-\frac{1}{\eta}} \quad t \to \infty \tag{5.36}$$

其中，$\varphi(t)$ 称为缓慢变化函数，即对所有固定的 $v > 0$，满足

$$\lim_{t \to \infty} \frac{\varphi(vt)}{\varphi(t)} = 1$$

η 是尾部相关系数，且 $\eta \in (0, 1]$。对于给定的 η，$\varphi(t)$ 表示相对强度，可同时利用它们对联合分布的尾部进行刻画，这种方法即为联合生成函数法。相比条件概率尾部相关系数 η，这种联合生成函数法可更细致地反映出尾部的相关性，即

当 $\eta \to 0$，$\varphi(t) = 1$，表示在尾部 X 和 Y 是完全负相关的；

当 $0 < \eta < \frac{1}{2}$，表示在尾部 X 和 Y 是负相关的；

当 $\eta = \frac{1}{2}$ 时，X 和 Y 的极值是近似独立，且当 $\varphi(t) = 1$ 时，X 和 Y 的极值是完全独立的；

当 $\frac{1}{2} < \eta < 1$，$\varphi(t) \to c > 0$；$\eta = 1$，$\varphi(t) = 1$ 时，表示在尾部 X

和 Y 是正相关的；

当 $\eta=1$，$\varphi(t)=1$ 时，表示在尾部 X 和 Y 完全正相关；

当 $\eta=1$，$\varphi(t)\to c>0$，表示在尾部 X 和 Y 渐进相关。

部分 Copula 函数的尾部相关系数和缓慢变化函数见表 5.3：

表 5.3　　　　尾部相关系数 λ 与缓慢变化函数 $\varphi(t)$

Distribution	Upper tail		Lower tail	
	η	$\varphi(t)$	η	$\varphi(t)$
Gaussian	$\dfrac{1+p}{2}$	$C_p(\log t)^{-\frac{p}{1+p}}$	$\dfrac{1+p}{2}$	$C_p(\log t)^{-\frac{p}{1+p}}$
Frank	0.5	$\dfrac{\delta}{1-e^{-\delta}}$	0.5	$\dfrac{\delta}{1-e^{-\delta}}$
Clayton	0.5	$1+\delta$	0.5	$2^{-\frac{1}{\delta}}$
Joe	1	$2-2^{\frac{1}{\delta}}$	0.5	δ
BB1	1	$2-2^{\frac{1}{\delta}}$	1	$2^{-\frac{1}{\delta\theta}}$
BB2	0.5	$\theta(\delta+1)+1$	1	1
BB3	1	$2-2^{\frac{1}{\theta}}$	1	1
BB4	1	$2^{-\frac{1}{\delta}}$	1	$(2-2^{-\frac{1}{\delta}})^{-\frac{1}{\theta}}$
BB6	1	$2-2^{\frac{1}{\delta\theta}}$	$2^{-\frac{1}{\delta}}$	$\theta^{2^{\frac{1}{\delta}}-1}$
BB7	1	$2-2^{\frac{1}{\delta}}$	1	$2^{-\frac{1}{\delta}}$

第六章 基于 Copula-POT-VaR 模型的中国实际测度

第一节 指标与样本数据选取

本部分拟基于第五章理论层面的研究成果,对中国商业银行流动性与房地产价格两者之间的极端关联波动水平进行测度。

在指标确定方面与第四章相同,商业银行流动性指标确定为中国商业银行同业拆借利率 SHIBOR,房地产价格指标则确定为中国商品房价格。

数据选取:2007 年 1 月至 2019 年 11 月,共 153 个月度数据。以上这两个行业的数据均来源于中国经济信息网产业数据库(CEInet Industry Database)。需要说明的是,中经网房地产价格的统计形式为以月为单位的房地产开发企业商品房累计销售额和销售面积这两个指标,需要经过相应处理后才得到以月为单位的商品房价格数据。处理过程详见第四章第一节。

指标形式:同第四章第一节。同样,考虑到简单收益率指标存在正态性假设,违背了有限负债原则,并且,简单收益率指标单期指标服从正态分布但其多期收益却不服从正态分布,故此,这里的商业银行流动性指标及房地产价格指标均选取具有良好统计特性的对数收益率形式:

$$HR_t/BR_t = \log \frac{P_t}{P_{t-1}} \times 100, \quad t = 1, 2, \cdots, n$$

其中，BR_t 表示中国商业银行同业拆借利率 SHIBOR 的波动，HR_t 表示中国商品房价格的波动，P_t 与 P_{t-1} 分别为 t 及 $t-1$ 月的拆借市场或房地产市场的价格。考虑到这两个方面的波动率值都非常小，尤其是极端波动率数值更小，故为计量与观测的便利，将这两个波动指标 R_t 都放大 100 倍。同时，由于采取了对数波动率形式，故中国商业银行同业拆借利率 SHIBOR 及房地产价格波动这两个序列的实际数据分别各有 152 个。

需要注意的是，商业银行同业拆借利率序列 $\{BR_t\}$ 中没有为零的数据，而房地产价格波动序列 $\{HR_t\}$ 中则存在 13 个零数据，约占其全部 152 个数据的 8.55%。序列中之所以有零数据是因为在这些时间点上没有出现价格波动。至于房地产价格波动序列 $\{HR_t\}$ 中为什么会出现这么多为零的数据，这是受到本书所采取的数据处理方法的影响。在房地产价格数据处理过程中，由于中经网每年只从 2 月开始统计其累计指标，故本书将 2 月的累计数据均拆分为 1 月和 2 月的当月指标，这样拆分的方法使得房地产价格数据序列多出现了 13 个为零的指标值。第四章第三节分析了这些零数据给 $\{BR_t\}$ 和 $\{HR_t\}$ 这两个序列的分布及其 POT 模型应用造成的影响。分析结果表明，这些由于数据处理过程所形成的零数据只是增加了房地产价格序列 $\{HR_t\}$ 中的断点，并不对序列的分布特征形成实质性的影响，尤其是对序列尾部阈值的确定以及尾部极值 VaR 的估计没有影响。

第二节 两序列实际相关状态描述

中国商业银行同业拆借利率序列 $\{BR_t\}$ 与房地产价格序列 $\{HR_t\}$ 的波动状况见图 4.1，为观测便利，现将此图移过来。从波动状况来看，这两个序列都具有显著的集聚效应。从图 4.1 还可以直观地观察出这两个序列之间很可能存在一定程度的关联性，甚至有时存在同时出现极大值或极小值的情形。不过，受图像展示的有限性，这里还很难客观地判断两者之间是否存在密切的波动关联性，更是难以判断两者波动之间的关联程度与水平。

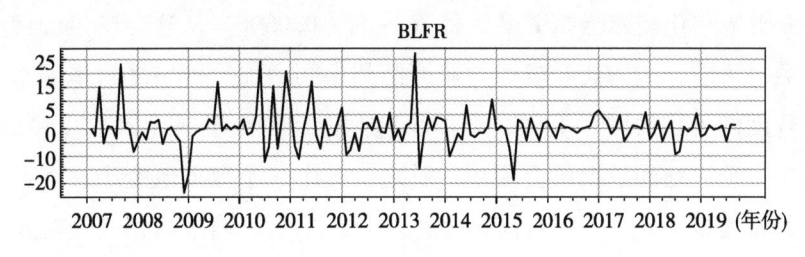

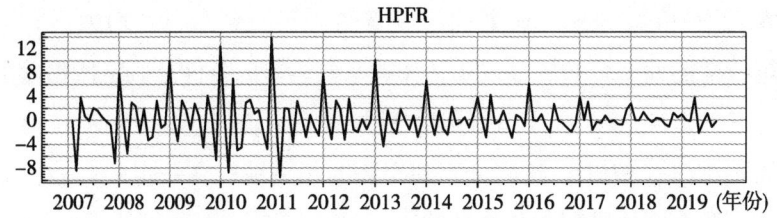

图 4.1 商业银行同业拆借利率序列 $\{BR_t\}$ 与房地产价格序列 $\{HR_t\}$ 波动图（2007.1—2019.9）

本节利用 Copula 函数对 $\{BR_t\}$、$\{HR_t\}$ 这两个序列构造两者的联合分布。如果这两个序列在同一时刻任何一个序列的数据值为零，那么很可能就会引起这两个序列的经验边际和联合分布在零刻度时产生较大的跳跃。故此，这里首先需要将 $\{BR_t\}$、$\{HR_t\}$ 这两个波动序列中在同一时点任何一个序列数据值为零的这组数据去掉。经计算，$\{BR_t\}$ 序列中零数据个数为 0，$\{HR_t\}$ 序列中零数据个数为 13，在同一时刻点这两个序列数据值均为零的个数是 0 组。去掉任何一个序列单边为零的数据 13 组之后，尚余 139 组有效数据。

在 $\{BR_t\}$、$\{HR_t\}$ 这两个序列为正态分布的假设之上，本节利用皮尔逊相关系数（Pearson Correlation Coefficient）[①] 测度了中国商业银

---

① 皮尔逊相关系数又称为简单相关系数，它描述了两个定距变量间联系的紧密程度（线性关系）。样本的简单相关系数一般用 R 表示。R 的取值在 -1 与 $+1$ 之间，若 $R>0$，表明两个变量是正相关，即一个变量的值越大，另一个变量的值也会越大；若 $R<0$，表明两个变量是负相关，即一个变量的值越大，另一个变量的值反而会越小。R 的绝对值越大表明相关性越强，要注意的是这里并不存在因果关系。若 $R=0$，表明两个变量间不是线性相关，但有可能是其他方式的相关（比如曲线方式）。

行同业拆借利率序列 $\{BR_t\}$ 与房地产价格序列 $\{HR_t\}$ 之间的相依性，计算得出皮尔逊相关系数值 R 约为 -0.0596。从这个皮尔逊相关系数值来看，中国商业银行同业拆借利率同房地产价格之间呈现出一定程度的负相关波动关系，即如果这两个序列中的一个数据值变大，则另一个序列的数据值会变小；反之，其中一个数据值变小，则另一个数据值将会变大。不过需要注意的是，本书第四章的相关检验表明 $\{BR_t\}$、$\{HR_t\}$ 这两个序列均为显著的非正态分布，且均为具有尖峰厚尾特征的偏态分布，而皮尔孙相关系数检验的条件是假定所检验的序列为正态分布。故此，这里的皮尔逊相关系数值 R（-0.0596）很可能会同 $\{BR_t\}$、$\{HR_t\}$ 这两个序列实际的相关性存在一定的偏差，尤其是在这两个序列尾部相关的部分。

中国商业银行同业拆借利率序列 $\{BR_t\}$ 与房地产价格序列 $\{HR_t\}$ 两者相关联的散点分布见图 6.1，左图是这两个序列实际存在的相关分布的散点图，右图则是在这两个序列都是正态分布的假设下作出的相关分布的散点图。观测图 6.1，可以明显地看出左右两图存在的一些差异：在实际相关分布图中两个序列均为零刻度的位置，两个序列的散点分布相对更集中一些，而在正态分布假设下的相关分布中，两个序列的散点分布则明显相对稀疏。从图中的散点分布来看，甚至在左右两图的右上角及两个序列较大正值分布的地方，右图显得更分散一些。而在大多数金融序列相关分布中，往往是正态分布假设下的序列相关分布比较集中，而远离集中分布区域的散点较少。

通过观察图 6.1，$\{BR_t\}$ 与 $\{HR_t\}$ 的实际相关分布状况同基于正态分布假设之下的模拟分布存在较大的差异性。如果在 $\{BR_t\}$、$\{HR_t\}$ 序列均是在正态分布假设下刻画 $\{BR_t\}$、$\{HR_t\}$ 这两个序列之间的相关性，很可能在这两个序列常规及尾部极端波动的相关性估计方面会出现错误的估计结果。

在第三章中，对金融时间序列常常所具有的尖峰厚尾分布进行了较为详细的阐述，并深入分析了当前国际上最主要的风险测度工具

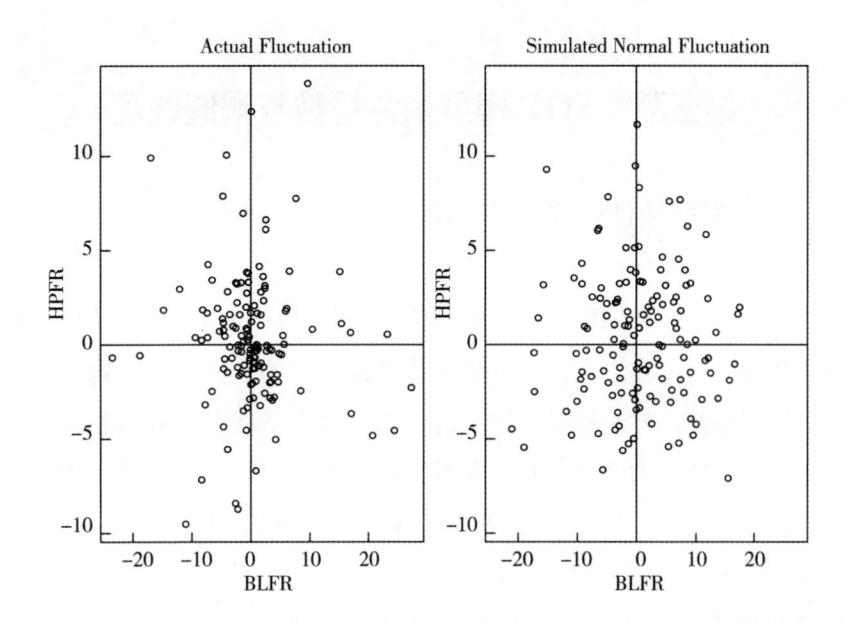

图 6.1 $\{BR_t\}$ 与 $\{HR_t\}$ 实际分布与正态分布假设下的相关分布散点图

VaR 因其不合理的正态分布的假设而导致的尾部极端风险低估的问题。基于对这个问题的分析，本书在第三章中将极值理论引入金融时间序列尾部风险计算中，并将极值理论的 POT 模型同 VaR 技术结合起来，构建了极值 VaR 模型以实现对极端风险的精确测度。相关具体内容详见第三章，此处不再赘述。

在第四章中，对中国商业银行同业拆借利率序列 $\{BR_t\}$ 与房地产价格序列 $\{HR_t\}$ 的厚尾偏态分布进行了检验，并利用构建的极值 POT 模型分别测度了 $\{BR_t\}$、$\{HR_t\}$ 序列的上尾部、下尾部极端风险值。在最后的回测环节，也验证了在对 $\{BR_t\}$、$\{HR_t\}$ 序列极端风险的测度中，极值 POT 模型的有效性要显著高于正态分布下的 VaR 模型。本部分将基于这些前述研究的结果，进一步利用第五章构建的 Copula-POT-VaR 混合模型，对中国商业银行同业拆借利率序列 $\{BR_t\}$ 与房地产价格序列 $\{HR_t\}$ 之间的尾部相关性进行测度，也即定量地测度两者之间极端波动的相依性。

第三节　POT 模型条件检验与阈值确定

一　模型条件检验

商业银行同业拆借利率序列 $\{BR_t\}$ 与房地产价格序列 $\{HR_t\}$ 的统计特征，包括偏态性、独立性及尖峰厚尾性等方面，这些均在第四章进行了检验。检验结果表明，这两个序列都是一个具有偏态的、非独立的、平稳性的厚尾分布。同时，根据 Leadbetter 等（1983）、McNeil（1998）的相关研究结论做出判断：虽然商业银行同业拆借利率序列 $\{BR_t\}$ 与房地产价格序列 $\{HR_t\}$ 是非独立的序列，但仍然可适用于极值 POT 模型。具体内容可参见第四章相应部分。

二　阈值确定

本章中商业银行同业拆借利率序列 $\{BR_t\}$、房地产价格序列 $\{HR_t\}$ 上尾部、下尾部的阈值与第四章的取值过程是相同的，并且，两个序列的超阈值个数也是相同的。但是，需要注意的是，这里商业银行同业拆借利率序列 $\{BR_t\}$、房地产价格序列 $\{HR_t\}$ 中的数据个数同第四章略有不同。在第四章中，商业银行同业拆借利率序列 $\{BR_t\}$、房地产价格序列 $\{HR_t\}$ 包含了为零的数据，而本章节中的商业银行同业拆借利率序列 $\{BR_t\}$、房地产价格序列 $\{HR_t\}$ 已经剔除了在同一时点任意一方为零的数据，观测样本量共有 139 组。

图 6.2 分别是去掉零数据之后的 $\{BR_t\}$、$\{HR_t\}$ 两个序列的 QQ 图，其中，$\{BR_t\}$ 包含 152 个非零的数据，$\{HR_t\}$ 包含 139 个非零的数据。图 6.3 则是将 $\{BR_t\}$、$\{HR_t\}$ 中删除任何一方数据为零的那一组数据之后再分别画出的 QQ 图，这两个序列均分别包含 139 个非零

的数据①。

图6.2 $\{BR_t\}$、$\{HR_t\}$ 分别删去零数据后的 QQ 图

图6.3 $\{BR_t\}$、$\{HR_t\}$ 一起删去零数据后的 QQ 图

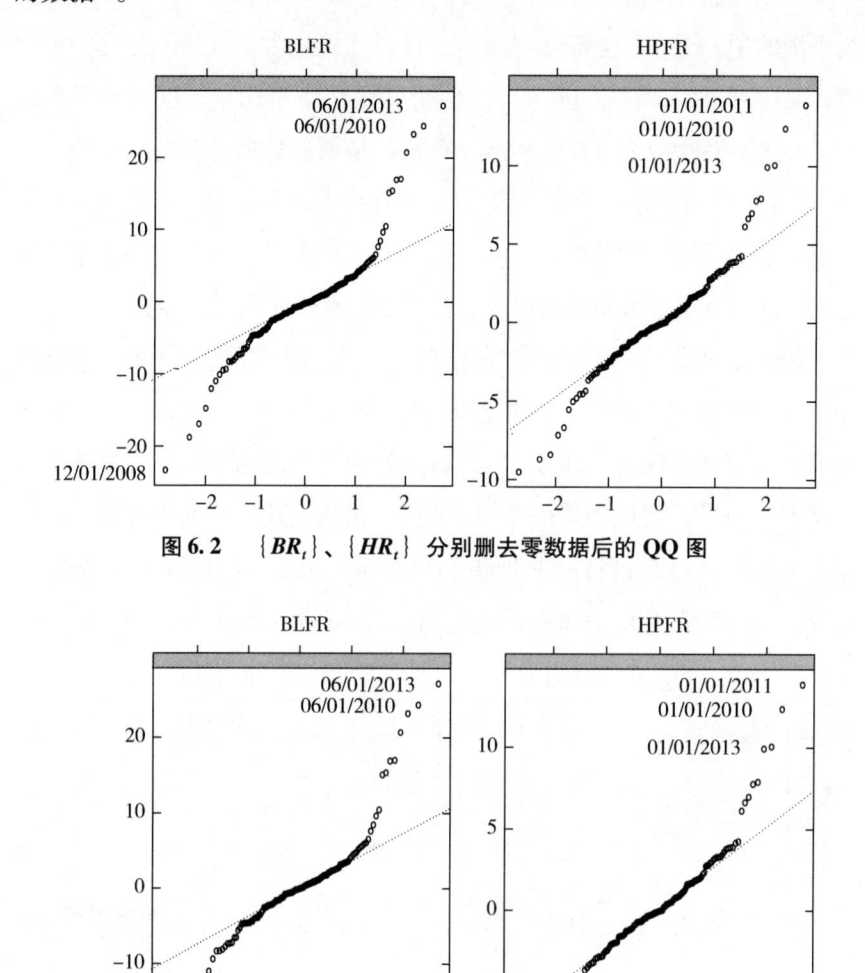

将图6.2同图4.3相比较，可以看出，去掉为零数据前后的 $\{BR_t\}$、

---

① 本书自此后，如无特殊说明，$\{BR_t\}$、$\{HR_t\}$ 两个序列均表示已经剔除掉非零数据后的时间序列。

$\{HR_t\}$ 的 QQ 分布图基本是一样的，只是原图 4.3 中的中段凸起之处变为平滑的了，至于其他部分则基本一致。分析认为，这是因为这些零数据只是影响了 $\{BR_t\}$、$\{HR_t\}$ 这两个序列在横坐标零刻度上的累积频率，而没有对这两个序列的尾部分布尤其是阈值处的分布造成影响。再进一步将图 6.3 同图 6.2 相比较，也可以看出两者的 QQ 图基本上也是没有差别的。这些状况均表明删除这两个序列中任一方为零的数据，对这两个序列的尾部分布及阈值确定基本上没有造成显著的影响。

综合以上分析，可得出：在第四章第二节中所确定的商业银行同业拆借利率序列 $\{BR_t\}$、房地产价格序列 $\{HR_t\}$ 上尾部、下尾部的阈值，对将删除任何一方为零数据的数据组之后的商业银行同业拆借利率序列 $\{BR_t\}$、房地产价格序列 $\{HR_t\}$ 仍然适用。图 6.4 为删除零数据之后的中国商业银行同业拆借利率序列 $\{BR_t\}$ 与房地产价格序列 $\{HR_t\}$ 上下尾部相应的 MEF。可与图 4.4、图 4.6 及图 4.7 相比较。

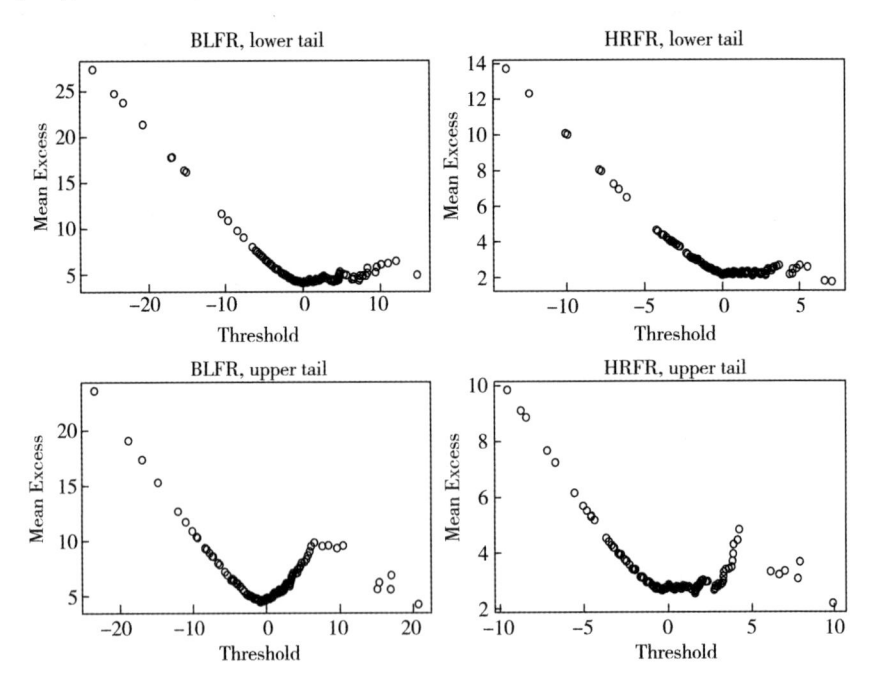

图 6.4 删除零数据后 $\{BR_t\}$、$\{HR_t\}$ 上下尾部的平均超出量函数

图 6.5 是商业银行同业拆借利率序列 $\{BR_t\}$、房地产价格序列 $\{HR_t\}$ 上尾部（上图）与下尾部（下图）的形状参数 ξ 随阈值 u 的选择而发生的变化。观测极值指数 ξ 随阈值 u 的选择而发生的变化可判断阈值选取的好坏，具体表述可参见第四章第二节相关内容。

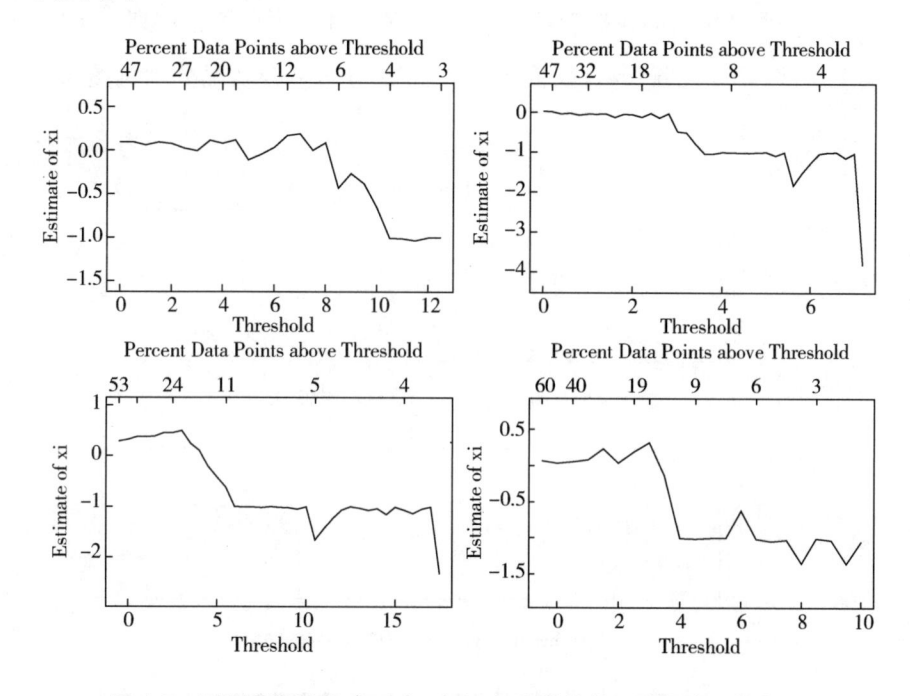

图 6.5 删除零数据后 $\{BR_t\}$、$\{HR_t\}$ 极值指数 ξ 随阈值 u 的变化

在第四章第二节，利用 MEF 并结合参数估计值稳定法，确定了商业银行同业拆借利率序列 $\{BR_t\}$ 的上尾部、下尾部的阈值分别为 3.5 与 -4.2，房地产价格序列 $\{HR_t\}$ 的上尾部、下尾部的阈值则分别为 2.8 与 -2.1[①]。

[①] 由于在一维 POT 模型中，计算下尾部相关数值时都是将原数据加负号转为正数处理，故在第四章中，两个序列的下尾部的相关数值如阈值及风险值都表现为正值，但注明了其是下尾的数值。从本章起，关于序列下尾的相关数值如阈值或风险值，则以负数直接表达。

第四节 拟合检验与参数估计

一 拟合检验

中国商业银行同业拆借利率序列 $\{BR_t\}$ 和房地产价格序列 $\{HR_t\}$ 的上尾部、下尾部超各自阈值数据的 GPD 分布拟合状况分别见图 6.6 与图 6.7。

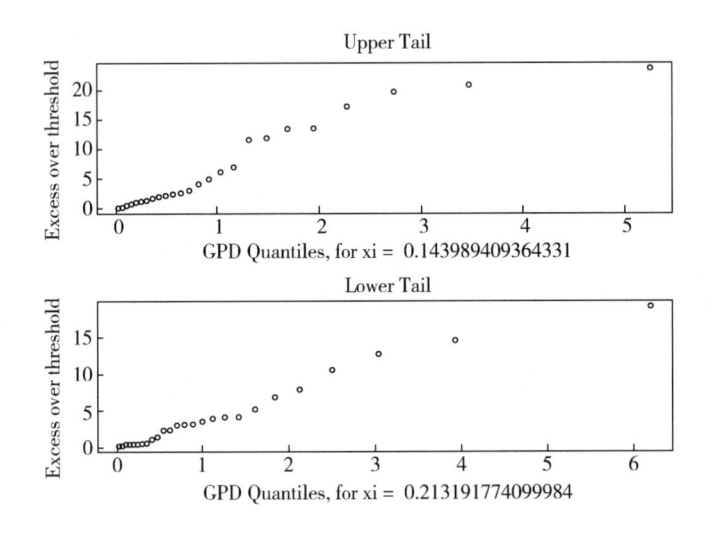

图 6.6 $\{BR_t\}$ 超阈值数据的 GDP 拟合

注：$u_{up}=3.5$；$u_{down}=-4.2$。

图 6.8 与图 6.9 分别是零数据删除之后的商业银行同业拆借利率序列 $\{BR_t\}$ 上尾部、下尾部拟合的诊断状况，图 6.10 与图 6.11 则是房地产价格波动序列 $\{HR_t\}$ 上尾部、下尾部拟合的诊断状况。各图左上为超出量分布图（Excess Distribution），右上为总体分布的尾部分布图（Tail of Underlying Distribution），左下为残差的散点图（Scatter-plot of Residuals），右下为 QQ 残差图（QQplot of Residuals）。从图中可以观测到：在超出量分布图、总体分布的尾部分布图及残差的 QQ

第六章 基于 Copula-POT-VaR 模型的中国实际测度

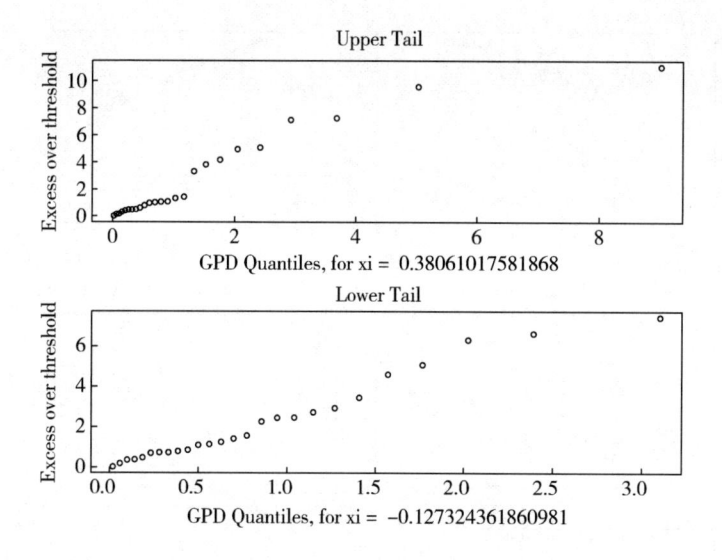

图 6.7 $\{HR_t\}$ 超阈值数据的 GDP 拟合

注：$u_{up}=2.8$；$u_{down}=-2.1$。

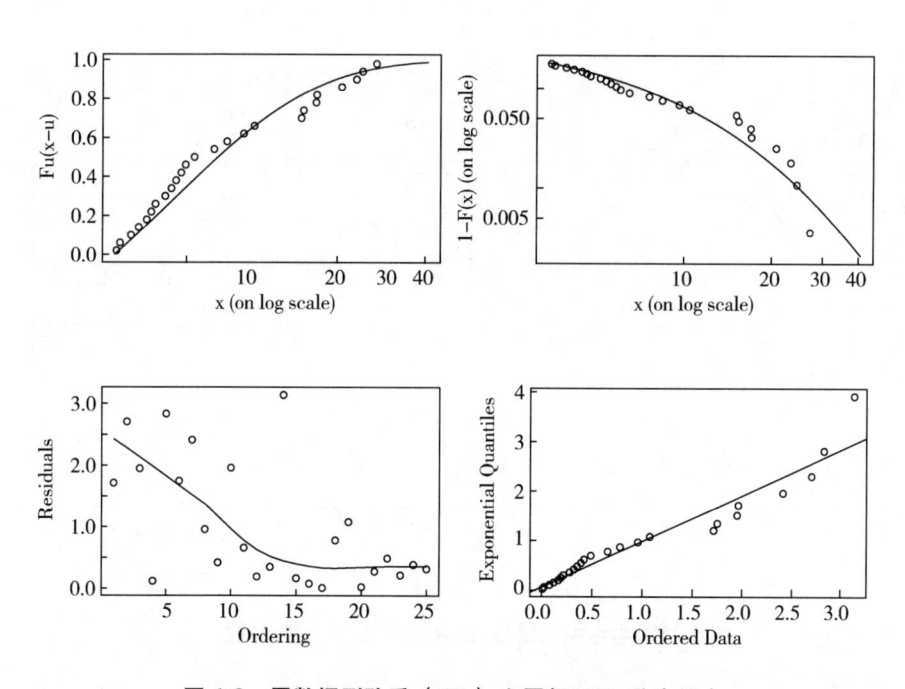

图 6.8 零数据删除后 $\{BR_t\}$ 上尾部 GPD 分布拟合

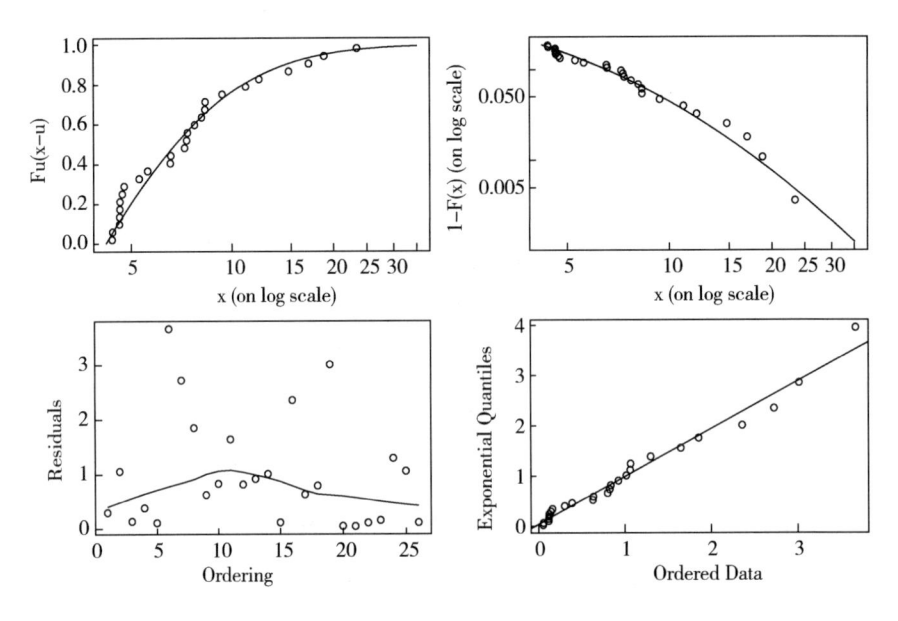

图6.9 零数据删除后 $\{BR_t\}$ 下尾部 GPD 分布拟合

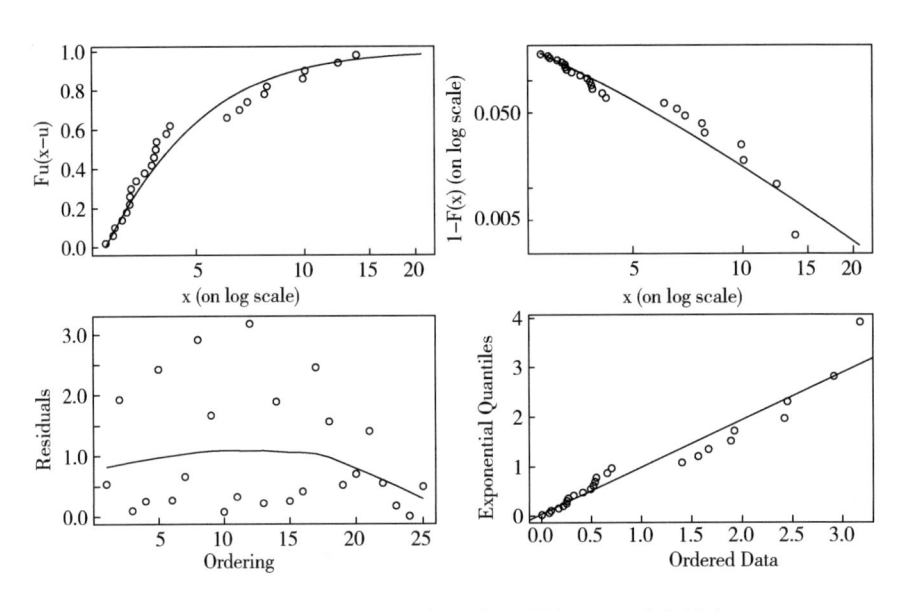

图6.10 零数据删除后 $\{HR_t\}$ 上尾部 GPD 分布拟合

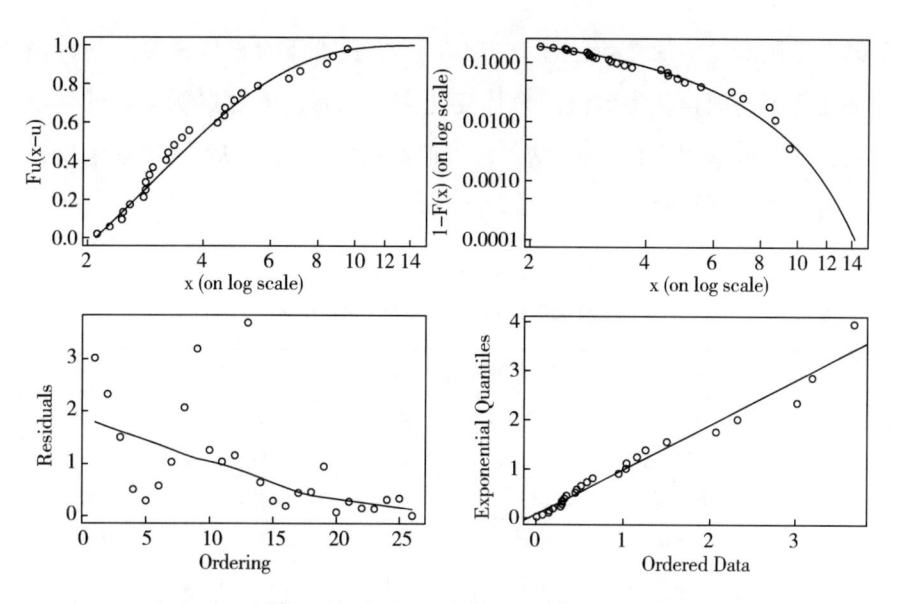

图 6.11　零数据删除后 $\{HR_t\}$ 下尾部 GPD 分布拟合

图中，散点紧密围绕参照线分布，在残差散点图中，分布拟合情况也较令人满意。因此，基于以上选定的阈值进行 GPD 分布拟合，可得到较好的估计效果。

二　参数估计

本章中的商业银行同业拆借利率序列 $\{BR_t\}$、房地产价格序列 $\{HR_t\}$ 是剔除了零数据之后的时间序列，剔除零数据虽然没有影响到商业银行同业拆借利率序列 $\{BR_t\}$、房地产价格序列 $\{HR_t\}$ 的阈值选取及超阈值的极值数据个数，但其却对 GDP 分布拟合中的有关参数估计造成了一定程度的影响。

利用极大似然估计法对这两个序列的尾部 GPD 分布拟合时进行的参数估计结果见表 6.1。观测表中数据，可发现删除零数据对 GPD 分布中的参数估计确实存在一定程度的影响。除了房地产价格序列 $\{HR_t\}$ 下尾部参数 ξ 与 β 的值没有改变，商业银行同业拆借利率序列 $\{BR_t\}$

的上下尾部、房地产价格序列 $\{HR_t\}$ 的上尾部的 ξ 与 β 参数估计值都变化了。而且从参数值的总体变化方向来看，零数据删除后的商业银行同业拆借利率序列 $\{BR_t\}$、房地产价格序列 $\{HR_t\}$ 序列的极值参数 ξ 值略微小些。

表 6.1　　　　　　　零数据删除前后参数估计对比结果

		零数据删除前的数据		零数据删除后的数据	
		ξ	β	ξ	β
$\{BR_t\}$	上尾部	0.2438	5.1857	0.1400	5.9666
	下尾部	0.1017	3.9017	0.2132	3.4475
$\{HR_t\}$	上尾部	0.3806	1.7913	0.3806	1.7913
	下尾部	-0.1273	2.5214	-0.1273	2.5214

图 6.12 分别是商业银行同业拆借利率序列 $\{BR_t\}$ 和房地产价格序列 $\{HR_t\}$ 实际波动状况同半参数 GPD 分布拟合状况比较的 QQ 图。图中横轴为 $\{BR_t\}$ 和 $\{HR_t\}$ 两个序列的实际波动，纵轴为两个序列

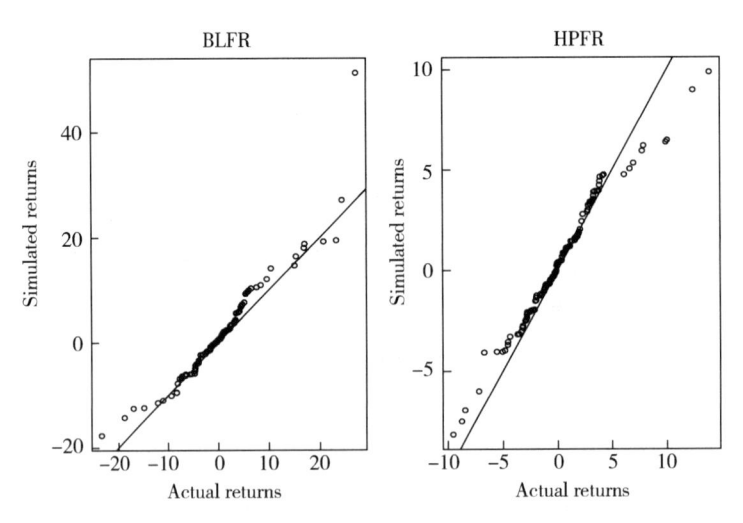

图 6.12　$\{BR_t\}$ 与 $\{HR_t\}$ 实际波动状况同半参数 GDP 分布拟合状况比较的 QQ 图

基于半参数 GPD 分布拟合的波动变化。从图形来看，两个序列的散点基本紧密围绕参照线分布，尤其是在分布的中部更为紧密，这表明基于半参数 GPD 分布的拟合可以充分地描述 $\{BR_t\}$ 和 $\{HR_t\}$ 这两个序列波动的边缘分布。

第五节　GPD 分布刻画两序列相关性的不足

虽然基于半参数 GPD 分布的拟合可以充分地描述商业银行同业拆借利率序列 $\{BR_t\}$ 和房地产价格序列 $\{HR_t\}$ 的边缘分布，然而，这种 GPD 分布的拟合却无法捕捉到商业银行同业拆借利率序列 $\{BR_t\}$ 和房地产价格序列 $\{HR_t\}$ 之间的相关性，尤其是这两个序列尾部的相关性。

基于半参数 GPD 分布拟合出来的 $\{BR_t\}$ 和 $\{HR_t\}$ 这两个序列的相关性见图 6.13。与图 6.1 中的左右两图相对比，可以看出图 6.13 中的散点分布要比图 6.1 中的右图集中，散点在零刻度处明显密集，而远离零刻度处的散点分布则明显稀疏。这些状况表明基于 GPD 分布拟合 $\{BR_t\}$ 和 $\{HR_t\}$ 这两个序列的相关性要显著地优于正态分布假设下进行的拟合。但是，将图 6.13 同图 6.1 的左图相比较，可看出在左下角与右上角之处还存有一些可直接观察出来的差异。总体来看，图 6.13 的散点分布较图 6.1 左图疏散些（注意图 6.13 与图 6.1 的测度标注是不同的）。

从以上分析可以看出，基于厚尾 GPD 分布的极值 POT 模型可以充分地描述单个变量的边际分布，然而，其却不能有效地描述存在相关性的两个边缘分布的联合分布，尤其是不能有效地描述商业银行同业拆借利率序列 $\{BR_t\}$ 和房地产价格序列 $\{HR_t\}$ 尾部的实际相关性。针对此问题，本书将进一步将 Copula 函数同极值 POT 模型结合起来，构建 Copula 函数同极值 POT 模型的混合模型，以更准确地描述商业银行同业拆借利率序列 $\{BR_t\}$、房地产价格序列 $\{HR_t\}$ 尾部极端风险存在的相关性。

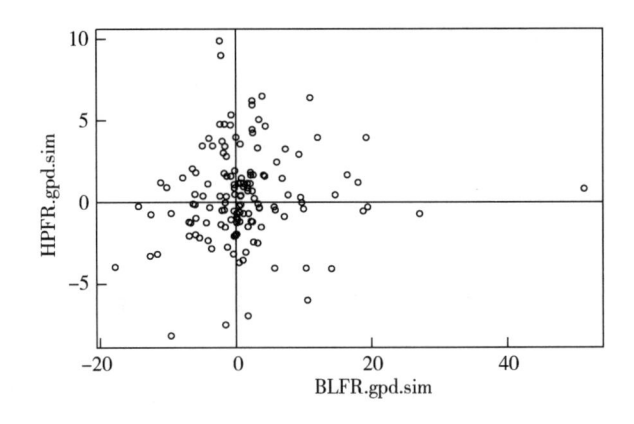

图 6.13　基于半参数 GPD 分布拟合的 $\{BR_t\}$、$\{HR_t\}$ 相关性

第六节　Copula 函数的判断与选择

一　判别准则

在第五章，已经详细地介绍了当前择选 Copula 函数的主要方法，包括了图解法和解析法。

本节则主要利用 AIC 准则、BIC 准则以及 HQ 准则择选 Copula 函数的具体类型。AIC 准则与 BIC 准则已在第五章第四节中进行了详细的介绍，两个判断准则的标准都是选择具有最小 AIC 值或 BIC 值的 Copula 函数类型。通过 BIC 准则与 AIC 准则相比较还可得知，BIC 准则相比 AIC 准则在大样本量时对模型参数惩罚得更多，这样导致 BIC 准则更倾向于选择参数少的简单模型，修正了 AIC 准则在判别模型时存在的收敛性不好的缺点。

HQ 准则是除了上述最常应用的 AIC 准则与 BIC 准则之外，在信息准则方面常常使用的准则之一。HQ 准则的总体思路与 AIC 准则、BIC 准则是一致的，之间的区别仅仅在于其对新增参数损害预测精度的惩罚力度有所不同。HQ 准则的具体计算公式如下：

$$HQ = \frac{ee}{n}(\ln(n))^{\frac{2k}{n}} \qquad (6.1)$$

其中，ee 为残差平方和，k 为待估计参数的个数。

二 概率积分转换

基于前述的建模思路，在运用基于 GPD 分布的 POT 模型对商业银行同业拆借利率序列 $\{BR_t\}$ 和房地产价格序列 $\{HR_t\}$ 的上下尾分布进行刻画后，本部分将首先对商业银行同业拆借利率序列 $\{BR_t\}$ 和房地产价格序列 $\{HR_t\}$ 进行概率积分转换，将其转换为区间 [0, 1] 上的均匀分布。然后，再根据概率积分结果绘制经验 Copula 函数的散点分布图与概率密度曲面图，通过对这两个图形的观察，初步筛选出 Copula 函数的选择范围。随后，将概率积分的结果代入所选择的 Copula 函数进行拟合。在得到拟合结果后，最后，综合考虑 AIC 准则、BIC 准则及 HQ 准则来确定最优的 Copula 函数。

概率积分转换的基本过程如下：

首先，采用基于 GPD 分布的 POT 模型分别对样本观测值长度为 T 的序列 X 和 Y 上下尾部的分布进行拟合。

然后，以上一步中的拟合结果表示序列 X 和 Y 的尾部，以各自的经验分布表示这两个序列剔除尾部后的常规波动分布状况，进而得到基于半参数 POT 模型的序列 X 和 Y 的边缘分布函数。边缘分布函数形式如下：

$$F_i(x) = \begin{cases} \widetilde{F}_i(u_{i,L})\left(1 - \dfrac{\hat{\xi}_{i,L}(x - u_{i,L})}{\hat{\beta}_{i,L}}\right)^{\frac{-1}{\hat{\xi}_{i,L}}}, & x < u_{i,L} \\ \widetilde{F}_i(x), & u_{i,L} \leq x \leq u_{i,U} \\ 1 - \{1 - \widetilde{F}_i(u_{i,U})\}\left\{1 + \dfrac{\hat{\xi}_{i,U}(x - u_{i,U})}{\hat{\beta}_{i,U}}\right\}^{\frac{-1}{\hat{\xi}_{i,U}}}, & x > u_{i,U} \end{cases} \qquad (6.2)$$

其中，$i=1$，2 分别对应资产 X 和资产 Y；$\tilde{F}_i(x)$ 为经验分布函数；$u_{i,L}$ 与 $u_{i,U}$ 分别为下尾部与上尾部的阈值；$\hat{\xi}_{i,L}$ 与 $\hat{\xi}_{i,U}$ 为下尾部与上尾部的形状参数估计值；$\hat{\beta}_{i,L}$ 与 $\hat{\beta}_{i,U}$ 为下尾部与上尾部尺度参函数估计值。

基于以上方法与过程，得到 $\{BR_t\}$ 和 $\{HR_t\}$ 这两个序列概率积分后的经验 Copula 函数的散点分布图与概率密度曲面图，分别见图 6.14 左右两图。左右两图中横纵坐标分别表示 $\{BR_t\}$ 和 $\{HR_t\}$ 这两个序列，坐标数值接近于 0，对应 $\{BR_t\}$ 和 $\{HR_t\}$ 这两个序列的暴跌，接近于 1，对应 $\{BR_t\}$ 和 $\{HR_t\}$ 这两个序列的暴涨。

观测图 6.14，不幸地发现，左图的散点分布并没有直观显示出集中分布状态，尤其是在边长为 1 的整个正方形区域内。左上角与右下角的散点也没有表现出较左下角及右上角的散点分布更为集中的状态。理论上来说，如果两个特定的序列尾部具有显著的相关性，这两个序列概率积分后的经验 Copula 散点分布图应类同于图 6.15 中的左图。

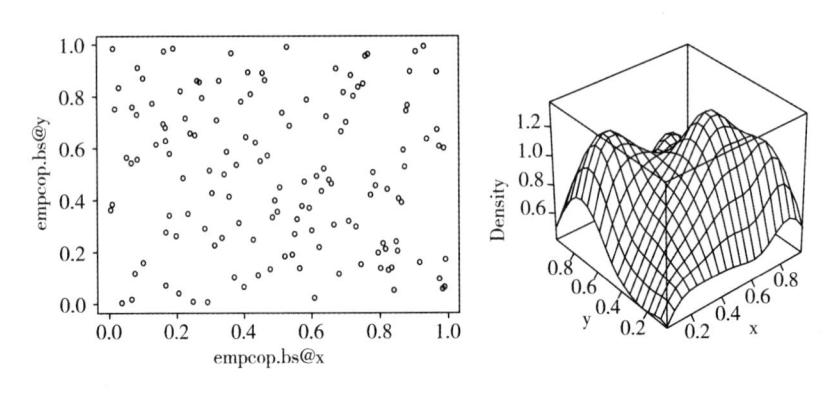

图 6.14 $\{BR_t\}$ 与 $\{HR_t\}$ 经验 Copula 散点分布图（左）
与概率密度曲面图（右）

另外，观测图 6.15 右边的概率密度曲面图，前上角和后上角的分布也都没有分别向上方翘起。一般从图示来看，如果在概率密度曲面

第六章 基于 Copula-POT-VaR 模型的中国实际测度

图中，前上角和后上角同时向上方翘起，则表明所分析的两个特定序列之间的尾部呈现一定的正相关关系。两个角的上翘程度越大，则表明这两个特定序列尾部之间存在越紧密的正向相关。同样，两个具有显著尾部正相关性的序列概率积分后得到的概率密度曲面图应类似图 6.15 右图。然而，在图 6.14 右边的概率密度曲面图中，前上角和后上角非但没有同时向上方翘起，反而是在这两个角部向下延伸，而且，在邻近前上角和后上角的区域，图面还呈现为向上凸起的状态。

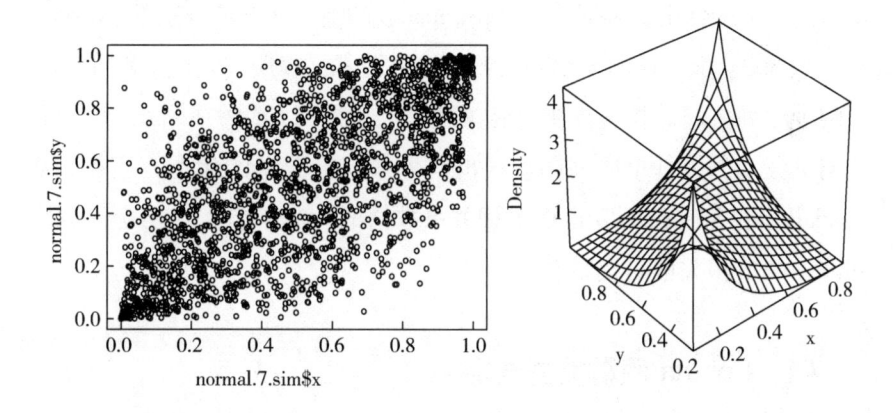

图 6.15　具有显著尾部相关性的经验 Copula 散点分布图（左）与概率密度曲面图（右）

观测上述 $\{BR_t\}$ 和 $\{HR_t\}$ 这两个序列概率积分后的经验 Copula 散点分布图与概率密度曲面图，发现通过观察图 6.14 还难以断定 $\{BR_t\}$ 和 $\{HR_t\}$ 这两个序列之间到底存在何种程度的相关性，包括两个序列中部及尾部两个部分的相关性。为了进一步检验 $\{BR_t\}$ 和 $\{HR_t\}$ 这两个序列的中部及尾部的相关性，本部分将首先计算出这两个序列的相关性数值，在大概判断这两个序列的中部相关性之后，再在尽可能多的空间内对可选的 Copula 函数具体类型进行检验并比较，最后再根据判断准则选取出最优的 Copula 函数具体类型，利用该具体 Copula 函数计算 $\{BR_t\}$ 和 $\{HR_t\}$ 这两个序列尾部的相关性。

三 Kendall τ 和 Spearman ρ 值估计

在第五章第三节，已经对 Kendall τ 和 Spearman ρ 这两个最常用的关联性度量指标进行了较为详细的介绍。前述已强调，由于离散型随机变量存在"结"，和谐性度量 Kendall τ 与 Spearman ρ 边缘分布有关。为了从总体上对 $\{BR_t\}$ 和 $\{HR_t\}$ 这两个序列之间的相关性进行判断，这里先分别计算出 Kendall τ 和 Spearman ρ 的值，两个值分别是 -0.0608 和 -0.0893。由于这两个相关系数值均小于零，表明 $\{BR_t\}$ 和 $\{HR_t\}$ 这两个序列之间总体呈现出负相关关系，也即 $\{BR_t\}$ 或 $\{HR_t\}$ 向上或向下波动，另一个序列则呈现出向下或向上波动的状态。当然，从 Kendall τ 和 Spearman ρ 这两个相关系数值的大小来看，这两个序列之间波动的负相关性是比较弱的。

四 Copula 函数类型确定

虽然通过 Kendall τ 和 Spearman ρ 的值，可从总体上判断 $\{BR_t\}$ 和 $\{HR_t\}$ 这两个序列之间总体呈现出较弱的负相关关系，但还是难以从前述相关分析中判断 $\{BR_t\}$ 和 $\{HR_t\}$ 这两个序列的尾部存在何种状态的关联，故这里还难以确定采取哪一种具体的 Copula 函数形式来拟合这两个序列的尾部相关性。针对此问题，本节将采取尽可能多的常用 Copula 函数形式，并逐一对 $\{BR_t\}$ 和 $\{HR_t\}$ 这两个序列的尾部相关性进行拟合，之后再根据 AIC 准则、BIC 准则以及 HQ 准则对 Copula 函数的具体类型进行选择。表 6.2 中即为待选的 Copula 函数具体类型及其待估参数与构造函数。

第六章　基于 Copula-POT-VaR 模型的中国实际测度

表6.2　　　　　待选的 Copula 函数具体类型及其构造函数

具体函数形式	参数	族函数
Normal Copula	delta	Copula
Frank Copula	delta	Copula, archm. copula
Clayton Copula	delta	Copula, archm. copula
Joe Copula	theta	Copula, archm. copula
Gumbel Copula	delta	Copula, ev. copula
Twan Copula	Alpha, beta, gamma	Copula, ev. copula
BB1 Copula	theta, delta	Copula, archm. copula
BB2 Copula	theta, delta	Copula, archm. copula
BB3 Copula	theta, delta	Copula, archm. copula
BB4 Copula	theta, delta	Copula, archm. copula
BB6 Copula	theta, delta	Copula, archm. copula
BB7 Copula	theta, delta	Copula, archm. copula

在第五章第二节 Copula 函数类型中，已对表6.2中的这些具体的 Copula 函数形式进行了详细的介绍，以下是这些 Copula 函数的扼要特征总结。

正态 Copula 函数的具体形式取决于参数 ρ。当 $\rho = 1$ 或 $\rho = -1$ 时，正态连接函数分别就是 Frechet-Hoeffding 的上、下界。

正态 Copula 函数和 t-Copula 函数的差别主要体现在函数尾部分布的厚度不同，而在中心区域的差别并不大。t-Copula 函数具有较厚的尾部分布，但随着自由度 v 的增大，t-Copula 函数的尾部厚度越薄，当自由度 $v > 30$ 时，t-Copula 函数则非常接近于正态 Copula 函数。正态 Copula 函数和 t-Copula 函数都存在一个显著的特点，即具有对称性，无法捕捉具有非对称性的变量间的相关关系，而金融风险数据上下尾部的风险数据常常是呈非对称分布的，并常常具有更显著的下尾风险。

Gumbel Copula 的分布密度函数为"J"形，为非对称性分布，其下尾部较低而上尾部较高，故该函数类型对随机变量之间上尾部的变化较为敏感，适合于测度随机变量间上尾部的相关性。Clayton Copula 的分布密度函数为非对称性的"L"形分布，同 Gumbel Copula 分布特征相对，其上尾部较低而下尾部较高，故该函数类型对随机变量之间下尾部的变化较为敏感，适合测度随机变量间下尾部的相关性。Frank Copula 分布密度函数则呈"U"形的对称分布，故该函数不适于测度随机变量之间存在的非对称性相关关系，也难适用于测度变量间尾部的相关性。

BB1 Copula、BB2 Copula、BB3 Copula、BB6 Copula 及 BB7 Copula 函数含有双参数，能同时估计上下尾部的相关性。从函数构造原理来看，双参数阿基米德 Copula 函数较单参数阿基米德 Copula 函数可更精确地测度变量间的相关关系。但是，由于在测度金融时间序列时，函数的测度精度又常常受到样本数据结构的影响，所以，只能严格地说，在多数情况下，双参数阿基米德 Copula 函数的拟合度确实要高于单参数阿基米德 Copula 函数。

Tawn Copula 和 BB5 Copula 分别是 Gumbel Copula 函数的非对称性和双参数的扩展。

$\{BR_t\}$ 和 $\{HR_t\}$ 这两个序列之间总体上呈现出较弱的负相关关系，考虑到这种情况，为了便于计算，可将其中的一个序列加负号处理；然后，再进行这两个序列的相关性拟合；最后，再将相应的拟合结果加负号还原即可。以下部分均是在将 $\{HR_t\}$ 加负号的情况下进行处理的。

利用表6.2中的各 Copula 具体函数类型对 $\{BR_t\}$ 和 $\{HR_t\}$ 这两个序列样本数据进行拟合所得的等值线图见图6.16。同上，表6.3是利用表6.2中的各 Copula 具体函数类型对 $\{BR_t\}$ 和 $\{HR_t\}$ 这两个序列样本数据进行拟合所得到的参数值、相关系数值、尾部指数参数（$\hat{\lambda}_U(q)$ 和 $\hat{\lambda}_L(q)$）的值。关于尾部指数 $\hat{\lambda}_U(q)$ 和 $\hat{\lambda}_L(q)$ 的详细内容参见第五章第三节。

第六章 基于 Copula-POT-VaR 模型的中国实际测度

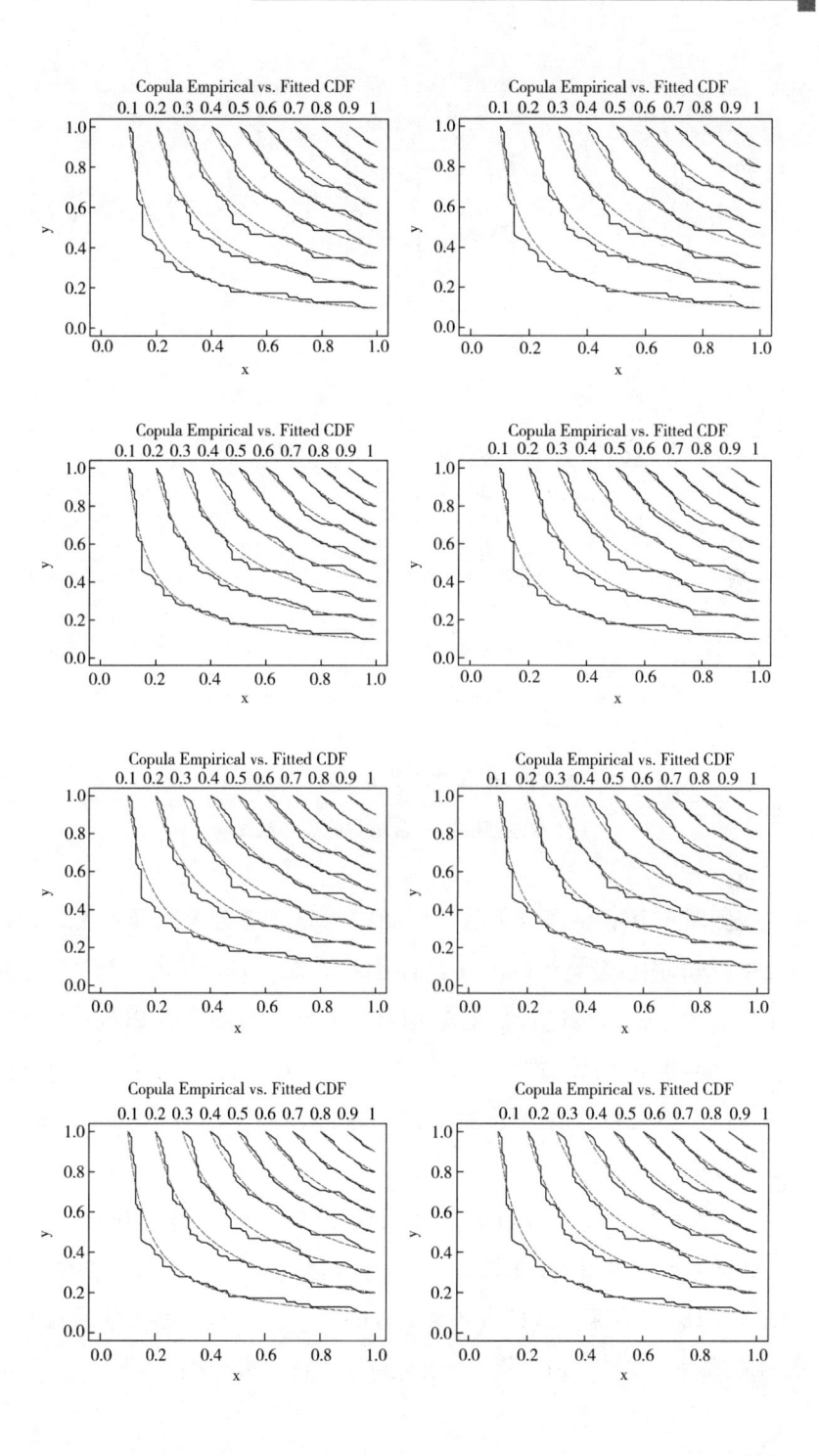

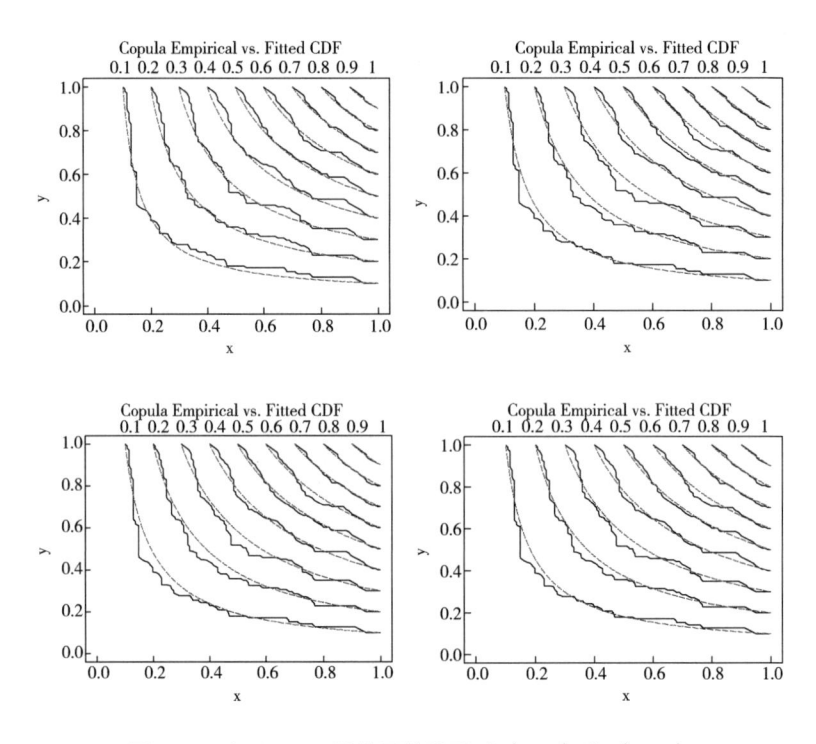

**图 6.16　各 Copula 具体函数类型对 $\{BR_t\}$ 和 $\{HR_t\}$
样本数据进行拟合所得的等值线图**

观测图 6.16，从直观上看，各图中的曲线拟合情况都差不多，这里还难以确定利用哪个 Copula 具体函数可对 $\{BR_t\}$ 和 $\{HR_t\}$ 这两个序列的相关关联性进行更好的拟合。同样，目前也难以根据表 6.3 中各 Copula 具体函数类型对 $\{BR_t\}$ 和 $\{HR_t\}$ 这两个序列拟合得到的参数值、相关系数值与尾部指数参数值来判别哪个类型的 Copula 函数是最优的。

为了判别以上哪个 Copula 具体函数可对 $\{BR_t\}$ 和 $\{HR_t\}$ 这两个序列的样本数据进行更好的拟合，本部分将进一步利用 AIC 准则、BIC 准则以及 HQ 准则来甄选拟合效果最好的 Copula 函数类型。待选的 Copula 函数类型的 AIC、BIC 及 HQ 值计算结果详见表 6.4：

表 6.3 各 Copula 具体函数类型对 $\{BR_t\}$、$\{HR_t\}$ 拟合得到的参数值、相关系数数值、尾部指数参数数值

		value	Std. Error	t value	correlation coefficent		tail. index	
					Kendall τ	Spearman ρ	lower. tail	upper. tail
Normal Copula	delta	0.0591	0.0842	0.7015	0.0376	0.0564	0.0000	0.0000
Gumbel Copula	delta	1.0563	0.0581	18.1948	0.0533	—	0.0000	0.0726
Frank Copula	delta	0.5820	0.5333	1.0915	0.0645	—	No default method for function	
Clayton Copula	delta	0.0858	0.1026	0.8362	0.0411	0.0616		
Joe Copula	theta	1.0670	0.0818	13.0394	0.0372	0.0556		
Tawn Copula	alpha	0.2517	0.1644	1.5307	0.0903	0.1331	0.0000	0.1330
	beta	0.1884	0.1451	1.2985				
	gamma	2.1555	0.9796	2.2004				
BB1 Copula	theta	0.0390	0.1172	0.3325	0.0588	0.0878	3.876799e-008	0.0553
	delta	1.0422	0.0689	15.1218				
BB2 Copula	theta	0.0859	—	—	0.0411	0.0617	1.0000	0.0000
	delta	0.0859	—	—				
BB3 Copula	theta	2.1108	0.0516	21.0951	0.1207	0.1789	1.0000	0.1095
	delta	1.0885	0.0850	1.0344				
	delta	0.0879						

续表

			value	Std. Error	t value	correlation coefficent		tail. index	
						Kendall τ	Spearman ρ	lower. tail	upper. tail
BB4 Copula	theta		0.0858	0.1026	0.8362	0.0411	0.0616	No default method for function	
	delta		0.0273	38.9684	0.0007				
BB5 Copula	theta		1.0670	0.0839	12.7140	0.0372	0.0556	0.0000	0.0852
	delta		1.0000	0.0490	20.4021				
BB7 Copula	theta		1.0487	0.0853	12.2954	0.0554	0.0827	0.0000	0.0633
	delta		0.0613	0.1066	0.5745				

注："—"表示无法确定 Spearman ρ 的函数功能式。

表 6.4　　Copula 函数类型的 AIC、BIC 及 HQ 值

	Loglike	AIC	BIC	HQ
cop. Normal. fit	0.2439	1.5121	4.4466	2.7046
cop. Gumbel. fit	0.5659	0.8682	3.8027	2.0607
cop. Frank. fit	0.5975	0.8051	3.7395★	1.9976★
cop. Clayton. fit	0.4109	1.1782	4.1127	2.3707
cop. Joe. fit	0.4086	1.1828	4.1173	2.3753
cop. BB1. fit	0.6260	2.7481	8.6170	5.1330
cop. Tawn. fit	1.7189	2.5623	11.3657	6.1397
cop. BB2. fit	0.4109	3.1782	9.0471	5.5632
＊ cop. BB3. fit	2.0845	−0.1690★	5.7000	2.2160
cop. BB4. fit	0.4109	3.1782	9.0471	5.5632
cop. BB6. fit	0.4086	3.1828	9.0518	5.5678
cop. BB7. fit	0.5963	2.8074	8.6763	5.1924

注：标"★"者为最小的 AIC、BIC 及 HQ 值，标"＊"者为最优的 Copula 函数类型。

表 6.4 中的 Loglike 为似然比检验值，各具体类型的 Copula 函数拟合的 AIC、BIC 及 HQ 值详见表中数值。按照 AIC、BIC 及 HQ 数值最小的原则，可以看出 BB3 Copula 函数为拟选范围中最优的选择，其 AIC 值为 −0.1690。

第七节　两序列关联波动估计

在第五章第五节尾部相依性测度中，已经明确尾部相关性就是分位数相关性（这个概率）在尾部的极限，并推导出如果一个二元 Copula 函数的

$$\lambda_L = \lim_{u \to 0^+} \frac{C(u, u)}{u}$$

存在极限值 $\lambda_L \in [0, 1]$，则当 $\lambda_L \in (0, 1]$，Copula 在下尾部存在相关性；当 $\lambda_L = 0$，Copula 在下尾部不存在相关性。类似地，若一个

Copula 的

$$\lambda_U = \lim_{\alpha \to 1^-} p\left\{Y > F_Y^{-1}(\alpha) \mid X > F_X^{-1}(\alpha)\right\} = \lim_{u \to 1^-} \frac{\overline{C}(u, u)}{1 - u}$$

存在极限值 $\lambda_U \in (0, 1)$。若 $\lambda_U \in (0, 1)$，X 与 Y 为上尾部渐近相关；若 $\lambda_L = 0$，则 X 与 Y 是渐近独立的，$\overline{C}(u, v) = 1 - u - v + C(1 - u, 1 - v)$ 是 Copula 的生存函数。

从上尾部、下尾部相关系数的计算式可以看出，连续型随机变量 X 与 Y 之间的尾部相关系数与随机变量 X 与 Y 的边缘分布函数无关，只与描述 X 与 Y 之间相依结构的 Copula 函数有关。因此，如何根据金融序列间的相依结构选取正确的 Copula 函数，成为精确刻画金融序列尾部相依性的关键。

基于表 6.4 中 AIC 值的比较，这里已甄选出 BB3 Copula 函数，其在所有待选的函数领域中可较好地刻画 $\{BR_t\}$ 和 $\{HR_t\}$ 这两个序列的尾部相依性。进一步，根据表 5.3 中列出的 BB3 Copula 函数的尾部相关系数和缓慢变化函数可以看出，$\{BR_t\}$ 和 $\{HR_t\}$ 这两个序列的上尾部相依系数 η 为 1，其相对强度 $\varphi(t)$ 为 $2 - 2^{\frac{1}{\theta}}$。将表 6.3 中的 θ 值 1.885 代入，即可得这两个序列上尾部的相对强度 $\varphi(t)$ 为 0.5555。

既然 $\{BR_t\}$ 和 $\{HR_t\}$ 这两个序列的上尾部相依系数 η 为 1，其相对强度 $\varphi(t)$ 为 0.5555，那么即可根据第五章第五节的相关表述：当 $\eta = 1$，$\varphi(t) \to c > 0$ 时，表示在尾部 X 与 Y 之间存在渐进相关的关系，得出相应判断：$\{BR_t\}$ 和 $\{HR_t\}$ 这两个序列的上尾部是渐进相关的。

$\{BR_t\}$ 和 $\{HR_t\}$ 这两个序列的下尾部相依系数 η 与其相对强度 $\varphi(t)$ 均为 1。根据第五章第五节的表述：当 $\eta = 1$，$\varphi(t) = 1$ 时，表示在尾部 X 与 Y 完全正相关。这意味着 $\{BR_t\}$ 和 $\{HR_t\}$ 这两个序列的下尾部是完全正相关的。

需要注意的是，为了便于数据的处理，在相关性拟合计算时，房地产价格序列 $\{HR_t\}$ 是加了负号处理的，故现在需要再加上负号来

解释 $\{BR_t\}$ 和 $\{HR_t\}$ 这两个序列尾部之间的相关性，也即：$\{BR_t\}$ 和 $\{HR_t\}$ 这两个序列的上尾部之间为负的渐进相关关系，而下尾部之间的相关关系是完全负相关的。

根据以上实证分析结果，本部分可得到以下两个方面的判断：

（1）在样本期间 2007 年 1 月至 2019 年 9 月，中国商业银行同业拆借利率 SHIBOR 同房地产价格波动率之间存在不对称的极端关联波动状况。

在中国商业银行流动性与房地产价格之间关联波动的下尾部，两者为负相关。这意味着当一方发生极端波动时，将对另一方产生非常密切的极端波动影响，然而方向却是相反的。如流动性方面发生极端波动[①]时，商业银行拆借利率大幅上升，很可能会引起房价大幅的下跌。同样，当房价发生极端波动时，房价大幅下跌，很可能将引起商业银行拆借利率的大幅上升，流动性紧缩。

在中国商业银行流动性同房地产价格之间关联波动的上尾部，两者却是负的渐进相关的，这意味着当商业银行流动性或房地产价格发生极端波动时，对另一方并没有显著的影响。

（2）在样本期间 2007 年 1 月至 2019 年 9 月，不同于两者尾部极端波动的关联性，总体上中国商业银行同业拆借利率 SHIBOR 同房地产价格波动率两者之间存在比较弱的负向波动关联性。

$\{BR_t\}$ 和 $\{HR_t\}$ 这两个序列的 Kendall τ 和 Spearman ρ 值分别是 -0.0608 和 -0.0893，这表明 $\{BR_t\}$ 和 $\{HR_t\}$ 两个序列之间总体呈现出负相关关系，也即 $\{BR_t\}$ 或 $\{HR_t\}$ 向上或向下波动，另一个序列则呈现出向下或向上波动的状态。当然，从 Kendall τ 和 Spearman ρ 这两个相关系数值的大小来看，这两个序列间的波动负相关性是比较弱的。

[①] 风险表示差异性，包括损失与收益两个方面，只不过收益不会造成不良的后果或威胁，所以提到风险时一般都是指不利的状态。本书所提到的极端风险包括了极端收益与极端损失，一般也可称之为上尾部风险与下尾部风险。

以上的实证分析结果符合相关经济理论的预期与社会经济的实际状况。中国房地产开发资金大部分都来源于商业银行,当商业银行流动性比较紧张时,通常会采取紧缩银根,这将导致房地产开发资金方面的紧张,融资与还贷都将受到相应的约束。这种情况将会促使房地产开发商加快销售步伐,从而导致房地产价格出现相应的下跌趋势。同样,当房地产价格下降时,意味着房地产市场趋向走弱,房地产开发商资金回笼将会存在问题,不但会影响房地产开发商对商业银行的准时还贷,而且在融资方面也较为困难。并且,由于房地产开发商在向商业银行借贷时通常都是以房产作为抵押的,商业银行也将面临抵押房产贬值等一系列问题,这些都会导致商业银行流动性趋紧。

第七章　中国商业银行流动性与房地产价格关联分析

第一节　关联分析的必要性与意义

第六章的实证分析结果表明：在样本期间 2007 年 1 月至 2019 年 9 月，中国商业银行流动性同房地产价格两者之间存在不对称的极端关联波动状况，在上尾部两者之间是负的渐进相关的，在下尾部两者却呈现出负向相关性。而且，在样本期间，同两者极端波动的关联性相比较，总体上中国商业银行流动性同房地产价格之间又存在较弱的负向波动关联性。

以上从波动层面考察了中国商业银行流动性与房地产价格之间的关联，也即考察的是中国商业银行流动性与房地产价格两者中任一者的波动会引起相应一方何种程度的波动，这种波动的关联性也仅仅是以概率形式表现出来的。为了探析中国商业银行流动性与房地产价格两者总体之间相互影响的动态过程，本章将进一步采取向量自回归模型（VAR）对两者之间的相依性进行实证分析。同时，也将在统计分析层面上通过大量的具体数据分析这两个行业之间的资金关联性。最后，本章还将构建具有针对性的混合风险模型来测度这两个行业之间的关联波动与风险溢出效应。

第二节 商业银行流动性与房地产价格相互冲击的计量分析

本部分拟采取向量自回归模型（VAR）对中国商业银行流动性同房地产价格之间的关联性进行计量分析。

一 VAR 模型介绍

VAR 模型即向量自回归模型（Vector Autoregression Model），由 Christopher Sims 于 1980 年提出。VAR 模型是用模型中所有当期变量对所有变量的若干滞后变量进行回归，它把系统中的每一个内生变量作为系统中所有内生变量的滞后值的函数来构造模型，从而将单变量自回归模型推广到由多元时间序列变量组成的"向量"自回归模型。VAR 模型能够将多元 MA 和 ARMA 模型转化为 VAR 模型。VAR 模型近年来得到了广泛的应用，适用于多个相关经济指标的分析与预测，也成为相关研究方法中最容易操作的模型之一。

VAR（p）模型的一般数学表达式为：

$$Y_t = A_1 Y_{t-1} + A_2 Y_{t-2} + \cdots + A_p Y_{t-p} + BX_t + \varepsilon_t, \ t=1, 2, \cdots, T \tag{7.1}$$

其中，Y_t 是 k 维内生变量，X_t 是 d 维外生变量，T 是样本个数，p 是滞后阶数。ε_t 是 k 维扰动向量，相互之间只可同期相关，ε_t 的协方差矩阵是一个 $k \times k$ 维矩阵。A_1，A_2，$\cdots$，A_p 和 $k \times d$ 维矩阵 B 都是所求系数矩阵。

上述 VAR（p）模型一般表达式（7.1）可以展开为：

$$\begin{bmatrix} y_{1t} \\ y_{2t} \\ \vdots \\ y_{kt} \end{bmatrix} = A_1 \begin{bmatrix} y_{1t-1} \\ y_{2t-2} \\ \vdots \\ y_{kt-1} \end{bmatrix} + \cdots + A_p \begin{bmatrix} y_{1t-p} \\ y_{2t-p} \\ \vdots \\ y_{kt-p} \end{bmatrix} + B \begin{bmatrix} x_{1t} \\ x_{2t} \\ \vdots \\ x_{dt} \end{bmatrix} + \begin{bmatrix} \varepsilon_{1t} \\ \varepsilon_{2t} \\ \vdots \\ \varepsilon_{kt} \end{bmatrix}, \; t=1, \; 2, \; \cdots, \; T$$

(7.2)

式（7.2）显示，VAR（p）模型包含了k个时间序列变量，是由k个方程组成的。

在VAR模型的建立过程中只需要确定两个量：一是模型中包括的变量个数k，即要确定哪些变量之间存在相互联系，并且需要运用在向量自回归模型中；二是向量自回归模型的最大滞后阶数p，即通过对最佳滞后阶数p的选择，使得模型能够反映出不同变量之间的相互影响，并使得模型的随机误差是白噪声。

从以上相关表述中可以看出，同传统的计量经济方法相比较，向量自回归VAR方法具有一些明显的特点与长处。

传统的经济计量方法是以经济理论为基础来描述变量之间的关系，然而，经济理论通常并不足以对变量之间的动态联系提供一个严密的说明，而且，内生变量既可以出现在方程的左端，又可以出现在方程的右端，这使得估计和推断变得更加复杂。VAR模型的建立则不需要以很严格的经济理论作为依据，也不需要对变量的影响因素有很多的了解，唯一需要的先验知识是一个可以假设互相影响的变量列表。尤其是VAR模型还简化处理了模型中各个变量之间的关系，能够动态响应各个变量之间的关系。并且，VAR模型还很好地避免了结构方程中需要对系统每个内生变量构建关于所有内生变量的滞后值函数的建模问题。

除了上述优势外，VAR模型还具有以下方面的特点：

一是VAR模型对参数不施加零约束，对无显著性的参数估计值并不从模型中剔除，不分析回归参数的经济意义。

二是VAR模型中不包括任何为当期变量的解释变量，也不会出现任何与联立方程模型有关的问题。

三是 VAR 模型中需要很多的参数估计。假设一个向量自回归模型含有 5 个变量，最大滞后阶数 p 为 4，则每个方程共有 21 个待估系数（含截距项），而整个 VAR 系统共有 105 个参数需要估计。因此，当样本容量较大时，参数估计量得出的误差才可能会比较小，从而才能得到令人满意的结果。样本容量较小则将导致多数参数的估计量出现较大的误差。考虑到 VAR 模型这个特性，通常模型中仅包含为数不多的变量。

二　格兰杰因果关系检验

VAR 模型也是存在适用条件的。在用计量模型进行回归分析时，一般都要求存在数据序列为平稳性的前提，否则将会发生伪回归问题。而且，回归本来就是在向量之间发生的，那么向量之间自然需要存在一定的关系（统计意义上的因果关系），必然存在通过格兰杰因果检验的要求。所以仅仅从 VAR 的定义来看，就需要首先进行平稳性检验，然后待数据平稳后再进行格兰杰因果检验。当然，如果数据为不平稳时，可采取差分法等方法对数据进行平稳化处理。

格兰杰因果检验（Granger Causality Test）是 2003 年诺贝尔经济学奖得主 Granger 于 1969 年提出的，该检验主要用于分析经济变量之间的格兰杰因果关系。Granger 将格兰杰因果关系定义为"依赖于使用过去某些时点上所有信息的最佳最小二乘预测的方差"。格兰杰因果检验实质上是检验一个变量的滞后变量是否可以引入其他变量方程中，一个变量如果受到其他变量的滞后影响，则称它们具有格兰杰因果关系。

例如，在时间序列情形下，两个变量 X、Y 之间的格兰杰因果关系定义为：若在包含了变量 X、Y 的过去信息的条件下，对变量 Y 的预测效果要优于只单独由 Y 的过去信息对 Y 进行的预测效果，即变量 X 有助于解释变量 Y 的将来变化，则认为变量 X 是引致变量 Y 的格兰杰原因。

格兰杰因果关系检验的前提是 k 维扰动向量之间可同期相关，但是不能与自己的滞后值相关,也不能与方程右边的变量相关,并且变量都是平稳的,否则格兰杰因果检验是无效的。

对于变量 X 与 Y 而言,格兰杰因果关系检验需要估计以下回归模型:

$$y_t = \sum_{i=1}^{q} \alpha_i x_{t-i} + \sum_{j=1}^{q} \beta_j y_{t-j} + \mu_{1t} \tag{7.3}$$

$$x_t = \sum_{i=1}^{s} \lambda_i x_{t-i} + \sum_{j=1}^{s} \delta_j y_{t-j} + \mu_{2t} \tag{7.4}$$

其中,白噪音 μ_{1i} 与 μ_{2i} 假定为不相关的。

式(7.3)假定当前 Y 与 Y 自身以及 X 的过去值有关,而式(7.4)对 X 也假定了类似的行为。

对式(7.3)的零假设为:$H_0: \alpha_1 = \alpha_2 = \cdots = \alpha_q = 0$

对式(7.4)的零假设为:$H_0: \delta_1 = \delta_2 = \cdots = \delta_s = 0$

对式(7.3)与式(7.4)回归后,将有四种不同情形与结果:

一是 X 是引起 Y 变化的原因,即存在由 X 到 Y 的单向因果关系。若式(7.3)中滞后的 X 的系数估计值在统计上整体显著不为零,同时式(7.4)中滞后的 Y 的系数估计值在统计上整体显著为零,则称 X 是引起 Y 变化的原因。

二是 Y 是引起 X 变化的原因,即存在由 Y 到 X 的单向因果关系。若式(7.4)中滞后的 Y 的系数估计值在统计上整体显著不为零,同时式(7.3)中滞后的 X 的系数估计值在统计上整体显著为零,则称 Y 是引起 X 变化的原因。

三是 X 和 Y 互为因果关系,即存在由 X 到 Y 的单向因果关系,同时也存在由 Y 到 X 的单向因果关系。若式(7.3)中滞后的 X 的系数估计值在统计上整体显著不为零,同时式(7.4)中滞后的 Y 的系数估计值在统计上整体显著不为零,则称 X 和 Y 间存在反馈关系,或者双向因果关系。

四是 X 和 Y 是独立的,或 X 与 Y 间不存在因果关系。若式(7.3)中滞后的 X 的系数估计值在统计上整体显著为零,同时式(7.4)中滞后的 Y 的系数估计值在统计上整体显著为零,则称 X 和 Y 间不存在因果关系。

三 脉冲响应分析与方差分解

根据向量自回归模型 VAR 的检验结果,虽然可以得知自变量对被解释变量是否存在影响,然而,却不能得知这种影响的持续时间,也不可得知这种影响对被解释变量作用的动态演化过程。考虑到此问题,在实际运用向量自回归模型 VAR 的过程中,可以将该模型当作一个动态均衡的系统,通过脉冲响应分析和方差分解分析来观测该系统受到某种冲击的时候,系统中各个变量的动态变化及每个冲击对内生变量变化的贡献度,这种分析方法即脉冲响应函数方法。

脉冲响应函数（Impulse Response Function,IRF）解释了向量自回归模型中的内生变量对其他内生变量和其自身的影响,它表示的是一个标准单位误差（来自随机扰动项）对内生变量的冲击响应,并可描述这些影响的轨迹过程,显示任意一个变量的变化如何通过模型影响所有其他变量,最终又反馈到自身。脉冲响应函数可以直观地反映出变量之间的动态作用。

多变量 VAR（p）过程可以转换为 VMA（∞）形式:

$$y_t = (I_k - A_1 L - \cdots - A_p L^p)^{-1} \varepsilon_t = (I_k - C_1 L + C_2 L^2 + \cdots) \varepsilon_t,$$
$$t = 1, 2, \cdots, T \tag{7.5}$$

因为,VAR（p）的系数矩阵 A_i 与 VMA（∞）的系数矩阵 C_i 之间存在以下关联,故可通过待定系数求出 VMA（∞）的系数:

$$(I_k - A_1 L - \cdots - A_p L^p)(I_k - C_1 L + C_2 L^2 + \cdots) = I_k$$

$$I_k + \psi_1 L + \psi_2 L^2 + \cdots = I_k$$

上式中,$\psi_1 = \psi_2 = \cdots = 0$,关于 ψ_q 的条件递归定义的移动平均系数为:

$$C_1 = A_1$$
$$C_2 = A_1 C_1 + A_2$$

第七章 中国商业银行流动性与房地产价格关联分析

$$\vdots$$

$$C_q = A_1 C_{q-1} + A_2 C_{q-2} + \cdots + A_p C_{q-p}$$

上式中，$q = 1, 2, \cdots$，若 $q-p=0$，令 $C_{q-p} = I_k$；若 $q-p<0$，令 $C_{q-p} = O_k$。

当 k 表示变量的个数时，式（7.5）中的第 i 个变量可表达为：

$$y_{it} = \sum_{j=1}^{k} (c_{ij}^{(0)} \varepsilon_{jt} + c_{ij}^{(1)} \varepsilon_{jt-1} + c_{ij}^{(2)} \varepsilon_{jt-2} + \cdots), \quad t = 1, 2, \cdots, T \tag{7.6}$$

一般地，由 y_j 的脉冲引起的 y_i 的响应函数可以表示为：$c_{ij}^{(0)}$，$c_{ij}^{(1)}$，$c_{ij}^{(2)}$，$\cdots$，其累计响应函数可表示为：$\sum_{q=0}^{\infty} c_{ij}^{(q)}$，而 c_q 的第 i 行、第 j 列元素可表达为：

$$c_{ij}^{(q)} = \frac{\partial y_{i,j+q}}{\partial \varepsilon_{jt}}, \quad q = 1, 2, \cdots; \; t = 1, 2, \cdots, T \tag{7.7}$$

式（7.7）即脉冲响应函数的表达式，其是 q 的函数，描述了在 t 时期，在其他变量及前期变量不变的情况下，$y_{i,j+q}$ 对 y_{jt} 的一个冲击的反应。

考虑到扰动项向量 ε_t 中的其他元素随着第 j 个元素 ε_{jt} 的变化而变化，这与计算脉冲响应函数时假定 ε_{jt} 变化而 ε_t 中其他元素不变化矛盾。以下通过 Cholesky 分解即可解决 VAR 模型响应函数的非正交化问题。

Cholesky 分解可将正定协方差矩阵 $\sum$ 分解为：

$$\sum = GQG'$$

其中，G 是下三角矩阵，Q 是唯一一个主对角元素为正的对角矩阵。利用矩阵可以构造一个 k 维向量 u_t，构造方法为 $u_t = G^{-1} \varepsilon_t$，则 $\varepsilon_t = G u_t$，故 VMA（∞）可表示为：

$$y_t = (I_k - C_1 L + C_2 L^2 + \cdots) G u_t = D(L) u_t$$

则可通过式（7.7）推导出一个正交脉冲响应函数：

$$d_{ij}^{(q)} = \frac{\partial y_{i,j+q}}{\partial u_{jt}}, \quad t = 1, 2, \cdots, T \tag{7.8}$$

与脉冲响应函数紧密相关的另一个概念是方差分解（Variance Decomposition）。方差分解是 Sims（1980）基于 VMA（∞）模型提出的，其是通过方差来测度每一个冲击对其他内生变量所产生变化的贡献测度。而脉冲响应函数只是考察 VAR 模型中一个内生变量冲击给其他内生变量所带来的影响。

Sims（1980）方差分解的主要思路是将系统的预测均方误差分解为系统中各变量冲击所作的贡献：

根据式（7.6），若假定 ε_j 无序列相关，求其方差，则

$$E\left[\left(c_{ij}^{(0)}\varepsilon_{jt} + c_{ij}^{(1)}\varepsilon_{jt-1} + c_{ij}^2\varepsilon_{jt-2} + \cdots\right)^2\right] = \sum_{q=0}^{\infty}(c_{ij}^q)^2\sigma_{jj}, \quad i, j = 1, 2, \cdots, k$$

若假定扰动向量的协方差矩阵 Σ 是对角矩阵，则 y_j 的方差是上述方差的 k 项简单和：

$$\text{var}(y_{it}) = \sum_{j=1}^{k}\left\{\sum_{q=0}^{\infty}(c_{ij}^{(q)})^2\sigma_{jj}\right\}, \quad i = 1, 2, \cdots, k; \ t = 1, 2, \cdots, T$$

由于 y_j 的方差可分解为不相关的 k 种影响，现设定相对方差贡献率（Relative Variance Contribution，RVC）这个尺度，以此测度各个扰动项相对 y_j 的方差来说有多大程度的贡献。RVC 实际上即是根据第 j 个变量因受到冲击而产生的方差对 y_j 的方差的相对贡献，来观测第 j 个变量对第 i 个变量的影响。

$$RVC_{j \to i}(\infty) = \frac{\sum_{q=0}^{\infty}(c_{ij}^{(q)})^2\sigma_{jj}}{\text{var}(y_{it})} = \frac{\sum_{q=0}^{\infty}(c_{ij}^{(q)})^2\sigma_{jj}}{\sum_{j=1}^{k}\left\{\sum_{q=0}^{\infty}(c_{ij}^{(q)})^2\sigma_{jj}\right\}},$$

$$i, j = 1, 2, \cdots, k \quad (7.9)$$

观察上式可以看出，若模型满足稳定条件，则 $c_{ij}^{(q)}$ 随着 q 的增大而呈现几何级数衰减。故只需要前 s 项，即可得到近似的 RVC：

$$RVC_{j \to i}(s) = \frac{\sum_{q=0}^{s-1}(c_{ij}^{(q)})^2\sigma_{jj}}{\sum_{j=1}^{k}\left\{\sum_{q=0}^{s-1}(c_{ij}^{(q)})^2\sigma_{jj}\right\}}, \quad i, j = 1, 2, \cdots, k \quad (7.10)$$

其中，$RVC_{j \to i}(s)$ 具有以下两个性质：

a. $0 \leqslant RVC_{j \to i}(s) \leqslant 1$，$i, j = 1, 2, \cdots, k$

b. $\sum_{j=1}^{k} RVC_{j \to i}(s) = 1$，$i = 1, 2, \cdots, k$

如果 $RVC_{j \to i}(s)$ 大，则意味着第 j 个变量对第 i 个变量的影响大；反之，$RVC_{j \to i}(s)$ 小，意味着第 j 个变量对第 i 个变量的影响小。

四 基于 VAR 模型的计量分析

（一）变量选取及数据说明

本节主要在于考察中国商业银行流动性同房地产价格这两个变量之间的相互冲击，研究目的在于探析两者在总体上的相互影响与冲击过程。鉴于此，本部分构建了包含中国商业银行流动性同房地产价格在内的 VAR 系统。在实证分析中，用 price 代表中国商品房价格、rate 代表中国商业银行流动性。

在数据方面也同之前实证部分，依然采用 2007 年 1 月至 2019 年 9 月之间的月度数据，共 153 个，指标形式同样为对数变化率。同样，为了观测与计算的便利，将其放大了 100 倍。

（二）VAR 模型建立的相关检验

建立向量自回归模型 VAR 的前提条件是每一个时间序列都需要是平稳的。为了避免不平稳的变量在实证分析的时候引起伪回归现象，在建立模型前，要首先检验每一个经济变量是否平稳，这也是做协整和格兰杰因果检验的理论基础。前文中表 4.5 已对这两个序列做了单位根（Augmented Dickey-Fuller，ADF）检验，此处不再重复。

（三）确定 VAR 系统阶数及模型估计

根据信息准则，估计该 VAR 系统的阶数。表 7.1 为计算出来的该 VAR 系统的 AIC、HQIC 及 SBIC 值。结果显示，当 $p = 4$ 时，AIC、HQIC 及 SBIC 信息准则化最小，因此选择模型的滞后阶数为 4。

表 7.1　　　　　　　　VAR 系统的 AIC、HQIC 及 SBIC 值

lag	LL	LR	df	p	FPE	AIC	HQIC	SBIC
0	-880.918				520.909	11.9313	11.9478	11.9718
1	-872.066	17.705	4	0.001	487.851	11.8658	11.9151	11.9873
2	-847.180	49.771	4	0.000	367.902	11.5835	11.6658	11.786
3	-837.709	18.943	4	0.001	341.711	11.5096	11.6248	11.7931
4	-822.974	29.469	4	0.000	295.616*	11.3645*	11.5126*	11.729*

注：标"*"者为相应指标的最小值。

表 7.2 是在 $p=4$ 时的情况下，估计 VAR 模型的结果。由表中数据可知，模型的大部分回归系数为负值，且基本比较显著，这在一定程度上证明了商品房价格和商业银行同业拆借利率之间能够互相影响。具体来看，price 关于 rate 的前两期滞后并不显著，但是 3 期、4 期滞后则非常显著，说明 rate 对 price 的影响存在比较明显的滞后效应，这主要是由于金融市场的信息传导以及政策的制定和实施需要一定的时间。另外，rate 关于 price 滞后的回归也比较显著，而且回归系数的数值要大于 price 相应的值，并且两者均受自身滞后的影响比较大，这也十分符合金融指标的自相关效应。

表 7.2　　　　　　　　　VAR 模型估计结果

	PRICE	RATE
PRICE（-1）	-0.251661 [-3.23471]	-0.574210 [-2.78766]
PRICE（-2）	-0.580434 [-7.07084]	-0.151995 [-0.69935]
PRICE（-3）	0.060604 [0.76384]	-0.565130 [-2.69027]
PRICE（-4）	-0.364851 [-4.66582]	0.271471 [1.31125]

续表

	PRICE	RATE
RATE (−1)	−0.022309 [−0.70884]	0.083017 [0.99629]
RATE (−2)	0.020344 [0.67688]	−0.164179 [−2.06319]
RATE (−3)	−0.073402 [−2.42757]	0.071627 [0.89473]
RATE (−4)	0.066787 [2.21779]	−0.133511 [−1.67453]
C	0.572669 [2.70789]	0.249074 [0.44484]

（四）系数显著性、系统平稳性及格兰杰检验

表 7.3 为各系数的联合显著性检验结果。从表中数据可以看出，无论是单一方程（price 与 rate），还是两个方程作为整体，各阶系数均高度显著，表明模型的拟合效果比较具有说服力。

表 7.3　　　　　各系数的联合显著性检验结果

Equation: price			
lag	chi2	df	Prob > chi2
1	11.43952	2	0.003
2	54.97911	2	0.000
3	7.141685	2	0.028
4	27.74582	2	0.000

Equation: rate			
lag	chi2	df	Prob > chi2
1	9.690236	2	0.008
2	4.82756	2	0.089
3	8.876298	2	0.012
4	4.672777	2	0.097

续表

Equation：ALL			
lag	chi2	df	Prob > chi2
1	21.12555	4	0.000
2	59.80549	4	0.000
3	16.02031	4	0.003
4	32.42336	4	0.000

表7.4为残差的检验结果。结果显示，残差为白噪音，表明可以接受残差"无自相关"的原假设。

表7.4　　　　　　　　　残差的检验结果

lag	chi2	df	Prob > chi2
1	18.9295	4	0.00081
2	36.4246	4	0.00000

H0：no autocorrelation at lag order.

进一步检验估计出来的VAR系统是否为平稳过程。稳定性是指当把一个脉动冲击施加在VAR模型中某一方程的新息过程上时，随着时间的推移，分析这个冲击是否会逐渐消失，如果逐渐消失，系统是稳定的，否则系统是不稳定的。VAR模型稳定的条件是被估计的VAR模型所有根模的倒数小于1，即位于单位圆内。如果模型不稳定，某些结果将不是有效的。

本模型中共有price和rate两个变量，且滞后阶数为4，因此共存在8个单位根。由图7.1可知，所有的点均落在单位圆内，故此VAR模型满足平稳性条件。

下面考察变量之间的格兰杰因果关系，检验结果见表7.5。由表中数据值情况可知，price和rate能够互相引导，因此将两变量置于模型是非常合理的。从检验的p值来看，rate的p值更小，说明在两者之间的

Roots of the companion matrix

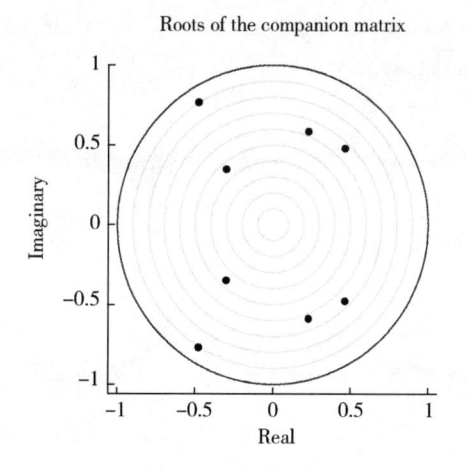

图 7.1 VAR 系统稳定性判别图

相互影响中 rate 处于主导地位，这与模型回归得到的结论也是一致的。

表 7.5　　　　　　　格兰杰因果关系检验

Equation	Excluded	chi2	df	Prob > chi2
price	rate	11.161	4	0.025
price	ALL	11.161	4	0.025
rate	price	15.321	4	0.004
rate	ALL	15.321	4	0.004

（五）正交化的脉冲响应

先按照变量为 price、rate 的排序考察正交化的脉冲响应图，见图 7.2。图中下方最后一行字表明这四个小图的标题命名顺序为"脉冲名称、冲击变量、响应变量"。比如，左下小图的标题为"iu、rate、price"，表明此图为根据脉冲结果 iu、冲击变量 rate、响应变量 price 所画的脉冲响应图。

脉冲响应函数用于解释一个变量发生一个标准差单位的波动会引起其他变量如何变动。在脉冲响应图中，横轴表示冲击作用的滞后期间

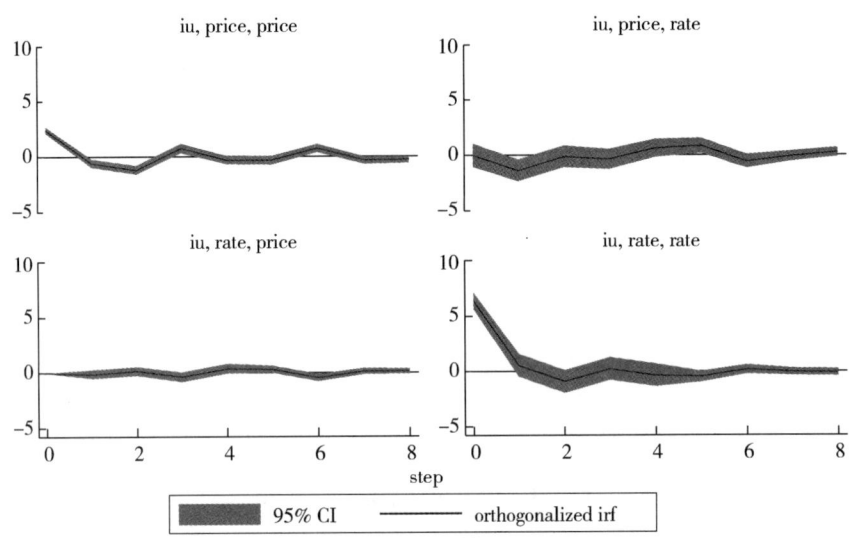

图 7.2　正交化的脉冲响应图

数，纵轴表示被解释变量的变化，中间那条线表示脉冲响应函数，两侧虚线（即阴影线）表示正负两倍标准差偏离带。分析主要是看脉冲响应函数的那条线，其表示给解释变量一个冲击后，被解释变量如何变化。

根据表 7.2，来自 price 和 rate 的新息冲击互相产生了影响。具体来说：来自 price 一个标准差的正向冲击，立刻造成了 rate 的下降，但 rate 在第 2 期时便很快恢复到原值，之后这种影响上下小幅波动，在第 4 期时出现正向的高峰，然后逐渐收敛到 0。来自 rate 一个标准差的新息冲击对 price 也造成了一定的波动，这种波动整体围绕 0 上下小幅波动，在数值上要小于 price 对 rate 的影响，但是持续时间也比较长。此外，这两者对来自自身的新息冲击都有比较强烈的反应，且在形状上大致相同，在第 1 期都是急剧下降，随后围绕 0 起伏，在第 4 期时基本收敛。

下面通过变换两个变量次序考察正交化脉冲响应函数的稳健性，原来的次序为 price、rate，现为 rate、price，结果见图 7.3。此图显示，在不同变量排序下，脉冲响应只产生了微小的变化，变量 price 对 rate

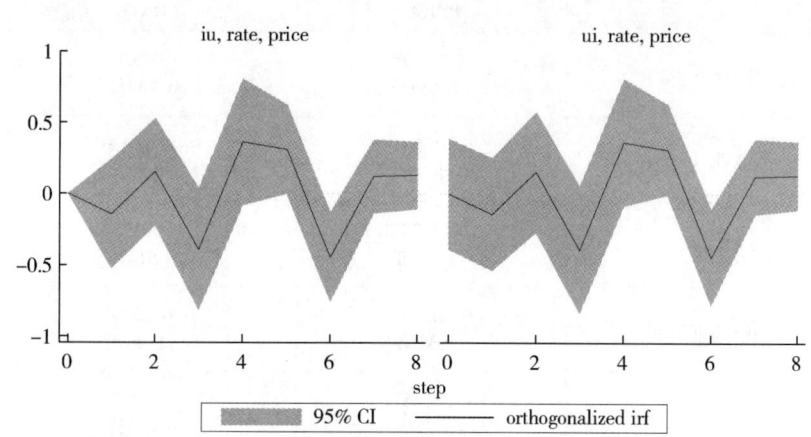

冲击的脉冲响应差别不大，因此以上得出的结论具有稳健性。

图 7.3　比较两种变量排序下的脉冲响应图

（六）预测及其误差方差分解

1. 预测

估计 VAR 模型后，即可以用它进行预测。为了检验该 VAR 模型预测的准确性，本部分使用 2017 年之前的数据进行 VAR 模型估计，然后，以之预测 2017 年之后 24 个月的趋势，并将预测值与实际观测值进行比较来判断该 VAR 模型的有效性。回归结果见表 7.6。

表 7.6　　　　　　　　　子样本的向量自回归

	PRICE	RATE
PRICE（-1）	-0.240881 [-2.72954]	-0.626381 [-2.64744]
PRICE（-2）	-0.608306 [-6.50233]	-0.144540 [-0.57628]
PRICE（-3）	0.062460 [0.69116]	-0.569535 [-2.35070]
PRICE（-4）	-0.391728 [-4.40175]	0.324767 [1.36117]

续表

	PRICE	RATE
RATE（-1）	-0.033946 [-0.95515]	0.075284 [0.79012]
RATE（-2）	0.013581 [0.40054]	-0.169303 [-1.86243]
RATE（-3）	-0.082871 [-2.43503]	0.046933 [0.51438]
RATE（-4）	0.065995 [1.94584]	-0.133479 [-1.46795]
C	0.537657 [2.07245]	0.282058 [0.40553]

观测表7.6中的各数据值，可以看出子样本的回归结果与全样本虽然存在一定的差别，但是整体结论与全样本类似。接下来基于子样本回归结果对2017年之后的24个月进行预测。图7.4显示，预测值与实际值之间虽然存在一定的偏差，但是，预测值整体仍然落在95%的置信区间之内，这表明该VAR模型的预测效果较好。

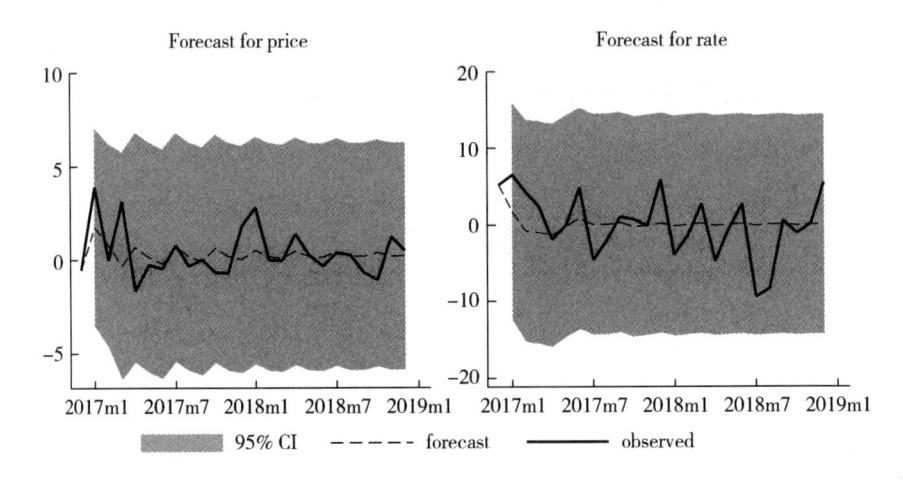

图7.4 预测效果检验

2. 预测误差方差分解

方差分解用于说明一个变量的方差可以由其他变量的方差解释的情况，或者说是某个变量对被解释变量方差的贡献程度。脉冲响应函数是以标准差反映波动，方差分解则是以方差反映波动，这两种波动都是表明未预期到的变化。也可以说，方差分解给出的是对模型中的变量产生影响的每个随机扰动的相对重要性的信息，表明模型中的变量对内生变量的解释程度。

表 7.7 是分别对变量 price 与 rate 进行预测误差方差分解的结果，图 7.5 为其相应图示。

表 7.7　　　　　　　　预测误差方差分解

A：price

lag	price	rate
1	1	0
2	0.992232	0.007768
3	0.991895	0.008105
4	0.974617	0.025383
5	0.959234	0.040766
6	0.946010	0.053990
7	0.930450	0.069550
8	0.930473	0.069527

B：rate

lag	price	rate
1	1.4e−06	0.999999
2	0.051523	0.948477
3	0.050755	0.949245
4	0.051973	0.948027
5	0.062834	0.937166
6	0.078087	0.921913
7	0.086011	0.913989
8	0.086535	0.913465

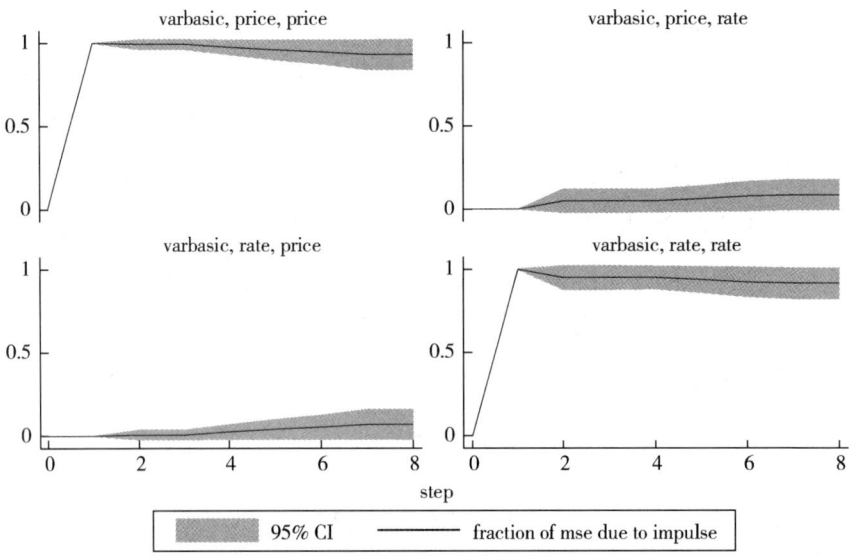

图7.5 两个变量的预测方差分解图

以 price 作为被解释变量来看，其自身的误差方差占主导地位，然而，rate 对 price 也具备一定的解释力。在第1期时，rate 的占比只有0.77%，但是随着时间的推移，这种解释力将逐步增加，在第8期时已经接近7%。结合误差方差分解图来看，这种影响具有一定的持久性，在很长一段时间内，rate 都将对 price 的波动产生影响。

相比较而言，price 对 rate 的误差方差影响比较缓慢。在第1期时基本为0，但是整体趋势也是逐渐增大的，在第8期时达到8.65%，略低于同期 rate 在 price 的方差分解中所占比重。结合以上图示可知，price 对 rate 的解释力也具备较强的持久性。

总体来说，price 与 rate 两者90%左右的误差方差都来自自身，但同时两者之间存在一定程度的相互影响。而且，两者之间的相互影响将在一定的时期内增加，两者之间的相互影响也在时间上具有持久性。从以上分析可以看出，中国商业银行流动性同房地产价格之间存在一定程度的关联波动，这种关联波动也具有较为持久的时间效应。

需要注意的是,本章与第六章进行的都是实证分析,但这两章的具体内容与目的却是不同的。第六章实证分析立足于发生概率的层面,一是针对尾部相依性揭示了中国商业银行流动性同房地产价格之间存在较为显著的极端波动的关联性;二是针对总体揭示了两者之间存在较弱的负向渐进相关性。而本章的实证分析则是立足于总体层面,揭示了中国商业银行流动性同房地产价格之间相互影响的动态过程。

第三节　商业银行贷款与房地产开发资金关联分析

一　房地产开发企业资产负债状况

为了进一步客观充分地了解近些年来中国商业银行同房地产市场之间存在的关联性,本节利用所搜集到的一些相关数据,在资金层面对两者的关联相依性进行分析。这些数据一方面包括房地产行业资产负债情况、融资比例与结构情况;另一方面包括商业银行发放的房地产贷款情况以及房地产贷款占整个商业银行贷款业务的比例及结构。

表 7.8 为 1997—2016 年中国房地产开发企业的资产负债情况,具体包括了资产总计、负债总计、所有者权益总计及资产负债率四个方面的指标。图 7.6、图 7.7 分别展示这些指标在此期间的走势。

表 7.8　　　1997—2016 年中国房地产开发企业资产负债情况

单位:亿元;%

年份	资产总计	负债总计	所有者权益总计	资产负债率
1997	16416.96	12515.46	3901.50	76.2
1998	19526.18	14857.25	4668.92	76.1
1999	18744.80	14263.88	4480.93	76.1
2000	25185.99	19032.10	6153.88	75.6

续表

年份	资产总计	负债总计	所有者权益总计	资产负债率
2001	28566.81	21435.72	7131.10	75.0
2002	33043.13	24764.57	8278.56	74.9
2003	40486.49	30698.56	9787.93	75.8
2004	61789.19	45783.63	16005.56	74.1
2005	72193.64	52520.71	19672.93	72.8
2006	88397.99	65476.67	22921.32	74.1
2007	111078.20	82680.23	28397.97	74.4
2008	144833.55	104782.31	40051.24	72.3
2009	170184.24	125042.73	45141.51	73.5
2010	224467.14	167297.41	57170.12	74.5
2011	284359.44	214469.96	69889.73	75.4
2012	351858.65	264597.55	87261.10	75.2
2013	425243.89	323228.24	102015.65	76.0
2014	498749.92	384095.53	114654.40	77.0
2015	551968.06	428729.90	123238.16	77.7
2016	625733.70	489750.32	135983.38	78.3

数据来源：中经网产业数据库。

分析表7.8中数据，可以看出2000年前后，中国房地产开发企业的总资本规模开始逐渐地扩大；2005年前后，资产规模开始快速增长，尤其是在2008年前后，资产规模更是以迅猛的速度得以扩张。2000年，中国房地产开发企业的资产、负债与所有者权益的总计分别为25185.99亿元、19032.10亿元、6153.88亿元；2008年则分别为144833.55亿元、104782.31亿元、40051.24亿元；而至2016年，分别达625733.70亿元、489750.32亿元、135983.38亿元，分别是2000年相应数据的24.84倍、25.73倍、22.10倍。

在资产负债率方面，表7.8及图7.7直观地显示，在20世纪90年代中期，中国房地产开发企业总体上具有较高的资产负债率，大约达76%。临近2000年，负债率出现较大的下滑，其间虽有一定的起

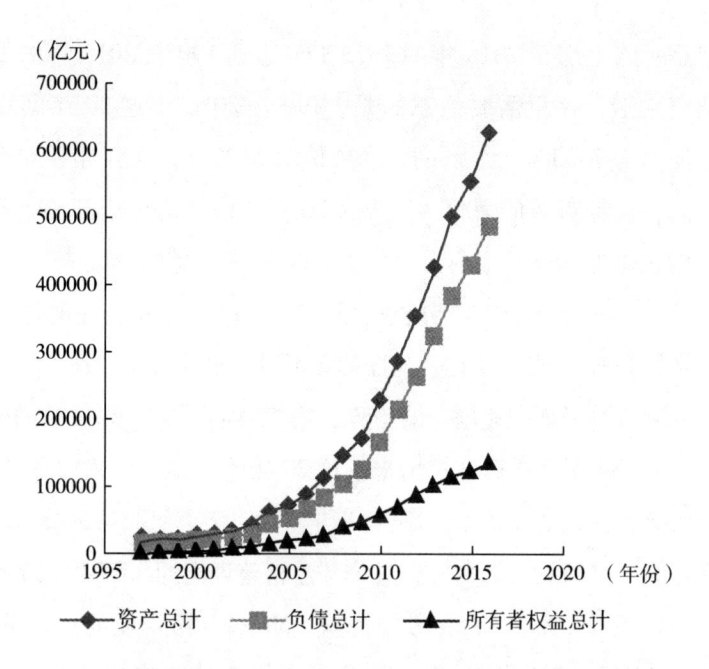

图 7.6　1997—2016 年中国房地产开发企业资产与负债走势

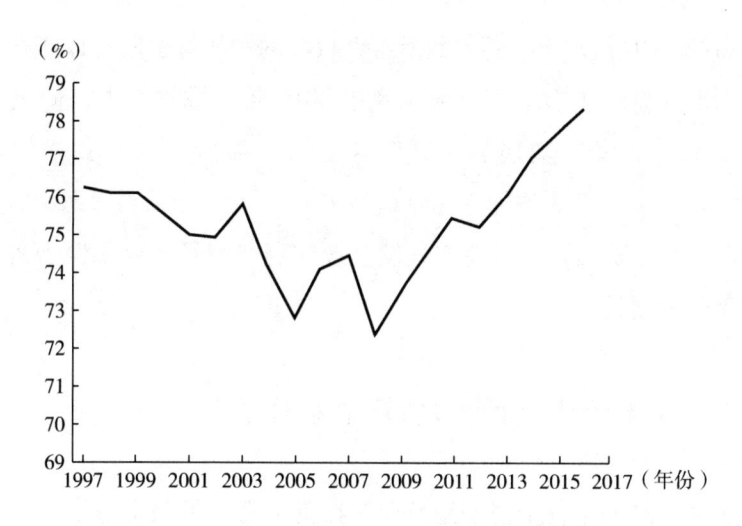

图 7.7　1997—2016 年中国房地产开发企业资产负债率走势

伏，但总体呈下滑趋势，2008 年前后到达最低水平 72.3%。之后，资产负债率开始上涨，且上涨速度非常快，只在 2012 年有微小的回调，基本上是一路上涨至2016年的78.3%，达到1997—2016年的最高资产负债率水平。这里需要注意的是，1997—2016年这20年间最高的资产负债率为78.3%，最低的资产负债率为72.3%，仅相差6个百分点。然而，从绝对数值来看，由于这20年中中国房地产开发企业的资本规模增长迅猛，这6个百分点的差距也意味巨量的资金流。

另外，这里还需要着重分析一下中国房地产开发企业的所有者权益同资产、负债的相对变化。从图7.6可以明显地看出，在1997—2016年，所有者权益呈现加速增长的趋势，增长方向同资产和负债的变化基本一致。根据表7.7数据计算出来的这20年间房地产开发企业的资产、负债及所有者权益的年均增长率分别约为12.16%、12.18%及12.13%。需要注意的是，根据乐居财经通过公开数据整理出的2017中国上市房企净资产收益率（ROE）前50名排行榜，50家上榜企业的平均ROE值约为18.73%[①]。而且，2017年是房地产行业总体向好的一年，这个ROE值也是相对较高的表现值。然而，即使仅从这些排行前50名房企较高的ROE值来看，历年的所有者权益的增加值也同房地产开发企业资产增加值相差较大。以表7.8中2016年的数据来看，同上一年2015年相比，资产增加了73765.64亿元，而所有者权益增加额为12745.22亿元，两者增加额相差61020.42亿元。如果再考虑利润分配等情况，可以看出中国房地产开发企业的资产增长主要来源于实体资本与负债的增长。

二 房地产开发企业投资资金来源

房地产是一个资金密集型行业，在资金需求量与资金链的完整性方面都有着较高的要求。前期的土地购买整治、产品建造以及后期运

---

① 数据来源：http://finance.sina.com.cn/other/lejunews/2018-04-28/doc-ifzvpatq7756531.shtml。

营都存在大量的资金需求,并且,房地产开发期长、资金投入量大、资金回笼慢,企业面临较大的偿债风险。一般情况下,房地产开发企业通常都需要大量的未来资金推动整个项目的开发与运营。从中国房地产开发企业投资资金来源看,现阶段资金来源主要包括国内贷款、利用外资、自筹资金以及其他资金来源四大类。

国内贷款是指房地产开发企业直接向金融机构借入用于房地产开发的各种国内借款资金,主要包括商业银行贷款和非银行金融机构贷款。非银行金融机构是指除了商业银行和专业银行以外的所有金融机构,主要包括公募基金、私募基金、信托、证券、保险、融资租赁等机构以及财务公司等。

利用外资指境外房地产投资基金和风险投资基金以及大量的个人资金,通过直接购买土地、房产、进行项目合作、直接参股房地产公司等方式,集中投资于房地产行业。

自筹资金指在房地产开发项目中,贷款银行仅提供这个工程项目基建费用的主要部分资金,其余的资金须由借款方房地产开发企业从资本市场上自行融资。自筹资金主要来源于两个方面:企业现有盈余以及股东注资。企业现有盈余包括企业在所得税后提取的盈余公积金和未分配利润,股东注资则包括关联方借款和民间借贷等。

其他资金来源主要包括按揭贷款、定金和预收款等购房款。现阶段,中国商品房销售实行预售制度,一般都需要购房者先行支付定金和房价款,故房地产开发企业通过销售回笼的资金中有很大一部分来自住房抵押贷款。

1997—2017年中国房地产开发企业资金来源的构成情况详见表7.9,表中统计值均为当年实际到位资金数额。图7.8为1997—2017年中国房地产开发企业相应的资金来源构成及变化。

表 7.9　　1997—2017 年中国房地产开发企业资金来源

单位：亿元

年份	本年实际到位资金	本年实到国内贷款	本年实到利用外资	本年实到自筹资金	本年实到其他资金来源
1997	3817.07	911.19	460.86	972.88	1454.79
1998	4414.94	1053.17	361.76	1166.98	1811.85
1999	4795.90	1111.57	256.60	1344.62	2063.20
2000	5997.63	1385.08	168.70	1614.21	2819.29
2001	7696.39	1692.20	135.70	2183.96	3670.56
2002	9749.95	2220.34	157.23	2738.45	4619.90
2003	13196.92	3138.27	170.00	3770.69	6106.05
2004	17168.77	3158.41	228.20	5207.56	8562.59
2005	21397.84	3918.08	257.81	7000.39	10221.56
2006	27135.55	5356.98	400.15	8597.09	12781.33
2007	37477.96	7015.64	641.04	11772.53	18048.75
2008	39619.36	7605.69	728.22	15312.10	15973.35
2009	57799.04	11364.51	479.39	17949.12	28006.01
2010	72944.04	12563.70	790.68	26637.21	32952.45
2011	85688.73	13056.80	785.15	35004.57	36842.22
2012	96536.81	14778.39	402.09	39081.96	42274.38
2013	122122.47	19672.66	534.17	47424.95	54490.70
2014	121991.48	21242.61	639.26	50419.80	49689.81
2015	125203.06	20214.38	296.53	49037.56	55654.60
2016	144214.05	21512.40	140.44	49132.85	73428.37
2017	156052.62	25241.76	168.19	50872.22	79770.46

注：2004 年及以前数据可能是统计口径或其他问题，各资金来源的加总同表中本年实到资金总额有细小的差距，因差异非常小，故此表采取中经网的原数据，没有进行调整。

数据来源：中经网产业数据库。

观测表 7.9 中的数据，可以看出：

（1）在实际到位资金方面

1997—2017 年中国房地产开发企业的实际到位资金额增长迅速，只约在 2013 年、2014 年、2015 年这三年增长幅度较小，尤其是自

2005年之后基本上都保持着较高的增长速度。2017年的实际到位资金同1997年相比,增长了4088.28%,这20年间保持了120.99%的年平均增长率。

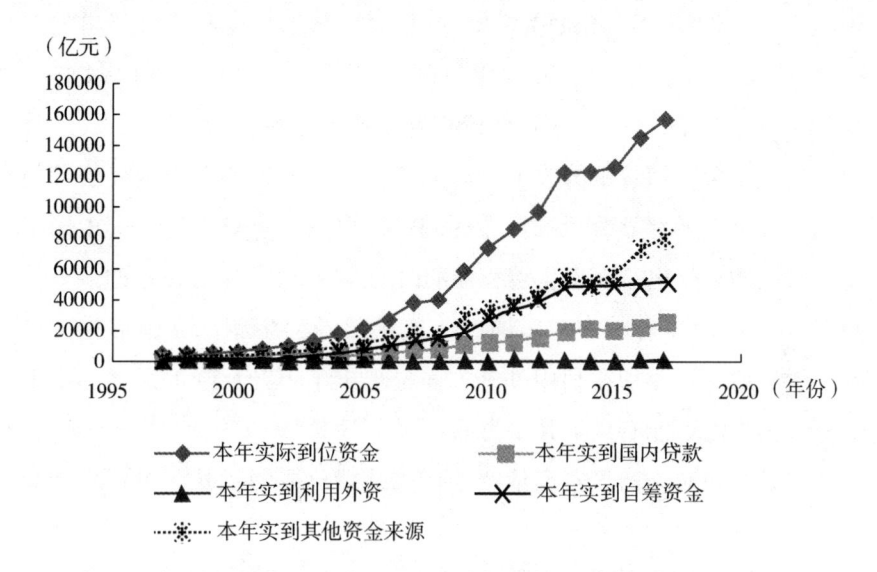

图7.8 1997—2017年中国房地产开发企业资金来源构成及变化

(2) 在实到国内贷款、实到自筹资金以及实到其他资金来源方面

实到国内贷款、实到自筹资金以及实到其他资金都呈现出与实际到位资金增长状态相一致的发展趋势。在这三个资金来源方面,2017年的实际到位资金同1997年相比,分别增长了2770.20%、5229.03%与5483.30%。其中,实到其他资金来源增长最快,其次是实际自筹资金,实到国内贷款则是增长速度最慢的,仅为实到其他资金来源与实到自筹资金增长速度的一半左右。观测表中数据及图中的变化趋势,可看出这三方面资金来源的增长轨迹还存在一些不同之处。在2014年前后,这三方面资金来源都存在一些回调现象,但回调过后,实到国内贷款与实到其他资金来源都重新回到继续增长的轨道上,而实到自筹资金的增长速度却显著慢于实到国内贷款和实到其他资金来源的增长速度。

(3) 在利用外资方面

同其他项的资金来源增长情况相比较，利用外资明显呈现出较低的增长水平。1999年的利用外资金额为256.60亿元，最高的利用外资的年度为2010年，金额为790.68亿元，其他年度利用外资也均在一个较低的水平上摆动，2016年与2017年甚至分别只有140.44亿元与168.19亿元的水平，尚不及1997年的投资水平。

近些年来，随着中国改革开放的进一步深入，绝大多数经济部门利用外资的水平都显著增加。与此同时，中国政府对外商投资中国房地产市场的态度也正在发生着积极的改变。在2015修订发布的《外商投资产业指导目录》中，房地产业也从限制类中删除，调整为允许类。但房地产行业却在利用外资方面呈现出了不升反降的局面。本书分析认为原因可能有以下几个方面：

一是国内对外商投资房地产的优惠政策已取消，外商投资已无政策优势可言。

二是本土企业资金实力越来越强，对外资的依靠越来越少。

三是近些年欧美等地区早已经过了房地产开发的高涨阶段，当前这些地区的房地产开发公司已萎缩到很小的数量，更多的是以房地产运营和管理类的公司形式出现，并且，这些运营和管理类的公司在现阶段中国国内房地产开发所需要的巨大资金量面前也存在巨大的资金压力。

四是中国房地产市场具有非常独特的地方，房地产企业同当地政府都保持着密切的关系。大多数土地虽然都是通过公开的招拍挂途径出售的，但当地政府对于这些土地的出让有着大量的限制，这往往限制了外资的进入。

另外，不断加强的房地产调控、房地产行业风险累积、房地产行业问题不断也成为引发外资撤离的主要因素。

(4) 在本年实际到位资金结构方面

国内贷款占比呈现明显的下降趋势。从1997年的23.87%逐渐下降,到 2010 年以后,国内贷款占比基本保持在 16% 左右,2017 年国内贷款的占比为 16.18%。

自筹资金与其他资金来源呈现明显的增加趋势。自筹资金占比从 1997 年的 25.49% 上升至 2017 年的 32.60%,2013 年与 2014 年分别为 41.33% 与 39.17%。其他资金来源占比则从 1997 年的 38.11% 逐步上升至 2017 年的 51.11%,2015 年与 2016 年的占比分别为 44.52% 与 50.92%。其他资金来源已经成为房地产开发企业融资的半壁江山。

利用外资占比始终保持着非常低的水平,且近几年再创新低。1997 年占比为 12.07%,为这 20 年最高的水平,之后基本呈下降趋势,2015 年为 0.24%,2016 年与 2017 年都约为 0.10%。

从 1997—2017 年房地产开发企业资金来源构成的数据及趋势来看,国内贷款、自筹资金与其他资金来源已成为房地产开发企业主要的资金来源。以 2017 年为例,这三项资金来源的占比分别约为 16.18%、32.60% 及 51.11%,其中,自筹资金与其他资金来源大约占总资金来源的 80% 以上,尤其是其他资金来源占比已超过总资金来源的 50%。并且,国内贷款占比处于下降的趋势,而自筹资金和其他资金来源依然处于上升趋势。但还有一个需要注意的问题:自筹资金和其他资金来源中有很大一部分资金实际上还是来自商业银行贷款。当然,如要厘清自筹资金和其他资金来源中最终来自银行贷款的比例,这可能还是一个非常艰难的事情。

为了进一步探析现阶段中国房地产开发企业国内贷款的构成情况,并估测房地产开发企业所面临的商业银行贷款的还款压力,本节将继续对国内贷款与其他资金来源的构成以及其与各项应付款的平衡情况进行分析。

表 7.10 展示了 1998—2017 年中国房地产开发企业贷款资金构成及其应付款的情况,表中各数据均为本年实际到位资金额,图 7.9 为其相应的图示。由于缺少 2005 年以前的一些数据,这里只能画出 2006 年以后的相关走势。

表 7.10 1998—2017 年中国房地产开发企业贷款资金构成及应付款

单位：亿元

年份	本年实到国内贷款		本年实到其他资金来源		本年实到各项应付款
	本年实到银行贷款	本年实到非银行金融机构贷款	本年实到定金及预收款	本年实到个人按揭贷款	
1998	—	—	1298.01	—	719.28
1999	—	—	1487.82	—	768.17
2000	—	—	2153.96	—	940.21
2001	—	—	2848.03	—	1118.44
2002	—	—	3683.15	—	1302.58
2003	—	—	5085.22	—	1610.64
2004	—	—	7395.34	—	1872.29
2005	—	—	7749.15	—	2318.61
2006	4915.31	348.10	8135.58	2799.40	2956.18
2007	6487.75	473.23	10628.47	4877.07	4006.07
2008	6600.75	655.79	9286.09	3572.51	5043.00
2009	10310.53	982.16	15913.86	8402.89	6231.66
2010	11363.81	1176.67	19019.75	9210.92	8220.16
2011	11018.95	1544.84	21610.12	8359.84	11909.81
2012	13140.41	1637.98	26558.08	10523.87	16178.11
2013	17164.78	2507.88	34498.97	14033.26	21419.76
2014	18053.75	3188.86	30237.51	13665.45	25584.13
2015	17415.46	2798.92	32520.34	16661.65	28992.63
2016	18158.24	3354.16	41952.14	24402.94	30916.20
2017	20485.29	4756.47	48693.57	23906.31	33654.88

注：由于该数据库从 2006 年起才对一些相关数据进行采集，故本表数据也自 2006 年始，"—"表示无此数据采集。

数据来源：本表数据根据中经产业数据库数据整理得到。

需要说明，表 7.9 与表 7.10 中的数据均来源于中经网产业数据库。表 7.9 中的数据是中经网产业数据库直接以各年度值给出的，而

(亿元)

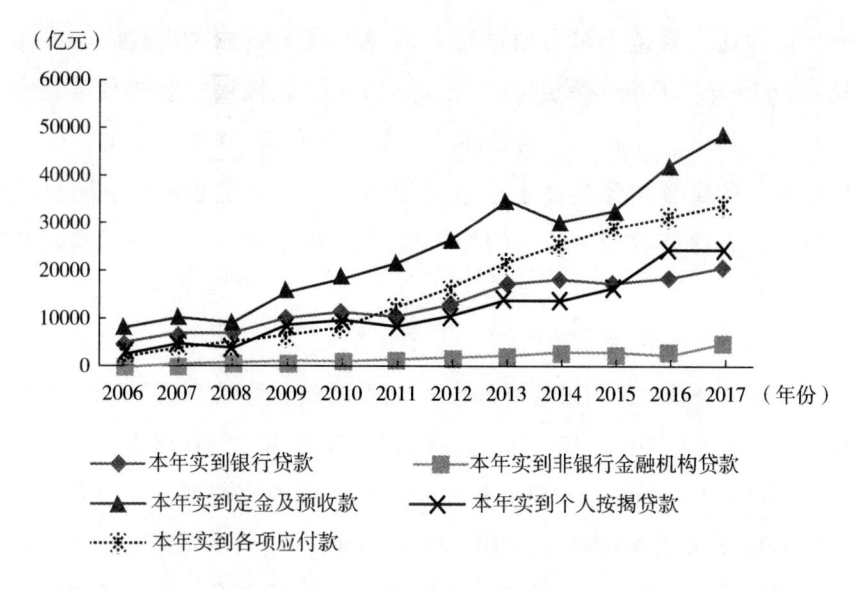

图 7.9 1998—2017 年中国房地产开发企业贷款资金构成及应付款走势

表 7.10 中的数据则是中经网产业数据库以月度值形式给出，经过再整理而成为年度相应数据的。经对比，发现两表间的数据值有些微小差异。如在本年实到资金方面，2012 年后，表 7.9 与表 7.10 中的统计值是一致的，2011 年后，本年实到国内贷款的统计值是一致的，而在此之前，这两个表的相应统计值都有些细小的差距。本书分析认为这些差异应该是因统计口径造成的。由于统计值差距非常细小，对本节的趋势分析没有造成较明显的影响，且为了保持统计口径的一致，这里的对比分析均采用表 7.10 中的数据。

分析表 7.10 中的数据，可看出：

（1）在年增长率方面

本年实到银行贷款、非银行金融机构贷款、定金及预收款、个人按揭贷款、各项应付款都保持了较高的增长率，基本上都在 80% 左右的年增长率水平上，但在增长趋势方面，这五项资金来源存在一些不同。定金及预收款增长速度最为显著，个人按揭贷款 2015 年前增长也是非常快速的，但自 2015 年后，出现了一定程度的下滑。

分析认为这主要是当时房地产行业调控力度不断加大所造成的，尤其是2015年后房贷政策进一步收紧，致使个人按揭贷款的数量受到了较大的约束。还有一个需要注意的是，约在2014年中后期，个人按揭贷款的金额已经超过了银行贷款的金额。至于非银行金融机构贷款则一直保持着相对较低的增长速度，10年间只是出现了略微的增长。

（2）在资金来源构成方面

在国内贷款方面，银行贷款始终占据主导，但占比有所下降。2006年的占比为93.39%，10年间逐步下降，2017年为81.16%，下降了约1个百分点。而非银行金融机构贷款的占比则出现了一定程度的上涨，2006年占比为6.61%，2017年占比则上升至18.84%。这表明随着中国金融市场的丰富与完善，房地产开发企业可以通过金融市场获得一定的非银行贷款，原有的单一以银行为融资渠道的方式有所打破，信托、资管、券商、保险、基金等非银行金融机构渐渐成为重要的资金来源渠道。但从构成比例来看，现阶段中国房地产开发企业最主要的贷款来源依然是商业银行贷款。

在其他资金来源方面，2006—2017年，定金及预收款、个人按揭贷款这两个方面在其他资金来源总额中的占比变化不太大，定金及预收款基本上保持在56%—62%，而个人按揭贷款占比则基本保持在25%—30%。表7.8的相关分析已表明，其他资金来源已经成为房地产开发企业融资的半壁江山，而表7.10的相关数据又显示定金及预收款是其他资金来源的主要内容，故可推断出销售收入已成为房地产开发企业资金回笼的主要途径。通过表7.9与表7.10有关数据的计算，定金及预收款收入大约占据房地产开发企业总体到位资金的30%。

国内贷款同其他资金来源的比例有所降低。2006年，国内贷款同其他资金来源相比为41.91%，以后该比例逐年下降，2017年该比例为31.64%，10年间约下降了10个百分点。

(3) 在收入与应付款方面

这里的收入主要是指定金及预收款、个人按揭贷款。根据表7.9与表7.10中相关数据的计算，2006—2017年，房地产开发企业所获得的定金及预收款、个人按揭贷款这两项资金的总和要明显地大于各年的应付款。而且，应付款同这两项资金的比例逐年上升，2006年为27.03%，2017年则上升至46.36%，并且，2014年与2015年分别高达58.27%、58.95%。定金及预收款、个人按揭贷款这两项资金的总和明显大于应付款，这表明在此期间房地产开发企业仅利用其他资金来源即可解决应付款问题，整个房地产行业从总体上来看基本不存在还款压力。

综合上述分析，从本节的相关数据可以看出，样本期间，中国房地产开发企业资金来源依然是以商业银行贷款为主，但由于中国房地产市场总体上一直处于持续热涨过程，尤其是房价屡破新高，也给人们带来了更高的房价预期，商业银行和其他金融机构以及社会闲散资金不断涌入房地产行业。在这种情况下，房地产开发企业虽然负有巨额的贷款资金，但仅凭销售收入即可解决各项贷款压力。另外，随着中国金融市场的不断丰富，非银行金融机构的贷款渠道也日益增多，尤其是互联网金融的出现，极大地改变了房地产开发企业的融资方式。故在这些情况下，本书第六章得出的结论是成立的，即在样本期间2007年1月至2019年9月，中国商业银行流动性的波动对房地产价格波动的影响在总体上并不明显。当然，这个结论是基于此期间中国房地产市场行情较好以及商业银行流动性调整较为温和得出的，如果房地产市场行情出现转变，或商业银行流动性调整出现较大幅度的变动，房地产开发企业很可能将面临较大的还款压力。

三 房地产贷款在商业银行贷款中的状况

上一节从房地产开发企业角度出发，考察了商业银行贷款在房地产开发企业资金来源中的地位及影响作用。本节将从商业银行角度出发,分析房地产贷款在商业银行总贷款中的角色与影响作用。

受数据所限,本节主要考察中国四大国有银行:中国工商银行、中国建设银行、中国农业银行以及中国银行。这四大国有银行规模总量大,房地产贷款情况也较明显地反映在这四大行中。故本节以这四个国有银行为代表,考察中国房地产贷款在整个商业银行贷款中的状况。

表7.11为中国工商银行、中国建设银行、中国农业银行及中国银行在2016年与2017年这两个年度的相关房地产贷款数据,主要包括按照产品类型划分的个人住房贷款指标、按照行业划分的公司类贷款中的房地产业贷款指标以及相关房地产贷款在商业银行全部贷款的占比指标,表中公司类贷款的数据为商业银行贷款与垫款总额。之所以重点考察以上三个方面的指标,主要目的在于考察此期间中国房地产贷款在整个商业银行贷款中的占比情况,以便进一步分析房地产行业对商业银行体系的影响,从中也可以看出房地产价格波动对商业银行流动性将会造成什么影响。

表7.11中的相关数据表明,从按照产品类型划分的个人贷款指标来看,四大国有银行个人住房贷款在个人贷款总额中的占比是非常高的。2016年与2017年,这个比例大约保持在76.4%—82.3%,其中中国农业银行的指标相对较低,中国建设银行的指标则相对较高。从按行业划分的公司类贷款中房地产业贷款指标来看,2016年与2017年,四大国有银行房地产贷款在全部公司类贷款的比例保持在5.8%—11.8%,其中中国建设银行的指标相对较低,而中国银行的指标相对较高。

表7.11还列出了四大国有银行房地产相关贷款的加总数据。从表中数据可以看到,在2016年与2017年两年间,四大国有银行的房地产贷款在整个贷款总额中的占比在31.6%—39.8%,其中中国农业银行的指标相对较低,而中国建设银行的指标相对较高。

表 7.11　2016 年与 2017 年四大国有银行房地产行业贷款

单位：亿元

		按产品类型划分的个人贷款 (1)			按行业划分的公司类贷款 (2)			房地产相关贷款 (1) + (2)	
		个人贷款总额 (3)	个人住房贷款额 (4)	个人住房贷款占比 (%)	公司类贷款总额 (5)	房地产业贷款额 (6)	房地产贷款占比 (%)	银行贷款总额 (3) + (5)	房地产相关贷款占比 (%)
中国工商银行	2016 年	41961.96	32408.38	77.2	69125.37	4269.99	6.2	111087.33	33.0
	2017 年	49454.58	39386.89	79.6	75230.00	5017.69	6.7	124684.58	35.6
中国农业银行	2016 年	33464.14	25581.49	76.4	63732.25	5104.70	8.0	97196.39	31.6
	2017 年	40058.92	31335.03	78.2	67147.19	5732.48	8.5	107206.11	34.6
中国建设银行	2016 年	43383.49	35856.47	82.3	58648.95	3425.31	5.8	102032.44	38.5
	2017 年	51938.53	42130.67	81.1	64435.24	4148.67	6.4	116373.77	39.8
中国银行	2016 年	34043.93	26359.60	77.4	65689.69	7510.35	11.4	99733.62	34.0
	2017 年	39238.57	30615.53	78.0	69727.01	8209.22	11.8	108965.58	35.6

分析表 7.11 中的数据,还可以看出:四大国有银行相关房地产的贷款在全部贷款中的占比都是非常高的,商业银行的贷款收入有三分之一多都在房地产。这表明样本期间,中国房地产相关贷款同商业银行的流动性以及整个商业银行的经营绩效都存在非常密切的联系。

第四节 商业银行同房地产行业板块关联波动实证分析

上一节通过一些关键数据分析了商业银行体系同房地产行业之间存在的资金关联。从分析结果可以看出,商业银行总贷款中超过 30%以上的部分都投向了房地产行业,而房地产开发企业投资资金约 30%(按 2017 年相关数据统计)直接来源于商业银行贷款。而且,这里只是计算了商业银行直接给房地产开发企业贷款及个人按揭贷款这两个部分,如果再考虑到房地产开发企业间接来自商业银行贷款的金额,这个比例将会更大。

以上分析表明商业银行体系同房地产行业之间存在非常紧密的资金方面的交互关联。为了更直观地考察商业银行体系同房地产行业之间的关联性,本节将进一步构建 GPD-Copula-CoVaR 模型,并利用该模型测度中国商业银行同房地产这两个行业之间的动态相关性及风险溢出性。本节研究过程设计如下:

首先,用 GARCH 模型对数据进行过滤,并使用广义帕累托分布刻画边缘分布中超阈值的部分;

其次,选取最优的 Copula 函数测度中国商业银行体系同房地产行业之间的动态相关性与尾部相关性,并通过 LR 失败率法检验该模型的样本外预测能力;

最后,通过条件在险价值 CoVaR 衡量中国商业银行体系同房地产行业之间的风险的溢出效应。

一　数据描述性统计与检验

本节以商业银行指数与房地产指数的每日收益率数据分别代表这两个行业的市场状况。样本期为2000年1月至2017年6月，共4223组数据。为了检验本节所构建的测度模型的有效性，这里将样本数据分为估计与预测两部分，并用样本序列的最后300天的数据进行预测，测度其对实际损失的覆盖率。本节数据均来源于Wind数据库。

房地产与商业银行收益率序列的统计特征值详见表7.12。由表7.12数据可知，样本期内房地产与商业银行收益率序列的均值分别为0.0498、0.0556。从行业平均收益率来看，房地产行业收益率要略大于商业银行，但从标准差来看，房地产与商业银行收益率序列的标准差都较大，分别为1.9261、2.1492，且房地产收益率标准差略大于商业银行。两个行业的峰度值都大于3，分别为6.1454、5.7478，这说明两个行业的分布都呈现出尖峰厚尾的统计特征。

观察表7.12还可看出，JB检验结果拒绝了原假设，这表明这两个收益率序列均为非正态分布；ADF检验结果则表明这两个收益率序列都是平稳的；Ljung-Box检验表明这两个收益率序列均存在自相关性现象；ARCH检验则显示这两个收益率序列都有着显著的ARCH效应，两个收益率序列均存在明显的波动集聚现象。

表7.12　　　中国房地产与商业银行收益率序列的统计特征值

行业	Mean	Std. Dev	Skewness	Kurtosis	JB Value	ADF Value	Ljung-Box	ARCH
商业银行	0.0498	1.9261	0.3582	6.1454	3114.0562 (0.000)	-14.5116 (0.001)	38.8651	122.8522 (0.004)
房地产	0.0556	2.1492	-0.2313	5.7478	1366.2914 (0.000)	-15.3144 (0.001)	47.7293 (0.000)	158.5683 (0.000)

注：括号内的数值表示相伴概率 p 值，其中ADF统计量、Ljung-Box和ARCH效应是滞后15阶的检验结果。

为避免估计偏差，本节先用能较好刻画金融数据波动集聚现象的 GARCH 模型对两个收益率序列进行过滤，提取标准化残差序列后再进行自相关与 ARCH 效应检验，结果见表 7.13。由表中数据可知，Ljung-Box 与 ARCH 检验都通过了原假设，说明经过 GARCH 模型过滤后的数据已不存在自相关和 ARCH 效应，符合本节所采用的极值模型适用条件。

表 7.13　　　　　　　　　残差检验

行业	Ljung-Box	ARCH
商业银行	18.477 (0.328)	10.122 (0.605)
房地产	21.752 (0.205)	7.458 (0.826)

二　边缘分布估计

同第三章第二节，本节拟基于广义帕累托分布来刻画两个序列的边缘分布。首先，这里需要确定 POT 模型的阈值。为了简化起见，本节没有像前文一样综合应用 MEF 和参数估计值稳定法来确定阈值，而是根据 DuMouchel（1983）提出的 10% 原则，直接定义 10% 分位数为下尾阈值、90% 分位数为上尾阈值。

在确定两个序列上下尾部阈值之后，即可应用广义帕累托分布刻画边缘分布中超过阈值的部分，至于两个序列中间分布部分则用经验分布拟合。之后，即可通过极大似然 MLE 方法估计这两个分布函数的参数。估计结果见表 7.14。

表7.14　　　　　　　　残差序列的阈值及参数估计

行业	尾部	μ	ζ	σ
商业银行	上	1.1887	0.1061	0.6491
	下	-1.1139	0.0229	0.5656
房地产	上	1.1775	0.0171	0.5649
	下	-1.2221	-0.0503	0.6616

为检查 GDP 对残差序列的拟合情况，分别做出房地产与商业银行这两个序列的超出量估计图和尾部估计图。受篇幅所限，这里仅给出了两个序列的下尾部拟合的图示，见图 7.10 与图 7.11。从图中可以看出，其超出量分布（Excess distribution）和尾部总体分布（underlying distribution）的散点基本都紧密围绕参照线而分布，这表明两个序列的拟合情况都较好。

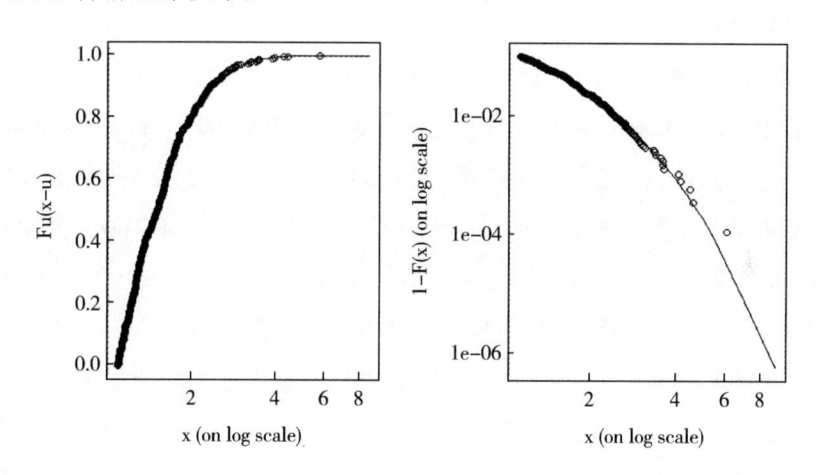

图 7.10　银行残差序列下尾超阈值 GPD 与尾部总体分布拟合

三　Copula 函数参数估计

在得到边缘分布后，通过选取最优的 Copula 函数来测度房地产与商业银行的相关性。为此，本书估计了包含 Elliptic Copula、Archime-

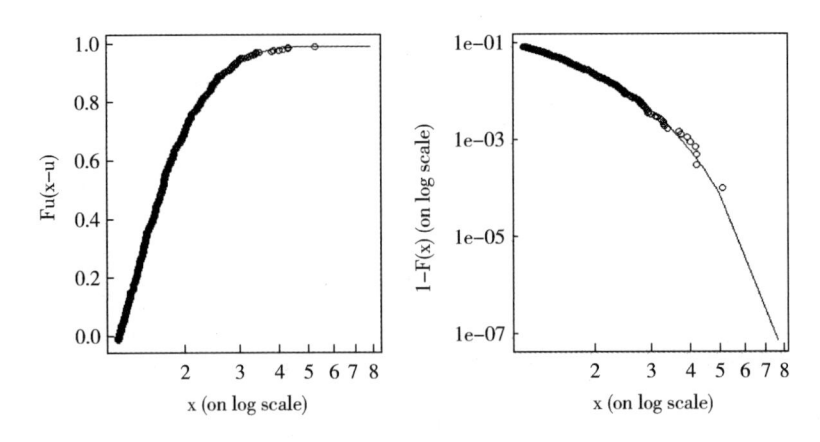

图 7.11 房地产残差序列下尾 GPD 拟合图与尾部估计图

dean Copula 函数以及双参数 Copula 函数在内的 10 个 Copula 函数，并通过比较 Carmer von Mises 统计量（CvM）和 AIC 信息准则等拟合优度进行判定。

Copula 函数的参数估计及相关检验结果见表 7.15。观测表中数据可看出，BB1 Copula 函数的 AIC 值最小，为 -2387.604，Student T Copula 函数的 AIC 值与之相差甚微，为 -2386.349，并且，这两个函数的参数都通过了相关检验。Gauss Copula 函数的 Carmer von Mises 统计量（CvM）虽然通过检验，但其 AIC 值比 T Copula 函数和 BB1 Copula 函数都大。其他 Copula 函数则没有通过检验。以上说明 T Copula 函数与 BB1 Copula 函数都能较好地拟合房地产与商业银行之间的相关性。将 Copula 函数的估计参数转换为一致性 Kendall 秩相关进行比较，发现房地产与商业银行这两个序列的秩相关在 0.46 左右，说明房地产与商业银行之间的相关性较高。BB1 Copula 函数测度的上尾相关系数为 0.37，下尾相关系数为 0.44，说明房地产与商业银行这两个序列的尾部相关性具有非对称性。下尾相关系数大于上尾相关系数，也即意味着当一个市场发生危机时，危机传染到另一个市场的概率比较高[①]。

---

① T Copula 无法拟合分布不对称的情况，而 BB1 更适合拟合尾部的相关性。

表 7.15　　　　　　　　Copula 参数估计结果及检验

Copula 函数	参数 1（标准差）	参数 2（标准差）	秩相关	上尾相关系数	下尾相关系数	CvM 检验（p 值）	AIC 值
Gauss	0.6623 (0.007)		0.4608	0	0	0.2778 (0.09)	-2262.84
Student T	0.6659 (0.009)	5.9231 (0.561)	0.4639	0.2776	0.2776	0.0009 (0.99)	-2386.349
Clayton	1.2691 (0.034)		0.3882	0	0.5792	2.2583 (0.00)	-2004.012
Gumbel	1.7677 (0.022)		0.4343	0	0.5199	2.8586 (0.00)	-2084.522
Frank	5.1702 (0.117)		0.4672	0	0	1.6657 (0.00)	-2095.857
Joe	1.9381 (0.032)		0.3411	0.5701	0	37.1581 (1.00)	-1412.051
BB1	0.5878 (0.036)	1.4234 (0.025)	0.457	0.3726	0.4367	0.0584 (0.45)	-2387.604
BB6	1.001 (0.187)	1.7665 (0.220)	0.4342	0	0.5201	2.8642 (0.00)	-2081.998
BB7	1.5416 (0.035)	1.0192 (0.039)	0.4322	0.5065	0.4322	0.3808 (0.00)	-2348.102
BB8	6 (0.531)	0.6004 (0.036)	0.4469	0	0	3.1146 (0.00)	-2013.711

注：由于 T Copula 函数自由度非整数，对其参数采用 White 信息矩阵进行 GoF 检验。

四　房地产与银行动态相关性与风险溢出性

由于本部分所使用的数据历时长达 17 年有余，考虑到相关参数可能会随市场环境的变化而产生相应的变动，故此，对 T Copula 函数的时变相关系数做了进一步估计，估计结果见图 7.12。

观察图 7.12 可知，房地产与商业银行间的相关系数在 2002 年、

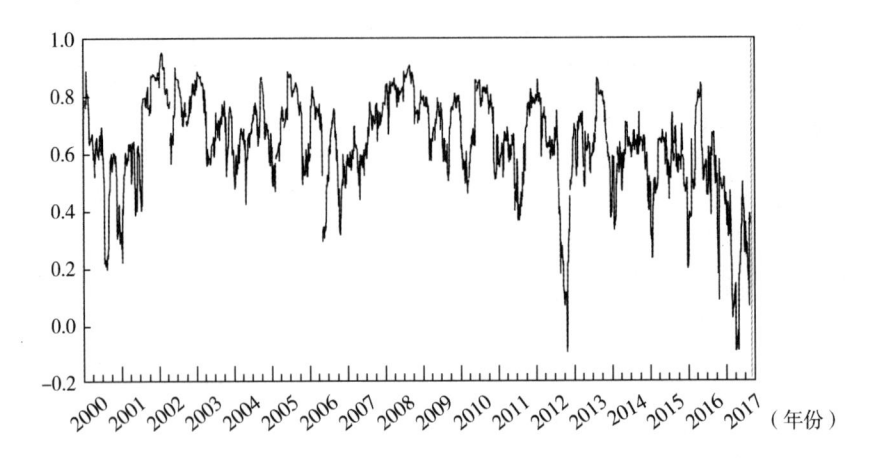

图 7.12 房地产与商业银行间的动态相关性

2008年和2015年分别出现高点,而在2006年、2012年和2016年降低到历史低点。纵观房地产市场的发展过程可以发现,房地产与商业银行之间相关性的高企是与房地产市场的繁荣紧密相关的,而房地产与商业银行之间的相关性降低则与逆房地产周期相机决策的调控政策有关。

为抑制房价的快速上涨,在2005年与2006年相继出台"国八条""国六条",央行两次提高基准利率,此时房地产与商业银行间的相关性迅速降低到0.2左右。而在2008年,为应对国际金融危机,房地产调控政策从严格调控转变为鼓励消费,全年共4次降准、5次降息,此时房价走高,两个行业的相关性也随之创下新高,达到0.8左右。宽松的政策环境刺激了房地产市场的繁荣,为应对房价上涨过快问题,在2011年出台"国八条"后,47个城市执行限购政策并收紧信贷,在严厉的政策约束下房地产市场出现量价齐跌,两个行业的相关性也随之下降,并在2012年跌至谷底。2014—2015年为应对房地产的高库存压力,央行共进行了3次降准、5次降息,多数城市取消限购政策,房地产市场开始回暖,两个行业之间的相关性再度高企。2016年"9·30"政策后,16个城市密集出台限购政策,房地产政策又开始收紧。2017年"3·17"政策后,当年3—5月全国共46个城市出台了限购政策及相应的配套政策,两个行业之间的相关性迅速降低。

钟明、郭文伟与宋光辉(2013)等学者的研究表明,房地产与商业银行之间的相关性变化往往伴随两个行业重大政策的出台,具有强烈的政策效应。本书分析还发现,针对房地产市场逆周期相机决策的调控政策导致这两个行业间相关性降低的持续时间很短,一般在1—2个月市场就得以恢复。然而,一旦政策放松,房地产与商业银行之间的相关性将再度攀升到较高的水平。从这个具体状况来看,纯粹的严厉政策调控并不是一种长效的调控机制。

为了比较 GPD-T Copula 模型与 GPD-BB1 Copula 模型的样本外预测能力,本书使用 Kupiec(1995)提出的失败率 LR 检验法对模型进行检验。具体做法是:利用模型所估计的参数,采用 Monte Carlo 方法模拟房地产与商业银行等权重的 VaR 值,并利用滚动时间窗口法,滚动预测样本外300天的 VaR 损失值,比较其对房地产与商业银行等权重实际损失的覆盖率,检验结果见表7.16。由表中数据可知,GPD-BB1 Copula 模型预测的 VaR 损失值失败率更低,检验统计量 LR 值更小。因此,较 GPD-T Copula 模型而言,GPD-BB1 Copula 模型拟合风险损失更好。

表7.16　　　　　　模型预测效果检验(p)

模型	预测天数	失败天数	失败率	LR 值	p 值
GPD-BB1 Copula	300	8	2.67%	2.9305	0.0869
GPD-T Copula	300	12	4.00%	4.1288*	0.0425

注:LR 值越大表明模型预测效果越差,加*号 LR 值表示在显著性水平0.05下拒绝原假设。

BB1 双参数模型是由 Gumbel Copula 和 Clayton Copula 两个函数经 Copula 组合而成。其中,Gumbel Copula 函数的密度函数呈"J"形,该函数上尾分布较高而下尾分布较低,这表明该函数在上尾部分具有对变量较为敏感的反应,利用该分布函数可以较好地捕捉变量之间在上尾部分的关联性。Clayton Copula 函数的密度函数则呈"L"形,正好与 Gumbel Copula 函数相反,该函数上尾分布较低,下尾分布较高,表明该函数在下尾部分具有对变量较为敏感的反应,利用该分布函数可以较好地捕捉变量之间在下尾部分的关联性。

Copula 函数可测度房地产与商业银行间的相关性,上述分析已经显示这两个市场之间具有较高的下尾相关性,即一个市场的下跌引起另一个市场下跌的概率较高,说明两个市场存在风险溢出效应。以下进一步考察这两个市场在发生风险(这里指极端下跌状况)时的溢出方向与强度。

参考表 5.3,给出 BB1 双参数模型趋于极值的上尾相关性和下尾相关性的表达式:

$$\lambda^U \equiv \lim_{u \to 1} p \ (U > u \mid V > u) = 2 - 2^{\frac{1}{\delta}} \tag{7.11}$$

$$\lambda^L \equiv \lim_{u \to 0} p \ (U < u \mid V < u) = 2^{-\frac{1}{\theta\delta}} \tag{7.12}$$

在求得 Copula 参数后,即可以直接根据式(7.11)与式(7.12)求得趋于极值的上下尾相关性。本节这里引进了不同置信水平下的尾部关系式,定义:令随机变量 X 的分布函数为 $F(x)$,随机变量 Y 的分布函数为 $G(y)$,$C(u, v)$ 为相应的 Copula 函数,其中 $u = F(x)$,$v = G(y)$。设 uU、uL 分别是序列 X 的上、下尾阈值,vU、vL 分别是序列 Y 的上尾、下尾阈值,则上尾、下尾的相关系数可以分别表达为:

$$\lambda_U(\alpha) \equiv p \ [U > u_U(\alpha) \mid V > v_U(\alpha)] = \frac{1 - u_U(\alpha) - v_U(\alpha) + C(u_U(\alpha), v_U(\alpha))}{1 - v_U(\alpha)} \tag{7.13}$$

$$\lambda_L(\alpha) \equiv p \ [U < u_L(\alpha) \mid V < v_L(\alpha)] = \frac{C(u_L(\alpha), v_L(\alpha))}{v_L(\alpha)} \tag{7.14}$$

利用式(7.13)与式(7.14)即可对极端情况下的风险溢出性进行测度。为了能够进一步测度出变量之间风险溢出的方向和强度,本部分还进一步应用了 Adrian 和 Brunnermeier（2016）提出的条件在险价值（Conditional Value at Risk，CoVaR）法。

CoVaR 指在一定的可能性水平下，在未来一段时间内，如果某个金融机构或金融市场遭遇困境时，其他的金融机构或市场可能遭受的最大损失。该方法主要从全局性角度出发对金融机构之间的风险溢出效应进行测度，并可识别出对系统性风险有重要影响的金融机构。

根据 Adrian 和 Brunnermeier（2016）的定义，在置信水平为 $1-q$ 情况下，若 j 机构或市场遭遇损失为 VaR_q^j，则 i 机构或市场遭受的最大可能损失 $CoVaR_q^{i|j}$ 为：

$$\Pr(x_i \leqslant CoVaR_q^{i|j} \mid x_j = VaR_q^j) = q \tag{7.15}$$

CoVaR 是一致性的风险度量，且具有凸性，可以对变量尾部状况进行充分测度，并测度出变量之间在极端情况下的风险溢出性。

定义风险溢出价值为：

$$\Delta CoVaR_q^{i|j} = CoVaR_q^{i|j} - VaR_q^i \tag{7.16}$$

$\Delta CoVaR_q^{i|j}$ 反映 j 的风险事件对 i 的风险溢出程度。由于不同市场和金融结构之间的风险溢出规模存在较大的差异，为了便于比较，对 $\Delta CoVaR_q^{i|j}$ 进行标准化处理后有：

$$\% CoVaR_q^{i|j} = (\Delta CoVaR_q^{i|j} / VaR_q^i) \times 100\% \tag{7.17}$$

本书应用分位数回归计算 CoVaR，设立如下分位数回归模型：

$$\hat{X}_q^{i|j} = \hat{\alpha} + \hat{\beta} X^j \tag{7.18}$$

上式中，$\hat{X}_q^{i|j}$ 表示当 j 机构或市场发生风险时 i 机构或市场存在的 CoVaR，根据 CoVaR 的定义有：

$$CoVaR_q^{i|j} = \hat{X}_q^{i|j} \tag{7.19}$$

取 X^j 为 VaR_α^j，即有：

$$CoVaR_q^{i|j} = \hat{\alpha} + \hat{\beta} VaR_\alpha^j \tag{7.20}$$

通过求解式（7.16）、式（7.17）与式（7.19），即得到了相应的 $\Delta CoVaR$、$\% CoVaR$ 及 CoVaR，具体结果详见表 7.17。

表7.17　　　　房地产与商业银行风险溢出效应（$q=5\%$）

溢出方向	VaR	CoVaR	ΔCoVaR	%CoVaR
房地产→商业银行	2.7796	3.8895	1.1102	39.94%
商业银行→房地产	3.4182	4.1666	0.7480	21.89%

分析表7.17中数据可知，房地产与商业银行这两个行业的CoVaR均大于VaR。这说明两个行业联动的风险大于单一行业风险，即两个行业之间具有风险溢出性，当一个行业发生风险事件时容易引发另一个行业风险的爆发。从风险溢出的方向看，房地产与商业银行这两个行业之间还存在双向的溢出性，其中，房地产对商业银行的风险溢出强度为39.94%，商业银行对房地产的风险溢出强度较低，只有21.89%。这表明房地产行业的风险溢出性更强，因而更应该防范房地产市场对商业银行的风险传染。

本部分通过构建GPD-Copula-CoVaR模型测度了中国2000年1月至2017年6月间房地产与商业银行这两个行业间的动态相关性及风险溢出性。首先，用GARCH模型对数据进行了过滤，并使用广义帕累托分布刻画边缘分布中超阈值的部分；其次，选取最优的Copula函数测度房地产与商业银行这两个行业之间的动态相关性与尾部相关性，并通过LR失败率法检验了模型的样本外预测能力；最后，通过条件在险价值法衡量了房地产与商业银行这两个行业之间的风险的溢出效应。

通过以上研究，本部分得到以下主要结论：

（1）房地产与商业银行之间存在较高的行业相关性，Kandall秩相关系数在0.45左右，并且，这两个行业间的关联波动具有上下尾不对称性，下尾相关系数大于上尾，即一个市场大幅下跌导致另一个市场大幅下跌的概率更高。

（2）房地产与商业银行的行业相关性是时变的，相关性较高时期往往对应于房地产市场繁荣时期，并且，商业银行信贷政策的宽松也会刺激这两个行业相关性的高企；而相关性的降低往往源于为防止房地产市场过热而出台的政策调控，但是，政策效应往往持续的时间较短。

（3）房地产与商业银行存在双向的行业风险溢出效应，即两个行业联动的风险要大于单一行业的风险。其中，房地产对商业银行的风险溢出强度更强，在40%左右；商业银行对房地产的风险溢出则相对较小，在21%左右。

第八章 研究结论与相关建议

第一节 研究结论

本书基于极端风险首要关注的原则,将考察的重心置于商业银行流动性与房地产价格关联波动的极端状态之上。在研究方法上,第一,将极值 POT 模型引入 VaR 技术中,建立了可测度一维极值风险的 POT-VaR 混合模型,并据此对中国商业银行流动性和房地产价格的极端波动分别进行了测度。第二,利用 Copula 连接函数将已经构建的一维极值风险模型扩展至二维极值风险混合模型 Copula-POT-VaR,并以之测度了中国商业银行流动性与房地产价格两者之间的极端关联波动。同时,构建相应的混合模型测度两者之间的常规关联波动,也即两者总体层面上的关联波动性。第三,为了更准确地判断中国商业银行流动性同房地产价格两者之间的关联属性与关联波动的动态过程,不但采取向量自回归模型(VAR)中的脉冲响应函数和方差分解考察了两者之间的相互冲击过程,还通过大量相关数据对这两个行业之间的资金关联性进行了统计分析。同时,还针对这两个行业关联波动序列的分布结构,构建 GPD-Copula-CoVaR 混合模型测度了两个行业之间的波动关联性与风险溢出效应。

基于以上的研究思路,本书得到了以下几个方面的主要结论:

1. 在混合风险测度模型构建方面：

（1）利用极值 POT 模型与 VaR 模型构建的一维混合极值风险测度模型，在较高的置信水平 99% 下，对商业银行同业拆借利率序列 $\{BR_t\}$ 和房地产价格序列 $\{HR_t\}$ 的尾部极端风险估测的有效性明显高于 VaR 模型；而在较低的置信水平 95% 下，总体上反而略微低于 VaR 模型。

（2）利用极值 POT 模型、VaR 模型及 Copula 连接函数所构建的二维混合极值风险测度模型 Copula-POT-VaR，同现有风险相关性模型相比较，可较精确地测度商业银行同业拆借利率序列 $\{BR_t\}$ 和房地产价格序列 $\{HR_t\}$ 的尾部极端风险关联波动。

2. 在利用所构建的 Copula-POT-VaR 混合模型测度中国商业银行流动性与房地产价格极端关联波动方面，主要研究结论有：

（1）在样本期间 2007 年 1 月至 2019 年 9 月，中国商业银行流动性同房地产价格之间存在不对称的极端关联波动状况。

在下尾部，两者为完全负向相关性。从发生概率上来讲，一方发生极端波动都将对另一方产生非常密切的极端波动影响，但影响方向却是相反的。如流动性方面发生不利的极端波动时，商业银行间拆借利率大幅升高，很可能会引起房地产价格大幅下跌。同样，当房地产价格发生极端波动时，如大幅下跌时，很可能引起商业银行间拆借利率的大幅上升，流动性将吃紧。而在上尾部，商业银行流动性同房地产价格的关联波动为负的渐进相关，当商业银行流动性或房地产价格发生极端波动时，对另一方往往并没有显著的影响。

（2）在样本期间 2007 年 1 月至 2019 年 9 月，中国商业银行流动性同房地产价格关联波动率在总体上（包括常规波动和极端波动两者状况）并不显著，这也意味着，从总体上看，一方发生波动基本上不会对另一方造成显著影响。

3. 在利用向量自回归模型（VAR）分析中国商业银行流动性与房地产价格之间总体关联波动方面，主要研究结论有：

(1) 商业银行流动性与房地产价格之间具有相互信息冲击影响。

来自房地产价格的一个标准差的正向冲击,将立刻造成商业银行流动性下降,但流动性在第2期时便很快恢复到原值,之后这种影响将呈上下小幅波动,在第4期时出现正向的高峰,然后逐渐收敛到0。来自商业银行流动性的一个标准差的冲击对房地产价格也造成了一定的波动,这种波动整体围绕0上下小幅波动,在数值上要小于房地产价格对流动性的影响,但是持续的时间比较长。此外,商业银行流动性与房地产价格两者对来自自身的新息冲击都具有较强反应,并且,在形状上大致相同,两者都是在第1期急剧下降,随后围绕0起伏,在第4期时基本收敛。

(2) 商业银行流动性与房地产价格两者90%左右的误差方差都来自自身,但是两者之间存在一定程度的长期相互影响。

相比较而言,房地产价格对商业银行流动性的误差方差影响比较缓慢。在第1期时基本为0,但从整体趋势上来看是逐渐增大的,在第8期时达到8.65%,略低于同期商业银行流动性在房地产价格的方差分解中所占比重。商业银行流动性同房地产价格之间的解释力也具备较强的持久性,即两者之间具有较为持久的关联波动效应。

4. 在中国商业银行与房地产行业之间的资金关联分析方面,得到的主要结论有:

(1) 随着中国金融市场的日益丰富与完善,原有单一以商业银行为融资渠道的方式有所打破,信托、资管、券商、保险、基金等非银行金融机构渐渐成为房地产开发企业重要的资金来源渠道。但从样本期间房地产行业的融资来源构成来看,虽然商业银行贷款在房地产行业资金来源中的比例有所下降,房地产开发企业最主要的贷款来源依然是商业银行贷款,房地产行业同商业银行体系之间依然存在非常密切的资金联系。

(2) 联系前文的实证分析结果可以看出,在当前环境下,受宏观经济、房地产行业发展现状及其他因素的影响,虽然在总体上商业银行流动性与房地产价格之间的关联波动并不明显,然而实际上这两个行业之间依然存在非常密切的资金联系。如若宏观经济、房地产市场状况或其他影响因素出现超过一定程度的变化时,尤其是当这些因素负向波动时,很可能这两个行业之间的关联波动性将会表现得非常显著。

5. 在利用所构建的 GPD-Copula-CoVaR 模型测度中国商业银行体系同房地产行业关联波动与风险溢出效应方面,主要研究结论有:

(1)房地产与商业银行存在较高的行业相关性,并且这两个行业上下尾的关联波动具有不对称性,下尾相关系数大于上尾,即一个市场的大幅下跌导致另一个市场大幅下跌的概率更高。

(2)房地产与商业银行的行业相关性是时变的,相关性较高时期往往对应于房地产市场繁荣时期,并且,商业银行信贷政策的宽松也会刺激这两个行业相关性的高企;而两者相关性的降低往往源于为防止房地产市场过热而出台的政策调控,然而,政策效应往往持续的时间较短。

(3)房地产与商业银行存在双向的行业风险溢出效应,即两个行业联动的风险要大于单一行业的风险。并且,房地产行业对商业银行体系的风险溢出强度更强,约为 40%;而商业银行体系对房地产行业的风险溢出则相对较小,约为 21%。

第二节 相关建议

本书研究目的在于揭示现阶段中国商业银行流动性同房地产价格之间的极端关联波动,旨在为中国的经济管理部门制定相关政策提供决策依据,同时,也为商业银行、房地产行业及有关金融机构提供具体的风险测度技术与管理方法。

基于以上研究结论,本书提出了以下政策建议:

(1)在对商业银行流动性与房地产价格关联风险的管理中,要结合两者风险关联的不对称性特点,将关注重心置于极端风险方面。

从本书的研究结论来看，虽然现阶段在总体上商业银行流动性同房地产价格存在关联波动，但这种关联性表现得并不显著。但是，在下尾部极端风险方面，商业银行流动性同房地产价格的关联波动则是非常显著的，两者之间为完全负向相关。这意味着商业银行流动性同房地产价格两者之间的风险传导主要表现在下尾部极端风险方面，而且，这部分的极端风险才是商业银行流动性同房地产价格关联波动的真正核心部分，也正是风险管理部门要重点关注的风险部分。针对商业银行同业拆借利率序列 $\{BR_t\}$ 与房地产价格序列 $\{HR_t\}$，具体来说，就是应该将风险管理的重心放在这两个序列对数波动率分别发生超过4.2%与2.1%的波动时。

本条建议对相关政策制定也具有一定的参考价值，如经济部门考虑利用商业银行流动性对房地产价格或房地产行业进行调控时，本研究结论则意味着：在当前环境下，如果只是单纯利用商业银行流动性工具进行调控，并且调控力度比较温和，那么很可能难以达到像原来一样的调控效果。也就是说，在当前环境下，如果要想通过商业银行流动性工具达到较好的房地产价格及房地产行业方面的调控效果，就必须同其他类型的调控工具一起综合应用。

关于此点的研究结论同现阶段相关研究存在较大的差异。现有大多数文献认为通过商业银行流动性对房地产价格及房地产行业发展进行调控是一条较为有效的途径。然而，从相关数据来看，多次商业银行流动性的收紧并没有及时地并充分地反映到房地产价格上。也有个别文献得出了与本书一致的研究结论。例如，Addae-Dapaah（2014）考察了住房贷款对新加坡房价的影响程度，认为长期中住房贷款与房价和GDP正相关，但与利率负相关。短期中住房贷款和房价之间似乎没有相关性。而且，住房贷款本身的变化不会影响房价，短期内房价本身的变化也不会影响住房贷款。这意味着将住房贷款作为控制新加坡房地产价格上涨的手段，可能不会立即实现。张小宇和刘金全（2015）利用STVAR模型判断了货币政策对房地产市场的影响变化过程。研究结果认为：货币政策一直都对房地产行业有着非常明显的影响，但近些年来这种影响的时间长度与影响的强度都呈现出递减趋势。他们认为在这种趋势波动下，还仅仅依靠货币政策去调整房地产行业的发展，不仅仅存在应用货币政策工具使用难度的增加，而且也可能不会取得预想的成效。

从本书的研究结论来看，需要重新审视与考虑将商业银行流动性作为调控房地产价格及房地产行业发展调控工具的有效性了。

（2）在对商业银行与房地产价格关联风险的管理中，要密切关注商业银行流动性同房地产价格关联风险之间的时变性，针对性地确定不同时期的风险预案。

商业银行流动性同房地产价格本质上存在非常密切的关联波动，然而，受各种因素的影响，两者之间的关联波动在不同时期或不同地区有着不同的外在表现。中国房地产行业一直是商业银行重要的资金使用部门之一，但受宏观经济的快速发展、房地产市场情绪的高涨及其他因素的影响，商业银行流动性同房地产价格之间的极端关联波动较为显著，而在总体层面上，两者之间的风险关联表现却不明显。同时，国民经济已呈减速增长，房地产行业面临巨大的销售压力，商业银行的市场竞争也日趋激烈，互联网金融蓬勃发展，甚至极大程度地改变了现有金融市场结构及其发展方向。当这些内外部状态发生趋势波动并达到一定程度后，不论是在风险阈值选取方面，还是在风险关联波动水平方面或风险不对称性特征方面，商业银行流动性同房地产价格之间风险关联将发生质的变化，并呈现出新表征。所以，必须要密切关注内外部状况的变化，根据商业银行流动性同房地产价格关联波动在不同时期或不同区域的特征与具体表现，设计针对性的风险抵御、防范与化解方案。

（3）将极端风险拓展为风险管理的核心，修正当前金融机构风险管理中存在的不足。

中国金融风险管理虽然起步较晚，但近几年有了长足的进步，正在逐步向国际先进的风险管理水平靠拢。然而，现阶段风险管理的主要内容依然局限在常规风险范畴，譬如商业银行及房地产这两个行业，均已对常规风险进行了较好的监控，并采取了事先防范措施与抵御方案，然而，迄今这两个行业仍然没有将极端风险纳入风险管理的主要内容中，更没有将极端风险当作真正的风险核心来管理。综观现阶段金融领域的风险管理，不论是国家层面的风险管理机构，还是个体层面的金融机构，都普遍存在这样的不足。

当前，中国正处于社会经济转型的关键时期，且近几年正在承受着经济下行的巨大压力，金融风险高度累积，市场动荡进一步加剧，防范系统性风险的发生也已迫在眉睫。尤其应当重点关注风险的极端状态，采取必要的手段与方法对极端风险进行实时监控与管理，对极端风险尽可能地进行充分的事先防范与化解。

（4）利用极值理论、Copula函数等工具改进VaR风险技术，弥补其正态性假设导致的极端风险估计不足的瑕疵，与此同时，也要进一步在技术层面上完善极端风险混合模型的构造。

目前，VaR是国际金融度量金融风险的最主流工具，然而，VaR的正态性假设导致其忽略了极端风险事件，从而极端风险被严重低估。为了能够精确地测度极端风险，近些年来许多具有厚尾特征的模型都被尝试引入VaR中，尤其是基于VaR技术衍生出来的压力测试（Stress Testing）也已被金融界广泛采用。然而，包括压力测试在内的极端风险测度工具都存在一些明显的瑕疵，如压力测试不但存在较强的主观性，而且，该方法不能估测极值风险事件发生的可能性，这就使得风险管理者面对压力测试结果时，采取何种相应的风险管理对策成为一个较为艰难的抉择。

相关研究现已表明，极值理论在测度极端风险方面具有其他统计方法无可比拟的优势：

一是避免了传统统计工具可能存在的模型预设难题。

二是这种渐近模型估计的误差较小。针对总体分布未知的情况，传统统计技术一般都是利用样本观测值来推断总体分布,然而,由于样本本身具有随机性,这将导致在估计极值分布的时候,抽样统计分析过程产生的一些微小估计误差被显著放大。

三是极值理论可以超越历史样本数据的束缚,对未来破纪录的风险情况进行预测,而传统统计方法对未来的预测始终局限在历史数据范围内。

目前,极值理论在金融领域的应用多是在一维风险测度方面,然而在金融领域中,常常涉及多元极值问题,将 Copula 连接函数引入多元极值风险模型中已成为金融界普遍看好的一种模式,并且,这样的处理方法也已在实践中取得了很好的效果。然而,当前基于 Copula 连接函数与极值理论构建的混合 VaR 技术还存在一些明显不足,需要进一步改进:

一是在应用中这些多元极值理论方法一般都需要满足多元极值渐近相关条件,如不满足,可能会存在风险高估的问题,然而,在实际中并不是所有的市场都满足极值渐近相关条件的。

二是金融市场之间以及金融资产之间的相关模式复杂多样,没有特定的形式。如金融市场之间的相关关系的变化本来就非常复杂,并且,当金融市场同时存在极端情况的暴涨或暴跌时,市场间的协同性又将显著增强,市场间的相关性都将得以增大。单一 Copula 函数难以表述这样的关联,虽然可利用诸多不同类型的 Copula 函数构造混合 Copula 函数,但是这些混合的 Copula 函数不仅对 Copula 函数的选择和混合方法提出了新的要求,而且在参数估计和模型检验方面又产生了诸多新的问题。

另外,目前 Copula 理论研究主要采用 Copula 函数不变、Copula 参数时变的分析方法,而事实上 Copula 函数本身随时间也是变化的,所以变结构的 Coupla 函数也有待进一步深入研究。

三是多元极值理论中的维数灾也是一个难题,亟待去研究解决。

(5)加强商业银行对流动性与房地产信贷的管理。

流动性是商业银行的生命线,商业银行流动性不足很可能引发挤兑风波，不但危及商业银行的生存，甚至导致系统性危机的产生。从本书的研究结论看，现阶段中国商业银行流动性风险也主要集中在房地产信贷方面。中国房地产市场发展过于迅猛，房地产价格远远高于国际上普遍认同的收入比水平，房地产行业已累积了巨量的风险。而且，由于房地产信贷主要是以抵押贷款为主要形式的，虽然房地产价格总体上涨趋势暂时掩盖了商业银行所面临的房地产信贷风险，然而，一旦房地产市场发展出现转折，房地产价格大幅下跌，那么商业银行很可能爆发巨大的违约风险，进而导致系统性风险的发生与蔓延。

第一，中国商业银行体系应该密切关注国内外宏观经济的波动，紧紧把握中国宏观经济政策的导向，高度重视房地产信贷风险，对流动性和房地产行业信贷建立起系统全面的预警系统，实施实时的监控。

第二，要注意优化房地产贷款规模和结构，通过贷款比例、贷款利率及其他贷款条件抑制过热投资及投机性住房贷款。

第三，要密切关注房地产企业的经营状况变化对商业银行信贷风险的影响，以防范信贷风险的产生。商业银行应定期对房地产开发商的财务状况、资本金与现金流状况、工程的进度与质量、项目的销售情况、公司运营等方方面面进行实地考察。要全过程监控房地产开发贷款的使用情况，对房地产项目贷款进行封闭式管理，尤其要重点抓住贷款使用和还款来源这两个关键环节，确保贷款专用，确保销售收入用于归还贷款。

第四，商业银行要采取多种措施开发新的房地产金融产品，将房地产信贷抵押物进行资产证券化，并在相应的市场上进行转让与交易，保证流动性并达到分散风险的目的。

第五，要进一步加强对抵押物的价值管理，通过抵押物的足值来充分发挥抵押物本身的风险缓释作用。在加强对抵押物的合法性、有效性、价值性考察的同时，对土地、房产、在建工程等抵押物的市场价值变化进行实时监测与评估，当抵押物不足值时，应及时追加抵押品。

(6) 加快发展多元化的房地产金融体系。

近些年中国房地产金融体系有了长足发展，然而，商业银行依然是房地产资金贷款的最主要的来源。当前房地产贷款主要包括了房地产开发贷款和住房按揭贷款，如果再将其他方面间接的银行资金贷款计算进来，则来源于商业银行的资金占据了房地产相关资金的绝大部分。从这样的房地产行业资金来源结构看，中国房地产金融体系仍然处于不发达的阶段。另外，房地产贷款一般都存在周期长、风险高的特性，而房地产资金贷款的二级市场具有局限性。相关金融市场的不完善使得这些房地产贷款在长期内无法通过相关市场进行流通和转让，这不但显著地影响了信贷资金的流动性，而且也使得商业银行或房地产行业的资金应用成本增大，并存在较大的资金安全性问题。

目前，如何改变房地产融资单一集中于商业银行的局面，已成为一个非常迫切的问题，建议：

首先，进一步完善中国房地产金融一级市场，通过制定各种激励政策来鼓励房地产行业通过多种多样的方式和渠道进行融资，鼓励一些具有较强经营实力的房地产公司通过直接上市融资、发行公司债券、发展房地产信托、建立房地产产业基金等方式拓展融资渠道，吸引信托资金、海外基金等投入房地产。

其次，逐步发展与完善中国房地产金融的二级市场，积极推动信贷资产证券化业务，使得住房抵押贷款证券、商用房抵押支持证券等房地产金融产品可以高效地在市场上转让与流通，并起到抵御与防范流动性风险的作用。

最后，大力发展房地产金融中介服务，包括房地产评估机构、贷款保险与担保机构、会计师与律师事务所以及评级机构等，为房地产金融市场的专业化与效率化营造良好的市场环境。

第九章 结束语

本书基于极端风险才是风险真正核心的原则，将极值理论模型引入 VaR 技术中，并同 Copula 连接函数联合起来，构建了 Copula-POT-VaR 混合模型，进而对中国商业银行流动性同房地产价格之间的极端波动关联性进行了定量测度。为了能够更全面地了解中国商业银行流动性同房地产价格之间关联波动的状况，本书还测度了中国商业银行流动性同房地产价格之间总体上（包括了极端状况与常规状况）的关联波动性，并利用向量自回归模型中的脉冲函数和方差分解，对两者间相互冲击的动态过程进行了实证分析。

为了进一步剖析中国商业银行流动性同房地产价格之间关联的本质属性，本书还基于大量相关数据，采取统计分析方法考察了这两个行业之间的资金关联性，并构建了具有针对性的混合风险模型来考察这两个行业之间的波动关联性与风险溢出效应。

除了极端风险测度方法研究之外，本书还在中国商业银行流动性同房地产价格两者之间的极端关联波动、总体关联波动及相互冲击影响过程以及商业银行与房地产这两个行业之间的资金相关性、波动关联和风险溢出等方面得出了一些研究结论。最后，基于研究结论，在风险管理层面提出了一些具有针对性与具体性的政策建议与措施。

在研究过程中，本书采取了一些定量的数理模型和经济计量模型方法，同时，还基于大量的数据进行了统计分析。本书研究着眼于定量测度中国商业银行流动性同房地产价格波动之间的本质关联，这不仅可给商业银行及房地产等行业与部门提供具体的风险管理方法，而且，研究结论也可给宏观经济管理部门提供有力的决策依据。

受本人研究水平及数据采集等方面的影响，本书的研究也存在以下三个方面的明显不足：

一是房地产数据采取全国加权平均价格，而实际上中国房地产价格呈现出显著的地区差异性。加权平均使得房地产价格波动趋于综合，没有能够充分地体现出各地区价格波动的实际情况。对房地产价格的极端波动状况来说，这方面的问题可能表现得还要明显一些。

二是本书采用了 SHIBOR 数据，而该数据 2007 年才开始公布，期限较短，虽然本研究得出了比较满意的结论，但数据较少也使得个别环节的研究存在一些瑕疵。如果数据充分，则本研究中所用的极值 POT 模型、Copula 连接函数及 VaR 技术及所构造的混合风险模型可更好地表现出其工具方面的优越性。

三是本书分析房地产行业相关资金来源时，主要考虑了商业银行在房地产开发企业中的投资及居民按揭贷款这两个部分，而据调查，其他房地产资金来源部分中还含有相当一部分商业银行贷款，有的还是以各种衍生品的形式出现，然而这一部分却无法进行统计汇总。如果能够考虑到这些来自商业银行方面的隐性资金，那么将更有利于充分地揭示中国商业银行流动性同房地产价格之间的关联波动。

本书是国家社会科学基金一般项目（14BJY188）的研究成果。该项目组成员主要有重庆大学经管学院的陈碧琼和王春秀老师、博士研究生陶勇（现西南大学经管学院教师）、王鹏（现重庆工商大学会计学院教师）和胡成春（现重庆理工大学经济金融学院教师）、硕士研究生王东宁（现重庆大学经管学院博士研究生）与杨希；西南政法大学管理学院的徐江伟老师。他们在项目推进过程中都倾注了大量精力，尤其是王东宁在利用 Copula 函数构建多元风险模型方面、胡成春在行业板块关联波动方面作了非常突出的贡献。在此，对所有项目组成员表示衷心的感谢！

参考文献

边雅媛：《我国上市商业银行期限错配下流动性风险测度研究》，硕士学位论文，北京交通大学，2015 年。

曹冲：《压力测试在我国商业银行流动性风险管理中的应用研究》，硕士学位论文，山西财经大学，2015 年。

陈佰儒：《大型商业银行流动性风险的度量及其影响因素研究》，硕士学位论文，浙江工商大学，2014 年。

陈超、柳子君、肖辉：《从供给视角看我国房地产市场的"两难困境》，《金融研究》2011 年第 1 期。

陈多长、王美红：《1991—2006 年浙江房地产业发展特征：基于房地产周期理论的实证研究》，《浙江工业大学学报》（社会科学版）2007 年第 3 期。

陈云龙：《我国商业银行流动性风险研究》，硕士学位论文，安徽财经大学，2014 年。

窦玉龙：《我国商业银行流动性风险影响因素研究》，硕士学位论文，湖北大学，2014 年。

方唯伊：《基于时变 Pair CopulA-GAS 的期货组合动态保证金设定》，硕士学位论文，中国科学技术大学，2017 年。

方意、陈敏、杨嬿平：《金融市场对银行业系统性风险的溢出效应及渠道识别研究》,《南开经济研究》2018 年第 5 期。

高文涵:《房地产价格波动对银行系统性风险影响的研究》,硕士学位论文,南京师范大学,2016 年。

苟红军:《基于极值和 Copula 理论的金融时间序列风险测度及投资组合研究》,博士学位论文,重庆大学,2013 年。

顾海峰、张元姣:《货币政策与房地产价格调控:理论与中国经验》,《经济研究》2014 年第 S1 期。

郭德维:《银行流动性风险度量与管理研究》,博士学位论文,天津大学,2009 年。

郭娜、周扬:《房价波动、宏观审慎监管与最优货币政策选择》,《南开经济研究》2019 年第 2 期。

花拥军:《极值理论在中国股市风险度量中的应用研究》,博士学位论文,重庆大学,2009 年。

黄景:《商业银行流动性风险度量和管理研究》,硕士学位论文,西南财经大学,2010 年。

黄静、屠梅曾:《基于非平稳面板计量的中国城市房价与地价关系实证分析》,《统计研究》2009 年第 7 期。

季敦民、金百锁、缪柏其:《ES 自回归方法在商业银行流动性风险衡量中的应用》,《中国科学技术大学学报》2009 年第 3 期。

江鹏、费方域:《巴塞尔协议还是货币政策?——银行业流动性监管的政策选择》,《现代管理科学》2012 年第 3 期。

蒋海、罗贵君、朱滔:《中国上市银行资本缓冲的逆周期性研究:1998—2011》,《金融研究》2012 年第 9 期。

金煜:《中国商业银行流动性风险:计量与管理框架》,博士学位论文,复旦大学,2007 年。

荆中博、杨海珍、杨晓光:《中国银行业系统性风险的涵义、度量及影响因素——基于 1996—2014 年的数据》,《南方金融》2016 年第 2 期。

李宏瑾：《房地产市场、银行信贷与经济增长——基于面板数据的经验研究》，《国际金融研究》2005年第7期。

李华：《商业银行流动性风险管理研究》，硕士学位论文，安徽大学，2013年。

李强：《基于Copula理论和GPD模型的金融市场风险测度研究》，博士学位论文，重庆大学，2012年。

李世泽、马家丽、朱书尚：《房地产信贷对我国银行体系系统性风险的影响——基于银行体系内部借贷网络的模拟实证研究》，《中山大学学报》（社会科学版）2019年第3期。

李祥发、冯宗宪：《房地产周期、固定资产投资周期与经济周期的关联性——基于货币政策视角下的分析》，《经济理论与经济管理》2014年第4期。

李晓娟：《我国商业银行流动性与房地产价格波动的关系研究》，硕士学位论文，湖南大学，2010年。

李仲飞、丁杰、王帆：《市场不确定性、购房者决策与房价》，《中山大学学报》（社会科学版）2013年第4期。

刘琼芳：《基于Copula理论的金融时间序列相依性研究》，博士学位论文，重庆大学，2010年。

刘文杰：《后金融危机时代我国商业银行流动性风险研究》，硕士学位论文，山东财经大学，2015年。

刘昕：《商业银行流动性风险管理研究》，博士学位论文，辽宁大学，2010年。

刘妍、宫长亮：《商业银行流动性风险评级及实证研究》，《系统工程》2010年第12期。

马万里：《杭州房地产周期波动及与日本、香港的对比分析》，《经济社会体制比较》2007年第5期。

马宇：《我国农村信用社流动性风险影响因素的实证分析——基于安徽省10家农村信用社的调查证据》，《金融理论与实践》2012年第 4 期。

潘海峰：《货币政策、信贷与房价的非线性关系检验》，《统计与决策》2020 年第 18 期。

潘雪艳：《基于极值理论和 Copula 模型的市场风险度量研究》，博士学位论文，浙江工商大学，2017 年。

潘科峰：《开放形势下的商业银行流动性风险管理》，《世界经济情况》2007 第 4 期。

潘哲琪：《我国商业银行流动性风险衡量与影响因素研究》，硕士学位论文，浙江大学，2013 年。

彭建刚、钟海、李关政：《对巴塞尔新资本协议亲周期效应缓释机制的改进》，《金融研究》2010 年第 9 期。

皮舜、武康平：《中国房地产市场与金融市场发展关系的研究》，《管理工程学报》2006 年第 2 期。

阮连法、包洪洁：《基于经验模态分解的房价周期波动实证分析》，《中国管理科学》2012 年第 3 期。

萨秋荣：《房地产价格波动与银行信贷关系研究》，博士学位论文，南开大学，2011 年。

宋勃、刘建江：《房价与地价关系的理论分析与中国经验的实证检验：1998—2007》，《中央财经大学学报》2009 年第 9 期。

孙伟增、郑思齐：《居民对房价的预期如何影响房价变动》，《统计研究》2016 年第 5 期。

孙治国：《国有商业银行流动性风险影响因素分析》，硕士学位论文，中国农业大学，2004 年。

谭小芬、林木材：《人民币升值预期与中国房地产价格变动的实证研究》，《中国软科学》2013 年第 8 期。

谭政勋、王聪：《中国信贷扩张、房价波动的金融稳定效应研究——动态随机一般均衡模型视角》，《金融研究》2011 年第 8 期。

唐佳：《基于粒子群神经网络的我国股份制商业银行流动性风险

预测研究》，硕士学位论文，东华大学，2011年。

唐志军、徐会军、巴曙松：《中国房地产市场波动对宏观经济波动的影响研究》，《统计研究》2010年第2期。

王德、李建军：《资产泡沫过程中的货币政策因素分析：基于美国1990—2008年数据实证检验》，《中央财经大学学报》2012年第12期。

王宏新、厉召龙：《我国房地产业的调整与复苏周期：1987—2009》，《改革》2010年第6期。

王粟旸、肖斌卿、周小超：《外部冲击视角下中国银行业和房地产业风险传染性测度》，《管理学报》2012年第7期。

王晓枫、熊海芳：《商业银行流动性转变的实证研究》，《财经问题研究》2009年第12期。

王岳龙、武鹏：《房价与地价关系的再检验——来自中国28个省的面板数据》，《南开经济研究》2009年第4期。

夏程波、庄媛媛：《房地产收益率与通货膨胀率的相关性研究——基于对我国房地产周期波动过程的考察》，《软科学》2012年第2期。

肖雯雯：《基于压力测试的我国商业银行流动性风险管理研究》，硕士学位论文，南京理工大学，2010年。

徐国祥、王芳：《我国房地产市场周期波动谱分析及其实证研究》，《统计研究》2010年第10期。

徐荣等：《我国房地产价格波动对系统性金融风险影响的动态机制研究——基于有向无环图的分析》，《南方经济》2017年第11期。

徐妍、沈悦：《房地产价格与经济产出周期相关性的谱分析》，《中央财经大学学报》2014年第10期。

许志军：《基于压力测试对我国上市商业银行流动性风险研究》，硕士学位论文，浙江财经大学，2015年。

严金海：《中国的房价与地价：理论、实证和政策分析》，《数量经济技术经济研究》2006年第1期。

杨胜刚、刘亚之：《我国商业银行流动性风险压力测试》，《吉首大学学报》（社会科学版）2015 年第 3 期。

杨文泽：《商业银行流动性建模、预测与优化》，《上海金融》2010 年第 12 期。

姚长辉：《商业银行流动性风险的影响因素分析》，《经济科学》1997 年第 4 期。

叶贵、朱科卫、张继红：《房价与地价的因果关系研究——基于重庆的实证检验》，《中国土地科学》2016 年第 6 期。

余永华：《商业银行流动性风险测量与分析》，硕士学位论文，西南财经大学，2012 年。

尹霓：《基于宏观因子冲击的商业银行流动性风险压力测试研究》，硕士学位论文，湖南大学，2013 年。

袁俊、施有文：《房地产市场波动与银行信贷、经济增长之关系——基于动态面板数据模型的 GMM 估计》，《华东师范大学学报》（哲学社会科学版）2010 年第 5 期。

原佳颖：《我国商业银行流动性风险影响因素的分析》，硕士学位论文，东北财经大学，2013 年。

藏波、杨庆媛、周滔：《不同等级城市房价与地价关系的规律初探》，《中国土地科学》2011 年第 5 期。

曾楚轩：《房地产价格与银行信贷之间的结构变点研究》，硕士学位论文，江西财经大学，2016 年。

曾国安、雷泽珩：《商业银行信贷配给对中国房地产业波动的影响》，《经济理论与经济管理》2017 年第 6 期。

翟光宇、何玉洁、孙晓霞：《中国上市银行同业业务扩张与银行风险——基于 2007—2013 年季度数据的实证分析》，《投资研究》2015 年第 2 期。

张品一、王超：《货币政策、限购政策与房地产价格——基于北京房地产市场的实证研究》，《金融经济》2020 年第 2 期。

张帆：《基于压力测试的商业银行流动性风险实证研究》，硕士学位论文，湖南大学，2009年。

张小宇、刘金全：《货币政策、产出冲击对房地产市场影响机制——基于经济发展新常态时期的分析》，《中国工业经济》2015年第12期。

郑娟尔、吴次芳：《地价与房价的因果关系——全国和城市层面的计量研究》，《中国土地科学》2006年第6期。

中国人民银行武汉分行金融研究处课题组：《湖北省房地产景气循环与宏观调控研究：基于合成指数与自相关滞后分布模型的分析》，《金融研究》2006年第4期。

中国银监会银行风险早期预警综合系统课题组：《单体银行风险预警体系的构建》，《金融研究》2009年第3期。

钟明、郭文伟：《基于SJC Copula模型的银行业与房地产业动态相依性及其结构突变》，《系统工程》2014年第8期。

钟明、郭文伟、宋光辉：《中国房地产业与金融业动态相依性及结构突变特征研究》，《现代财经（天津财经大学学报）》2013年第9期。

朱孟楠、丁冰茜、闫帅：《人民币汇率预期、短期国际资本流动与房价》，《世界经济研究》2017年第7期。

Acemoglu, D., Ozdaglar, A., Tahbaz-Salehi, A., Alireza Tahbaz-Salehi, "Systemic Risk and Stability in Financial Networks", NBER Working Papers, 2013, 105 (2): 564–608.

Acharya, V., Naqvi, H., "The Seeds of a Crisis: A Theory of Bank Liquidity and Risk Taking over the Business Cycle", *Journal of Financial Economics*, 2012, 106 (12): 349–366.

Acolin, et al., "Borrowing Constraints and Homeownership Over the Recent Cycle", *American Economic Review*, 2016, 106 (5): 625–629.

Adam, K., Pei, K., Marcet, A., "House Price Booms and the Current Account", *Nber Macroeconomics Annual*, 2012, 26 (1): 77–122.

Adams, Z., Fuss, R., Gropp, R., "Spillover Effects among Financial Institutions: A State-Dependent Sensitivity Value-at-Risk Approach",

Journal of Financial and Quantitative Analysis, 2014, 49 (6): 575 – 598.

Addae-Dapaah, K., "Housing Loan and the Price of Housing in Singapore", *Journal of Business and Economics*, 2014, 5 (9): 1513 – 1524.

Adrian, T., Brunnermeier, M. K., "CoVaR", *American Economic Review*, 2016, 106 (7): 1705 – 1741.

Agnello, L., Schuknecht, L., "Booms and Busts in Housing Markets: Determinants and Implications", *Journal of Housing Economics*, 2011, 20 (3): 171 – 190.

Akaike, H., "A New Look at the Statistical Model Identification", *IEEE Trans on Automatic Control*, 1974, AC – 19 (6): 716 – 723.

Allen, F., Gale, D., "Optimal Financial Crises", *Journal of Finance*, 1998, 53 (4): 1245 – 1284.

Alonso, W., *Location and Land Use: Toward a General Theory of Land Rent*, Cambridge, MA: Harvard University Press, 1964.

Amado Peiró, "Skewness in Financial Returns", *Journal of Banking and Finance*, 1999, 23 (6): 847 – 862.

Amelia Pais, Philip, A., "Contagion Risk in the Australian Banking and Property Sectors", *Journal of Banking and Finance*, 2011, 35 (3): 681 – 697.

Andrievskaya, I., "Measuring Systemic Funding Liquidity Risk in the Russian Banking System", BOFIT Discussion Papers, 2012, (12).

Aymanns, Christoph, Georg, Co-Pierre, "Contagious Synchronization and Endogenous Network Formation in Financial Networks", *Journal of Banking & Finance*, 2015, 50: 273 – 285.

Azzalini, A., *Statistical Inference Based on the Likelihood*, Chapman and Hall, London, 1996.

Balkema, A. A., de Haan, L., "Residual Life Time at Great Age",

Annals of Probability, 1974, 2: 792–804.

Barr, R. S., Siems, T. F., "Predicting Bank Failure Using DEA to Quantify Management Quality", Financial Industry Studies Working Paper, 1994.

Barrell, R., Davis, P., Karim, D., et al., "Bank Regulation, Property Prices and Early Warning Systems for Banking Crises in OECD Countries", *Journal of Banking & Finance*, 2010, 34: 2255–2264.

Basel Committee on Banking Supervision, Basel Ⅲ: The Liquidity Coverage Ratio and Liquidity Risk Monitor Tools, http://www.bis.Org, 2013.

Basel Committee on Banking Supervision, Liquidity Risk: Management and Supervisory Challenges, http://www.bis.org/publ/bcbs136.htm, 2010.

Baselga-Pascual, L., Trujillo-Ponce, A., Cardone-Riportella, C., "Factors Influencing Bank Risk in Europe: Evidence from the Financial Crisis", *North American Journal of Economics and Finance*, 2015, 34 (SI): 138–166.

Bedoui, R., Braiek, S., Guesmi, K., et al., "On the Conditional Dependence Structure between Oil, Gold and USD Exchange Rates: Nested Copula Based GJR-GARCH Model", *Energy Economics*, 2019, 80: 876–889.

Beirlant, J., Dierckx, G., Goegebeur, Y., et al., "Tail Index Estimation and An Exponential Regression Model", *Extremes*, 1999, 2 (2): 177–200.

Beirlant, J., Dierckx, G., Guillou, A., Staăricaă, C., "On Exponential Representations of Log-spacings of Extreme Order Statistics", *Extremes*, 2002, 5 (2): 157–180.

Beirlant, J., Vynckier, P., Teugels, J., "Tail Index Estimation, Pareto Quantile Plots, and Regression Diagnostics", *Journal of the Ameri-*

can *Statistical Association*, 1996, 91 (436): 1659 –1667.

Bernadine De Waal, et al., "A Note on Basel III and Liquidity", *Applied Economic Letters*, 2013, 20 (8): 777 –780.

Bervas, A., "Market Liquidity and Its Incorporation into Risk Management", *Financial Stability Review*, 2006, 8: 63 –79.

Bhattacharya, R., Kim, S. W., "Economic Fundamentals, Subprime Lending and Housing Prices: Evidence from MSA-level Panel Data", *Housing Studies*, 2011, 26 (6): 897 –910.

Billio, M., Getmansky, M., Lo, A. W., Pelizzon, L., "Econometric Measures of Connectedness and Systemic Risk in the Finance and Insurance Sectors", *Journal of Financial Economics*, 2012, 104 (3): 535 –559.

Bolt, W., et al., "Bubbles and Crashes in House Prices under Heterogeneous Expectations", *Dnb Working Papers*, 2014, 450: 1 –44.

Borio, C., Furfine, C., Lowe, P., "Procyclicality of the Financial System and Financial Stability: Issues and Policy Options", http://www.bis.org/publ/bppdf/bispap01a.pdf. Working Paper, 2001.

Brayek, A. B., Sebai, S., Naoui, K., "A Study of the Interactive Relationship between Oil Price and Exchange rate: A Copula Approach and a DCC-MGARCH Model", *Journal of Economic Asymmetries*, 2015, 12 (2): 173 –189.

Buch, C. M., Eickmeier, S., Prieto, E., "Macroeconomic Factors and Microlevel Bank Behavior", *Journal of Money Credit and Banking*, 2014, 46 (6): 715 –751.

Capéraà, P., Fourgères, A. L., Genest, C., "Bivariate Distributions with Given Extreme Value Attractor", *Journel of Multivariate Analysis*, 2000, 72: 30 –49.

Case, B., Goetzmann, W. N., Rouwenhorst, K. G., "Global Real

Estate Markets-Cycles and Fundamentals", Yale School of Management Working Papers, 2000, March 7.

Case, K. E., Shiller, R. J., Thompson, A., "What have They been Thinking? Homebuyer Behavior in Hot and Cold Markets", *National Bureau of Economic Research*, 2012: 299 – 315.

Cheshire, Paul, "Unpriced Regulatory Risk and the Competition of Rules: Unconsidered Implications of Land Use Planning", *Journal of Property Research*, 2005, 22 (2 – 3): 225 – 244.

Cheung, Y., Tsang, S., Mak, S., "The Casual Relationships between Residential Property Prices and Rentals in Hong Kong: 1982 – 1992", *Journal of Real Estate Finance and Economics*, 1995, (10): 23 – 35.

Chou, W. L., Shih, Y. C., "Hong Kong Housing Markets: Overview, Tenure Choice, and Housing Demand", *Journal of Real Estate Finance and Economics*, 1995, (10): 7 – 21.

Christoffersen, P., Goncalves, S., "Estimation Risk in Financial Risk Management", CIRANO Working Paper, 2004.

Danielsson, J., de Haan, L., Peng, L., de Vries, C. G., "Using a Bootstrap Method to Choose the Sample Fraction in Tail Index Estimation", *Journal of Multivariate Analysis*, 2001, 76 (2): 226 – 248.

Danielsson, J., de Vries, C. G., "Tail Index and Quantile Estimation with very High Frequency Data", *Journal of Empirical Finance*, 1997, (4): 241 – 257.

Dekkers, A. L. M., Einmahl, J. H. J., de Hann, L., "A Moment Estimator for the Index of an Extreme-Value Distribution", *Annals of Statistics*, 1989, 17: 1833 – 1855.

Demyanyk, Y., Hemert, O. V., "Understanding the Subprime Mortgage Crisis", Supervisory Policy Analysis Working Papers 2007 – 05, Federal Reserve Bank of St. Louis, 2007.

Dowall, D. E., Landis, J. D., "Land-Use Controls and Housing Costs: An Examination of San Francisco Bay Area Communities", *Real Estate Economics*, 2010, 10 (1): 67-93.

Di Maggio, M., Kermani, A., "Credit-induced Boom and Bust", *Review of Financial Studies*, 2017, 30 (11): 3711-3758.

Diamond, D. W., Dybvig, P. H., "Bank Runs, Deposit Insurance, and Liquidity", *Journal of Political Economy*, 1983, 91 (3): 401-419.

Diebold, F. X., Hahn, J., Tay, A. S., "Multivariate Density Forecast Evaluation and Calibration in Financial Risk Management: High Frequency Returns on Foreign Exchange", *The Review of Economics and Statistics*, 1999, 81 (4): 661-673.

Dress, H., Kaufmann, E., "Selecting the Optimal Fraction in Univariate Extreme Value Estimation", *Stochastic Processes and their Applications*, 1998, (75): 149-172.

Dridi, A., Ghourabi, M., Limam, M., "On Monitoring Financial Stress Index with Extreme Value Theory", *Quantitative Finance*, 2012, 12 (3): 329-339.

Dua, P., Ismail Abdirashid A., "Foreign Capital Inflows: The Experience of Emerging Markets in Asia", *Journal of Asia Business*, 1996, (12): 3, 31-45.

DuMouchel, W. H., "Estimating the Stable Index in Order to Measure Tail Thickness: A Critique", *Annals of Statistics*, 1983, 11 (4): 1019-1031.

Dursun-de Neef, Özlem, H., "The Transmission of Bank Liquidity Shocks: Evidence from House Prices", *Review of Finance*, 2019, 23: 629-58.

Edward, M. H. Lin, Edward, W. Sun, Min-Teh Yu., "Systemic Risk, Financial Markets, and Performance of Financial Institutions", *Annals of Operations Research*, 2016, (S. I. Financial Economics): 1-25.

Efron, B., "Bootstrap Methods: Another Look at the Jackknife", *An-*

nals of Statistics, 1979, 7: 24

Eichengreen, Barry, "The Next Financial Crisis", *Economia Politica*, 2015, 32 (1): 53 – 66.

Embrechts, P., Kluppelberg, C., Mikosch, T., *Modelling Extremal Events for Insurance and Finance*, Berlin: Springer-Verlag, 1997.

End, J. W. V. D., "Liquidity Stress-Tester: A Model for Stress-Testing Banks' Liquidity Risk", *CESifo Economic Studies*, 2010, 56 (1): 38 – 69.

Farhi, E., Tirole, J., "Collective Moral Hazard, Maturity Mismath and Systemic Bailouts", *American Economic Review*, 2012, 102 (1): 60 – 93. 34.

Favara, G., Imbs, J., "Credit Supply and the Price of Housing", *American Economic Review*, 2015, 105: 958 – 992.

Favilukis, J., Ludvigsson, C. S., Nieuwerburgh, S. V., "The Macroeconomic Effects of Housing Wealth, Housing Finance, and Limited Risksharing in General Equilibrium", *Journal of Political Economy*, 2017, 125 (1): 140 – 223.

Fisher, R. A., Tippett, L. H. C., "Limiting Forms of the Frequency Distribution of the Largest or Smallest Member of a Sample", *Proceedings of Cambridge Philosophical society*, 1928, 24: 180 – 190.

Galambos, J., *The Asymptotic Theory of Extreme Order Statistics*, 2nd editon, Florida: Krieger, 1987.

Gallo John, G., Apilado Vincent, P., Kolari James, W., "Commercial Bank Mutual Fund Activities: Implications for Bank Risk and Profitability", *Journal of Banking and Finance*, 1996, 20: 1775 – 1791.

Ge, X. Y., Li, X. L., Zheng, L., "The transmission of Financial Shocks in an Estimated DSGE Model with Housing and Banking", *Economic Modelling*, 2020, 89: 215 – 231.

Gencay, R., Seluck, F., "Ulugülyagci. High Volatility, Thick Tails and Extreme Value Theory in Value-at-Risk Estimation", *Insurance: Mathematics and Economics*, 2003, 33 (2): 337-356.

Genest, C., Mackay, J., "The Joy of Copulas: Bivariate Distuibutions with Uniform Marginals", *American Statistician*, 1986, 40: 280-283.

Goetzmann, W. N., Liang, P., Yen, J., "The Subprime Crisis and House Price Appreciation", *Journal of Real Estate Finance and Economics*, 2012, 44: 36-56.

Goldstein, I., Pauzner, A., "Demand-deposit Contracts and the Probability of Bank Runs", *Journal of Finance*, 2005, 3: 1293-1327.

Goodhart, "Why There So Many Banking Crisis?", *World Economics*, 2009, 10 (2): 181-184.

Goodhart, C., Hofmann, B., "Asset Prices, Financial Conditions, and the Transmission of Monetary Policy", Conference on Asset Prices, Exchange Rates, and Monetary Policy, Stanford University, 2001.

Goodhart, C., Tsomocos, D. P., "Vardoulakis A P. Modeling a Housing and Mortgage Crisis", *Documentos de Trabajo (Banco Central de Chile)*, 2009, (547): 1-27.

Gorton, G., Winton, A., "Liquidity Provision, Bank Capital, and the Macroeconomy", University of Minnesota, Working Paper, 2000.

Gottlieb, P. M., *Long Swings in Urban Development*, New York: Columbia University Press for NBER, 1976.

Granger, C. W. J., "Investigating Causal Relations by Econometric Models and Cross-spectral Methods", *Econometrica*, 1969, 37 (3): 424-438.

Greenwood, J. A., Landwehr, J. M., Matalas, N. C., Wallis, J. R., "Probability-weighted Moments: Definition and Relation to Parameters of Distribution Expressible in Inverse Form", *Water Resources Research*, 1979,

15（5）：1049 – 1054.

Grenadier, S. R., "The Persistence of Real Estate Cycles", *Journal of Real Estate Finance and Economics*, 1995, 10: 95 – 119.

Hall, P., "Using the Bootstrap to Estimate Mean Squared Error and Select Smoothing Parameter in Nonparametric Problems", *Journal of Multivariate Analysis*, 1990, 32: 177 – 203.

Hall, P., "On Some Simple Estimates of an Exponent of Regular Variation", *Journal of the Royal Statistical Society. Series B: Methodological*, 1982, 44（1）: 37 – 42.

Haan, L. D., End, J. W. V. D., "Bank Liquidity, the Maturity Ladder and Regulation", *Journal of Banking & Finance*, 2013, 37（10）: 3930 – 3950.

Hall, P., Welsh, A. H., "Adaptive Estimate of Parameters of Regular Variation", *The Annals of Statistics*, 1985, 13（1）: 1163 – 1174.

Hannah, L., Kyung-Hwan Kim, K. H., Mills, E., "Land Use Controls and Housing Prices in Korea", *Urban Studies*, 1993, 30（1）: 147 – 156.

Hatakeda, T., "Bank Lending Behaviour under a Liquidity Constraint", *Japan & the World Economy*, 2000, 12（2）: 127 – 141.

Hazama, M., Hosono, K., Uesugi, I., "The Effect of Real Estate Prices on Banks' Lending Channel", Hit-Refined Working Paper Series, Institute of Economic Research, *Hitotsubashi University*, 2016, 53（0）: 1 – 33.

Hisata, Y., Yamai, Y., "Research toward the Practical Application of Liquidity Risk Evaluation Methods", *Monetary and Economic Studies*, 2000, 18（2）: 83 – 127.

Hosking, J. R. M., Wallis, J. R., Wood, E. F., "Estimation of the Generalized Extreme Value Distribution by the Method of Probability Weighted Moment", *Technometrics*, 1985, 27: 251 – 261.

Hosking, J. R. M., Wallis, J. R., "Parameter and Quantile Estimation for the Generalize Pareto Distribution", *Technometrics*, 1987, 29: 339 – 349.

Hosking, J. R. M., "L-moments: Analysis and Estimation of Distributions Using Linear Combination of Order Statistics", *Journal of the Royal Statistical Society, Series B: Methodological*, 1990, 52 (2): 105 – 124.

Hsing, T., "On Tail Index Estimation Using Dependent Data", *The Annals of Statistics*, 1991, 19: 1547 – 1569.

Hu, L., *Essays in Econometrics with Application in Macroeconometric and Financial Modeling*, New Haven: Yale University, 2002.

Hui, Eddie Chi-man, "An Empirical Study of the Effects of Land Supply and Lease Conditiongs on the Housing Market: a Case of Hong Kong", *Property Management*, 2004, 22 (2): 127 – 154.

Hui, E., Lui, T., "Rational Expectations and Market Fundamentals: Evidence from Hong Kong's Boom and Bust Cycles", *Journal of Property Investment & Finance*, 2002, 20 (20): 9 – 22.

International Monetary Fund, "How to Address the Systemic Part of Liquidity Risk?", *Globe Financial Stability Report*, 2011, (2).

Ivashina, V., Scharfstein, D., "Bank Lending during the Financial Crisis of 2008", *Journal of Financial Economics*, 2010, 97 (1): 319 – 338.

Jenkinson, A. F., "The Frequency Distribution of the Annual Maximum (or Minimum) Values of Meteorological Elements", *Quarterly Journal of the Royal Meteorological Society*, 1955, 81: 158 – 171.

Ji, Q., Liu, B. Y., Fan, Y., "Risk Dependence of CoVaR and Structural Change between Oil Prices and Exchange Rates: A Time-varying Copula Model", *Energy Economics*, 2019, 77: 80 – 92.

Jobst, A., "Measuring Systemic Risk-adjusted Liquidity (SRL) —

A Model Approach", *Journal of Banking & Finance*, 2014, 45 (8): 270 – 287.

Joe, H., *Multivariate Models and Dependence Concepts*, Chapman and Hall, London, 1997.

Joe, H., Xu, J., "The Estimation Method of Inference Functions for Margins for Multivariate Models", Technical Report 166, Univ. British Columbia, Dept. Statistics, 1996.

Kaiser, R., "The long Cycle in Real Estate", *Journal of Real Estate Research*, 1997, 14 (3): 233 – 257.

Karsak, E. E., "Measures of Liquidity Risk Supplementing Fuzzy Discounted Cash Flow Analysis", *The Engineering Economist: A Journal Devoted to the Problems of Capital Investment*, 1998, 43 (4): 331 – 334.

Kashyap, A. K., Raghuram, R., Stein, J. C., "Banks as Liquidity Providers: An Explanation for the Coexistence of Lending and Deposit-Taking", *Journal of Finance, American Finance Association*, 2002, 57 (1): 38 – 41.

Kaufman, G., "Bank Contagion: A Review of the Theory and Evidence", Federal Reserve Bank of Chicago Working Paper, 1996.

Kim, J. B., Yi, C. H., "Ownership Structure, Business Group Affiliation, Listing Status, and Earnings Management Evidence from Korea", *Contemporary Accounting Research*, 2006, 23 (2): 427 – 464.

Klacso Jan, "Macro Stress Testing Framework at the National Bank of Slovakia", Working Paper, https://ideas.repec.org/p/svk/wpaper/1029.html, 2014.

Kling, J. L., McCue, T. E., "Office Building Investment and the Macro-Economy: Empirical Evidence, 1973 – 1985", *Journal of the American Real Estate and Urban Economics Association*, 1987, 3: 234 – 255.

Klugman, S., Parsa, R., "Fitting Bivariate Loss Distributions with

Copulas", *Insurance Mathematics and Economics*, 1999, 24: 139 – 148.

Koedijk, K. G., "The estimation of East European exchange rates", *Journal of Business and Statistics*, 1992, 10: 83 – 89.

Koetter, M., Tigran, P., "Real Estate Prices and Bank Stability", *Journal of Banking & Fiance*, 2010, 34 (6): 1129 – 1138.

Konovalova, N., Zarembo, J., Dziawgo, L., "Imbalanced Liquidity Risk Management: Evidence from Latvian and Lithuanian Commercial Banks", *Copernican Journal of Finance & Accounting*, 2015, 4 (1): 109 – 130.

Kupiec, P. H., "Techniques for Verifying the Accuracy of Risk Measurement Models", *Finance & Economics Discussion*, 1995, 3 (2): 73 – 84.

Lai, N., Wang, K., "Land-Supply Restrictions, Developer Strategies and Housing Policies", *International Real Estate Review*, 1999, 2 (1): 143 – 159.

Leadbetter, M. R., Lindgren, G., Rootzen, H., *Extremes and Related Properties of Random Sequences and Series*, New York: Springer Verlag, 1983.

Ledford, A. W., Tawn, J. A., "Statistics for Near Independence in Multivariate Extreme Values", *Biometrika*, 1996, 83 (1): 169 – 187.

Le Saout, E., *Beyond the Liquidity: from Microstructure to Liquidity Risk Management*, Ph. D. University of Rennesl, 2000.

Liu, H., Jian, L., Liang, J., "House Prices, Collateral Value and Corporate Risk-taking", *Journal of Financial Research*, 2016, 429 (3): 107 – 123.

Lopez-Espinosa, G., Moreno, A., Rubia, A., et al., "Short-term Wholesale Funding and Systemic Risk: A Global CoVaR Approach", *Journal of Banking & Finance*, 2012, 36 (12): 3150 – 3162.

Loutskina, E., "The Role of Securitization in Bank Liquidity and Funding Management", *Journal of Financial Economics*, 2011, 100 (3): 663–684.

MacKinnon, J. G., "Numerical Distribution Functions for Unit Root and Cointegration Tests", *Journal of Applied Econometrics*, 1996, 11 (6): 601–618.

Mason, D. M., Turova, T. S., "Weak Convergence of the Hill Estimator Process", In Galambos, J., Lechmer, J., Simiu, E (Eds.), *Extreme Value Theory and Applications*, Kluwer, Dordrecht, 1994: 419–431.

Mason, D. M., "Laws of Large Numbers for Sums of Extreme Values", *The Annals of Probability*, 1982, 10: 756–764.

Mattys, G., Beirlant, J., "Adaptive Threshold Selection in the Tail Index Estimation", In Embrechts, P. (Ed), *Extremes and Integrated Risk Management*, Risk book in Association with UBS Warburg, 2000: 3–19.

Matz, L. M., Neu, P., *Liquidity Risk Measurement and Management a Practitioner's Guide to Global Best Practices*, Dissertations & Theses-Gradworks, 2007.

Mayer, C. J., Somerville, C. T., "Land Use Regulation and New Construction", *Regional Science and Urban Economics*, 2000, 30 (6): 639–662.

McNeil, A. J., Frey, R., "Estimation of Tail-Related Risk Measure for Heteroscedastic Financial Time Series: An Extreme Value Approach", *Journal of Empirical Finance*, 2000, 7: 271–300.

McNeil, A. J., "Calculating Quantile Risk Measures for Financial Time Series Using Extreme Value Theory", *ASTIN Bulletin*, 1998, 27 (1): 117–137.

Mensi, W., et al., "Oil and Foreign Exchange Market Tail Dependence and Risk Spillovers for MENA, Emerging and Developed Countries:

VMD Decomposition Based Copulas", *Energy Economics*, 2017, 67: 476 – 495.

Mian, A., Sufi, A., "The Consequences of Mortgage Credit Expansion: Evidence from the 2007 Mortgage Default Crisis", Working Paper, 2008.

Mian, A., Sufi, A., Trebbi, F., "Foreclosures, House prices, and the Real Economy", *Journal of Finance*, 2015, 70: 2587 – 2634.

Mian, A., Sufi, A., Verner, E., "Household Debt and Business Cycles Worldwide", *The Quarterly Journal of Economics*, 2017, 132 (4): 1755 – 1817,

Mises, R. Von, *La Distribution de la Plus Grande de n Valeurs*, Selected Papers II, Providence: American Math Soc, 1954: 271 – 294.

Muth, R. F., *Cities and Housing*, Chicago: The university of Chicago Press, 1969.

Neftci, S. N., "Value at Risk Calculations, Extreme Events, and Tail Estimation", *Journal of Derivatives*, 2000, 8: 1 – 15.

Nelson, R. B., *An Introduction to Copulas*, New York: Springer-Verlag, 1999.

Noguchi, Y., "Land Prices and House Prices in Japan", Chapter in NBER book Housing Markets in the United States and Japan, Yukio Noguchi and James, National Bureau of Economic Research, 1994: 11 – 28.

Oikarinen, E., "Household Borrowing an Metropoliatan Housing Price", *Journal of Housing Economics*, 2009, 18: 126 – 139.

Okumura, T., "Housing Investment and Residential Land Supply in Japan: An Asset Market Approach", *Journal of the Japanese and International Ecomomies*, 1997, 11 (1): 27 – 54.

Otrock, C., Terrones, M., "House Prices, Interest Rates and Macroeconomic Flutuations", Working Paper, https://www.researchgate.net/

publication/228446672_ House_ prices_ interest_ rates_ and_ macroeconomic_ fluctuations_ international_ evidence, 2005.

Pais, A., Stork, P. A., "Contagion Risk in the Australian Banking and Property Sectors", *Social Science Electronic Publishing*, 2011, 35 (3): 681-697.

Pagratis, S., Topaloglou, N., Tsionas, M., "System Stress Testing of Bank Liquidity Risk", *Journal of International Money & Finance*, 2017, 73 (PT. A): 22-40.

Paltalidis, N., et al., "Transmission Channels of Systemic Risk and Contagion in the European Financial Network", *Journal of Banking & Finance*, 2015, 61 (12): 526-552.

Pavla Vodová, "Determinants which Affect Liquid Asset Ratio of Czech and Slovak Commercial Banks", *Financial Assets and Investing*, 2013, (1): 25-41.

Peng, R., Wheaton, W. C., "Effects of Restrictive Land Supply on Housing in Hong Kong: An Econometric Analysis", *Journal of Housing Research*, 1994, 5 (2): 263-291.

Pereira, T. T., "Second Order Behavior of Domains of Attraction and the Bias of Generalized Pickands Estimator", Extreme Value Theory and Applications Ⅲ (eds. Lech-ner, J), Proc Gaithersburg Conference (NIST special publ), 1993.

Pickands, J., "Statistical Inference Using Extreme Order Statistics", *Annals Of Statistics*, 1975, 3: 119-131.

Pritchett, P. C., "Forecasting the Impact of Real Estate Cycles on Investment", *Real Estate Review*, 1984, 13 (4): 85-89.

Pyhrr, S. A., Born, W. L., Webb, J. R., "Development of a Dynamic Investment Strategy under Alternative Inflation Cycle Scenarios", *The Journal of Real Estate Research*, 1990, 5 (2): 177-193.

Quesenberry, C. P., *Some Transformation Methods in Goodness-of-Fit*, Marcel Dekker, Inc., New York, 1986.

Quigley, J. M., Rosenthal, L. A., "The Effects of Land Use Regulation on the Price of Housing What do We Know? What can We Learn?", *Berkeley Program on Housing and Urban Policy*, 2005, 8 (1): 69 – 137.

Rabinowitz, A., *The Real Estate Gamble*, New York, NY: AMACOM-A Division of the American Management Association, 1980: 238.

Rao, C. R., *Linear Statistical Inference and its Applications*, New York: John Wiley, 1973.

Raymond, Y. C. T., "Housing Price, Land Supply and Revenue from Land Sales", *Urban Studies*, 1998, 35 (8): 1377 – 1392.

Reinhart, C. M., Kenneth, K. S., "This Time is Different: A Panoramic View of Eight Centuries of Financial Crises", NBER Working Paper 13882, (Cambridge, Massachusetts: National Bureau of Economic Research), 2008.

Resnick, S. I., Stăricgă, C., "Consistency of Hill's Estimator for Dependent Data", *Journal of Applied Probability*, 1995, 32: 239 – 267.

Resnick, S. I., *Extreme Values, Regular Variation, and Point Processes*, New York: Springer, 1987.

Rockafeller, T., Uryasev, S., "Optimization of Conditional Value-at-risk", *Journal of Risk*, 2000, 2 (3): 21 – 24.

Rose, P. S., *Commercial Bank Management*, McGraw-hill Companies, Inc., 1996.

Ruey, S. T., *Analysis of Financial Time Series*, John Wiley & Sons, Inc., 2002.

Ruthenberg, D., Landskroner, Y., "Loan Pricing under Basel II in an Imperfectly Competitive Banking Market", *Journal of Banking & Finance*, 2008, 32 (12): 2725 – 2733.

Schwarz, G. , "Estimating the Dimension of a Model", *The Annals of Statistics*, 1978, 6 (2): 461-464.

Schweizer, B. , Wolff, E. F. , "On Nonparametric Measures of Dependence for Random Variables", *Annals of Statistics*, 1981, 9: 879-885.

Sheldon, G. , Maurer, M. , "Interbank Lending and Systemic Risk: An Empirical Analysis for Switzerland", *Swiss Journal of Economics and Statistics (SJES)*, 1998, 134: 685-704.

Shilton, L. , "Patterns of Office Space Demand Cycles", *Journal of Real Estate Research*, 1998, 15 (3): 339-354.

Sims, C. A. , "Macroeconomics and Reality", *Econometrica*, 1980, 48 (1): 1-48.

Sklar, A. , "Fonctions de Repartition à n Dimensions et Leurs Marges", *Publication de l'Institut de Statistique de l'Université de Paris*, 1959, (8): 229-231.

Smith, R. L. , "Maximun Likelihood Estimation in a Class of Non-regular Cases", *Biometrika*, 1985, 72: 67-90.

Stephens, V. C. A. , "Goodness-of-Fit Tests for the Generalized Pareto Distribution", *Technometrics*, 2001, 43 (4): 478-484.

Strahan, P. E. , "Liquidity Risk and Credit in the Financial Crisis", *Frbsf Economic Letter*, 2012, 101 (2): 297-312.

Topaloglou, N. , "Minimizing Bank Liquidity Risk: Evidence from the Lehman Crisis", *Eurasian Business Review*, 2015, 5 (1): 23-44.

Truchis, G. D. , Keddad, B. , "On the Risk Comovements between the Crude Oil Market and U. S. Dollar Exchange Rates", *Economic Modelling*, 2016, 52: 206-215.

Visser, D. A. , "Comprehensive Stress Testing Model to Evaluate Systemic Contagion and Market Illiquidity in Banks", Working Paper, http: //

hdl. handle. net/10394/12216. 2013.

Voith, R., Crone, T., "National Vacancy Rates and the Persistence of Shocks in the U. S. Office Markets", *Journal of the American Real Estate and Urban Economics Association*, 1988, 16 (4): 437 – 458.

Wheaton, W. C., "The Cyclic Behavior of the National Office Market", *Real Estate Economics*, 1987, 15 (4): 281 – 299.

Wheaton, W. C., Rossoff, L., "The Cyclic Behavior of the U. S. Lodging Industry", *Real Estate Economics*, 2010, 26 (1): 67 – 82.

White, L. H., "How Did We Get into This Financial Mess?", Cato Institute Briefing Papers, No. 110, 2008.

Wong, E., Hui, C. A., "Liquidity Risk Stress-testing Framework with Interaction between Market and Credit Risks", Hong Kong Monetary Authourity Working Paper, 2009.

Yun, S., "A Class of Pickands-type Estimators for the Extreme Value Index", *Journal of Statistical Planning & Inference*, 2000, 83 (1): 113 – 124.

附　录

附录1　POT 模型拟合计算所用函数命令

以下以正的商业银行流动性序列（BLFR）为例进行函数命令说明，BLFR 负收益率序列加负号后按同样的程序操作，然后再进行正负号还原。

以下为 S-plus 软件应用：

- 安装 finmetrics 模块：

    > module（finmetrics）

- 数据输入：

    > BLFR. positive1 = scan（"c：/BLFRpositive. txt"）

    > BLFR. positive2 = scan（"c：/BLFRdate. txt"）

    > BLFR. positive3 = timeDate（BLFR. positive2）

    > BLFR. positive4 = timeSeries（BLFR. positive1，BLFR. positive3）

- QQplot：

    按照 file/import date 途径导入数据，然后，再在 Graph 选项中点击"QQ Normal with Line（x）"即可。也可按照下述的函数命令 Plot 进行。

- Meplot：

- \> BLFR. positive1 = scan（" c：/BLFRpositive. txt"）

 \> BLFR. positive2 = scan（" c：/BLFRdate. txt"）

 \> BLFR. positive3 = timeDate（BLFR. positive2）

 \> BLFR. positive4 = timeSeries（BLFR. positive1，BLFR. positive3）

■ 收益率波动图：

 \> plot（BLFR. positive4，type = " l"，xlab = " date"，ylab = " HPFR"）

■ qplot：

 \> qplot（BLFR. positive4，threshold = 3.5，main = " BLFR positive returns"）

注：函数命令中的 3.5 为选定的阈值，后面均同。

■ MLE 估计：

 \> BLFR. positive. 3. 5 = gpd（BLFR. positive4，threshold = 3.5）

 \> BLFR. positive. 3. 5

■ GPD 拟合诊断图：

 \> plot（BLFR. positive. 3. 5）

 Make a plot selection（or 0 to exit）：

 1：plot：Excess Distribution

 2：plot：Tail of Underlying Distribution

 3：plot：Scatterplot of Residuals

 4：plot：QQplot of Residuals

■ 测度在 MLE 中极值指数 ξ 随阀值 u 的择选范围发生的变化：

 \> shape（BLFR. positive4）

■ 计算极值 VaR 与 ES：

 \> riskmeasures（BLFR. positive. 3. 5，p = c（0.95，0.99））

■ 构造正态分布：

 \> riskmeasures. normal < −function（data，p = c（0.95，0.99））｛

```
mu = colMeans（data）
sd = colStdevs（data）
q = mu + sd * qnorm（p）
sq =（q - mu）/sd
sf = mu + sd * dnorm（sq）/（1 - pnorm（sq））
cbind（p，quantile = q，sfall = sf）
}
```

- 计算正态分布下的 VaR 与 ES：

    >riskmeasures. normal（BLFR. positive4）

- 计算极值 VaR 与 ES 的不对称置信区间：

    >tailplot（BLFR. positive. 3. 5）

    >gpd. q（0. 99，plot = T）

- 观测随着阀值 u 取值不同极值 VaR 的敏感性：

    >quant（BLFR. positive4，p = 0. 99）

- Plot of Record Development：

    >records（BLFR. positive4，p = 0. 99）

    >records（BLFR. positive4，p = 0. 95）

以下是 R 软件的应用：

- 安装极值模块：

    >library（）

- 选取阀值：

    >BLFR. positive = scan（" c：/BLFRpositive. txt"）

- Meplot：

    >mrl. plot（BLFR. positive，conf = 0. 95）

    >mrl. plot（BLFR. positive，conf = 0. 99）

- 观测参数估计随阈值选择发生的变化：

    >gpd. fitrange（BLFR. positive，2，6，nint = 100）

- GPD 模型拟合：

＞BLFR. positive. gpd = gpd. fit（BLFR. positive，3.5，npy = 12）

注：这里 npy = 12 表示一年有 12 个月。在函数命令结果中：nexc 表示超越阀值的数据数目；conv 是 ture/false 指标，表示在估计过程中似然函数是否达到了最大，数值为 0 说明似然函数达到了最大；Nllh 表示负对数似然在极大似然估计处的函数值；mle 分别表示参数 σ 和 ξ 的极大似然估计值；Rate 表示超过阀值的数据比例；se 分别表示参数 σ 和 ξ 的近似标准误差。

- GPD 拟合诊断：

    ＞gpd. diag（BLFR. positive. gpd）

    注：该命令可画出 Probability Plot、Quantile Plot、Return Level Plot 以及 Density Plot。

- 利用轮廓似然推断提高置信区间的准确性：

    ＞gpd. profxi（BLFR. positive. gpd，-0.5，2）

附录 2　Copula 模型拟合计算所用函数命令

同上，以下以正的商业银行流动性序列（BLFR）为例进行函数命令说明，BLFR 负收益率序列加负号处理，然后再进行正负号还原。以下均为 S-plus 软件应用：

- 安装 finmetrics 模块：

    ＞module（finmetrics）

- TestMatrix：

    ＞BLFR. positive1 = scan（"c：/BLFRpositive. txt"）

    ＞BLFR. positive2 = scan（"c：/BLFRdate. txt"）

    ＞BLFR. positive3 = timeDate（BLFR. positive2）

    ＞BLFR. positive4 = timeSeries（BLFR. positive1，BLFR. positive3）

>HPFR. positive1 = scan（" c：/HPFRpositive. txt"）

>HPFR. positive2 = scan（" c：/HPFRdate. txt"）

>HPFR. positive3 = timeDate（HPFR. positive2）

>HPFR. positive4 = timeSeries（HPFR. positive1，HPFR. positive3）

>TestMatrix = cbind（BLFR. positive1，HPFR. positive1）

■ Monthly return on BLFR：

>plot（BLFR. positive4，main = " Monthly return on BLFR"）

>plot（HPFR. positive4，main = " Monthly return on HPFR"）

>par（mfrow = c（2，1））

>plot（BLFR. positive4，main = " BLFR. positive4"）

>plot（HPFR. positive4，main = " HPFR. positive4"）

■ 生成两组没有同时都存在"0"数据的序列：

>german. ts = seriesMerge（BLFR. positive4，HPFR. positive4）

>zero. idx =（BLFR. positive4 = =0 & HPFR. positive4 = =0）

>sum（zero. idx）/seriesLength（BLFR. positive4）

>sum（zero. idx）/seriesLength（HPFR. positive4）

■ Jarque – Bera Test for Normality：

>nz. idx =（seriesData（BLFR. positive4）！ = 0 & seriesData（HPFR. positive4）！ =0）

>normalTest（german. ts [nz. idx，]，method = " jb"）

■ 生成两序列同时存在"0"的数据组：

>zero. idx =（BLFR. positive4 = =0 & HPFR. positive4 = =0）

>sum（zero. idx）/seriesLength（BLFR. positive4）

■ 生成两序列同时都不存在"0"的数据组：

>nz. idx =（seriesData（BLFR. positive4）！ = 0 & seriesData（HPFR. positive4）！ =0）

BLFR. positive4 不为"0"

b. nz. idx =（seriesData（BLFR. positive4）！=0）

HPFR. positive4 不为"0"

h. nz. idx =（seriesData（HPFR. positive4）！=0）

- 序列都去掉"0"数据情况下的 Jarque – Bera 检验：

  >normalTest（german. ts［nz. idx，］, method ="jb"）

- 单独进行的 BLFR 去掉"0"数据情况下的 Jarque – Bera 检验：

  >normalTest（BLFR. positive4［b. nz. idx］, method ="jb"）

- 单独进行的 HPFR 去掉"0"数据情况下的 Jarque-Bera 检验：

  >normalTest（HPFR. positive4［h. nz. idx］, method ="jb"）

- 两序列分别去掉"0"数据情况下的 QQ 图：

  >qqPlot（BLFR. positive4［b. nz. idx］, main ="BLFR"）

  >qqPlot（HPFR. positive4［h. nz. idx］, main ="HPFR"）

- 两序列同时去掉"0"数据情况下的 QQ 图：

  >qqPlot（BLFR. positive4［nz. idx］, main ="BLFR"）

  >qqPlot（HPFR. positive4［nz. idx］, main ="HPFR"）

- 两序列同时去掉"0"数据情况下的正态分布仿真：

  >mu. hat = colMeans（german. ts［nz. idx，］）

  >Sigma. hat = var（german. ts［nz. idx，］）

  >nobs = numRows（german. ts［nz. idx，］）

  >set. seed（0）

  >german. sim = rmvnorm（nobs, mean = mu. hat, cov = Sigma. hat）

  >colIds（german. sim）= colIds（german. ts）

- 两序列同时去掉"0"数据情况下的 Pearson 相关系数：

  >cor（german. ts［nz. idx，］）［1, 2］

- 两序列去掉"0"情况下的散点图（实际 v. s. 正态）

  >BLFR. ac = TestMatrix［nz. idx = = T, 1］

  >HPFR. ac = TestMatrix［nz. idx = = T, 2］

  >par（mfrow = c（1, 2））

> plot (BLFR. ac, HPFR. ac, xlab = " BLFR", ylab = " HPFR", xlim = c (min (BLFR. ac), max (BLFR. ac)), ylim = c (min (HPFR. ac), max (HPFR. ac)), main = " Actual Fluctuation")

> abline (h = 0, v = 0)

> plot (german. sim, xlab = " BLFR", ylab = " HPFR", xlim = c (min (BLFR. ac), max (BLFR. ac)), ylim = c (min (HPFR. ac), max (HPFR. ac)), main = " Simulated Normal Fluctuation")

> abline (h = 0, v = 0)

■ 去掉"0"数据情况下的超出函数图 MEF:

> par (mfrow = c (2, 2))

> meplot (- BLFR. positive4 [b. nz. idx], main = " BLFR, lower tail")

> meplot (- HPFR. positive4 [h. nz. idx], main = " HRFR, lower tail")

> meplot (BLFR. positive4 [b. nz. idx], main = " BLFR, upper tail")

> meplot (HPFR. positive4 [h. nz. idx], main = " HRFR, upper tail")

■ Shape. plot:

> par (mfrow = c (2, 2))

> shape. plot (- BLFR. positive4 [b. nz. idx])

> shape. plot (- HPFR. positive4 [h. nz. idx])

■ Gpd 拟合:

> gpd. BLFR. fit2 = gpd. tail (BLFR. positive4 [nz. idx], upper = 3.5, lower = -4.2)

> gpd. BLFR. fit2

> gpd. HPFR. fit2 = gpd. tail (HPFR. positive4 [nz. idx], upper = 2.8, lower = -2.1)

\> gpd. HPFR. fit2

注：命令函数中的 3.5、-4.2、2.8、-2.1 分别为两个序列上下尾部已选定的阈值。还有，以上函数命令中有负号了，这与原一维时处理不一样。这里用了负数，那么后面的计算应该都是在原符号上计算的，没有使用加负号后的数据。

■ Gpd 拟合诊断图：

\> plot（gpd. BLFR. fit2）

Make a plot selection（or 0 to exit）：

1：plot：Excess Distribution

2：plot：Tail of Underlying Distribution

3：plot：Scatterplot of Residuals

4：plot：QQplot of Residuals

\> nobs = numRows（BLFR. positive4［nz. idx］）

\> set. seed（123）

\> BLFR. gpd. sim = gpd. 2q（runif（nobs），gpd. BLFR. fit2）

■ par（mfrow = c（1，2））

\> qqplot（seriesData（BLFR. positive4［nz. idx］），BLFR. gpd. sim, xlab = " Actual returns",

ylab = " Simulated returns"）

\> abline（0，1）

\> title（" BLFR"）

\> par（mfrow = c（1，1））

\> plot（BLFR. gpd. sim，HPFR. gpd. sim）

\> abline（h = 0，v = 0）

■ \> par（mfrow = c（1，2））

\> plot（BLFR. ac，HPFR. ac，xlab = " BLFR", ylab = " HPFR", xlim = c（min（BLFR. ac），max（BLFR. gpd. sim）），ylim = c（min（HPFR. gpd. sim），max（HPFR. ac）），main = " Actual

Fluctuation")

> abline (h = 0, v = 0)

> plot (BLFR. gpd. sim, HPFR. gpd. sim, xlab = "BLFR", ylab = "HPFR", xlim = c (min (BLFR. ac), max (BLFR. gpd. sim)), ylim = c (min (HPFR. gpd. sim), max (HPFR. ac)), main = "Simulated Fluctuation from Copula")

> abline (h = 0, v = 0)

- tau、rho 相关系数检验：

> german. tau. 0 = cor. test (BLFR. positive4, HPFR. positive4, method = " k") MYMestimate

> german. tau. 0

BLFR. positive4，HPFR. positive4 两个序列的 tau

> german. tau. nz = cor. test (BLFR. positive4 [nz. idx], HPFR. positive4 [nz. idx], method = " k") MYMestimate

> german. tau. nz

任意一方零数据删除后 BLFR. positive4，HPFR. positive4 两个序列的 tau

> german. rho. 0 = cor. test (BLFR. positive4, HPFR. positive4, method = " spearman") MYMestimate

> german. rho. 0

- 概率积分：

> U. BLFR. gpd = gpd. 2p (BLFR. positive4 [nz. idx], gpd. BLFR. fit2)

> V. HPFR. gpd = gpd. 2p (HPFR. positive4 [nz. idx], gpd. HPFR. fit2)

- 经验 Copula：

> empcop. bs < − empirical. copula (x = U. BLFR. gpd, y = V. HPFR. gpd)

> plot（empcop.bs@x, empcop.bs@y）

> contour.pcopula（empcop.bs）

> persp.dcopula（empcop.bs）

> contour.dcopula（empcop.bs）

> persp.pcopula（empcop.bs）

> Kendalls.tau（empcop.bs）

> Spearmans.rho（empcop.bs）

> tail.index（empcop.bs）

■ Normal Copula：

> cop.normal.fit = fit.copula（empcop.bs, family = "normal", plot = T）

> cop.normal.fit

> Kendalls.tau（cop.normal.fitMYMcopula）

> Spearmans.rho（cop.normal.fitMYMcopula）

> tail.index（cop.normal.fitMYMcopula）

■ Gumbel Copula：

> cop.gumbel.fit < - fit.copula（empcop.bs, family = "gumbel", plot = T）

> cop.gumbel.fit

> Kendalls.tau（cop.gumbel.fitMYMcopula）

> spearman.rho（cop.gumbel.fitMYMcopula）

> tail.index（cop.gumbel.fitMYMcopula）

注：其他具体类型的 Copula 函数命令均同此。

■ 具体类型 Copula 比较：

> compare.copulaFit（cop.normal.fit, cop.gumbel.fit, cop.frank.fit, cop.clayton.fit, cop.joe.fit, cop.bb1.fit, cop.tawn.fit, cop.bb2.fit, cop.bb3.fit, cop.bb4.fit, cop.bb6.fit, cop.bb7.fit）